WHY WE SERVE

POURQUOI NOUS SERVONS

WHY
POURQUOI

WE SERVE

STORIES OF TODAY'S RCMP MEMBERS

NOUS SERVONS

HISTOIRES DES MEMBRES DE LA GRC D'AUJOURD'HUI

NPF / FPN

PAGE
TWO

Cataloguing in publication information is available from Library and Archives Canada.
ISBN 978-1-77458-299-2 (hardcover)

Page Two
pagetwo.com

Interviews and writing by Karen Cook, Fabrice de Dongo, Zak Fairbrother, Julie Hatfield, Sarah Kavanagh, Stephanie Naday, Lori-Anne Thibault, Jérémie Comtois, Brenda Bouw, Beth Parker, and Scott Steedman
Project management by Stephanie Naday
Edited by Scott Steedman
Copyedited by Stephanie VanderMeulen and Lise Duquette

Cover and interior design by Peter Cocking

Cover and interior photos by A2Z Photography, Alterna Films, Amy Donovan Photography, Amy Parsons Photography, Archbould Photography, Bertrand Thibeault, Bryn Rose Photography, BUILD Films, Dan Abramovici Photography, Darrow Multimedia, Fefe Photography, Halter Media, Igro Communications, Infinite Eye Photography, Jahmal Cooper, Kalie Photographie, Kelly Baker Photography, Keith Hershmiller Photography, Lenora Barrett Photography, Livid Light Photography, Matt Paulette Photography, Nicholas Seguin Creative, Proximis Digital, Ring Tail Films, Snapshots by Jo, Terrill Bodner Photography, and Wes Perry Photography

Printed and bound in Canada by Friesens
Distributed in Canada by Raincoast Books
Distributed in the US and internationally by Macmillan

npf-fpn.com

whyweservebook.ca

23 24 25 26 27   5 4 3 2 1

Droits d'auteur © 2023 par la Fédération de la police nationale

Tous droits réservés. Aucune partie de ce livre ne peut être reproduite, stockée dans une banque de données ou transmise, sous quelque forme ou par quelque moyen que ce soit, sans le consentement écrit préalable de l'éditeur ou une licence de la Canadian Copyright Licensing Agency (Access Copyright). Pour une licence de droit d'auteur, visitez fr.accesscopyright.ca ou appelez sans frais au 1-800-893-5777.

L'information sur le catalogage avant la publication est disponible auprès de Bibliothèque et Archives Canada.
ISBN 978-1-77458-299-2 (Couverture rigide)

Page Two
pagetwo.com

Entrevues et rédaction par Karen Cook, Fabrice de Dongo, Zak Fairbrother, Julie Hatfield, Sarah Kavanagh, Stephanie Naday, Lori-Anne Thibault, Jérémie Comtois, Brenda Bouw, Beth Parker, et Scott Steedman
Gestion de projet par Stephanie Naday
Édité par Scott Steedman
Révisé par Stephanie VanderMeulen et Lise Duquette

Couverture et design intérieur par Peter Cocking

Photos de couverture et d'intérieur par A2Z Photography, Alterna Films, Amy Donovan Photography, Amy Parsons Photography, Archbould Photography, Bertrand Thibeault, Bryn Rose Photography, BUILD Films, Dan Abramovici Photography, Darrow Multimedia, Fefe Photography, Halter Media, Igro Communications, Infinite Eye Photography, Jahmal Cooper, Kalie Photographie, Kelly Baker Photography, Keith Hershmiller Photography, Lenora Barrett Photography, Livid Light Photography, Matt Paulette Photography, Nicholas Seguin Creative, Proximis Digital, Ring Tail Films, Snapshots by Jo, Terrill Bodner Photography, et Wes Perry Photography

Imprimé et relié au Canada par Friesens
Distribué au Canada par Raincoast Books
Distribué aux États-Unis et à l'international par Macmillan

npf-fpn.com

Livrepourquoinousservons.ca

The NPF extends our deepest thanks to the RCMP Members who shared their stories with us so candidly, and to those who made this book a reality.

La FPN tient à remercier chaleureusement les membres de la GRC qui ont partagé leur histoire avec nous avec franchise, et à ceux qui ont fait de ce livre une réalité.

Contents
Table des matières

The National Police Federation Honour Roll
Tableau d'honneur de la Fédération
de la police nationale **265**

Introduction

This might seem like a simple book of 150 stories about RCMP Members, but it's so much more than that.

The stories in this book represent the experience and dedication of nearly 20,000 Members of the RCMP serving from coast to coast to coast, and internationally. These are stories of their heroism, bravery, sacrifice, deep sense of community, generosity, caring, and commitment. Stories that are lived and replicated every day and night across Canada in interactions between Members of the RCMP, their neighbours, and communities.

For 150 years all Members of the RCMP, like the exemplary Canadians highlighted in this book, have answered the call to serve and, in doing so, have made an extraordinary difference for their community and country. It's why they serve.

Far too often, they do so at the expense of their own health, family, and well-being: for that we owe them an unfathomable debt of gratitude and our unwavering support. While these superheroes in Red Serge perform acts of valour and professionalism with astonishing and unrecognized frequency, we must also remember they, too, are human with hearts, emotions, and vulnerabilities—who knowingly put their lives on the line for all of us, every single shift.

We hope that as you enjoy these stories, you'll also start to recognize and appreciate similar stories in your own community. There are thousands upon thousands more just like these. This is just a small sample to amplify the many positive, kind, tragic, and heroic acts and experiences of Members of the RCMP serving today.

Please join us in celebrating and thanking all our Members for their selfless service and for making Canada a better place to live yesterday, today, and tomorrow.

Brian Sauvé
President, National Police Federation

The National Police Federation is Canada's largest police union, proudly representing close to 20,000 RCMP Members below the rank of Inspector on compensation, workplace health and safety, investigation and other legal matters, and on public safety for police and all Canadians.

Introduction

Vous pensez peut-être qu'il s'agit d'un simple livre racontant l'histoire de membres de la Gendarmerie royale du Canada, mais c'est beaucoup plus que cela.

Les histoires que vous pourrez lire dans cette œuvre représentent l'expérience et le dévouement de près de 20 000 membres de la GRC en service d'un océan à l'autre et à l'étranger. Elles témoignent de leur héroïsme, de leur bravoure, de leur sacrifice, de leur sens profond de la communauté, de leur générosité, de leur bienveillance et de leur engagement. Elles portent sur des événements du quotidien et sur les interactions entre les membres de la GRC, leurs voisins et leurs collectivités.

Depuis 150 ans, tous les membres de la GRC, comme les Canadiens exemplaires dont il est question dans ce livre, répondent à l'appel pour servir la communauté et le pays et font un travail extraordinaire.

Beaucoup trop souvent, ils le font au détriment de leur santé, de leur famille et de leur bien-être, et c'est pourquoi nous leur devons énormément de gratitude et un soutien indéfectible. Ces superhéros en tunique rouge qui mettent sciemment leur vie en danger pour nous tous, chaque quart de travail, accomplissent d'innombrables actes de bravoure et de professionnalisme qui passent souvent inaperçus, et nous devons nous rappeler qu'ils sont aussi des êtres humains ayant des sentiments, des émotions et des vulnérabilités.

Nous espérons que la lecture de ces histoires vous amènera à reconnaître les histoires similaires dans votre propre collectivité. Il en existe des milliers d'autres comme celles-ci. Il ne s'agit que d'un petit échantillon servant à illustrer les nombreux gestes positifs, bienveillants et héroïques ainsi que les expériences tragiques des membres de la GRC actuellement en service.

Joignez-vous à nous afin de célébrer et remercier tous nos membres pour leur service altruiste faisant du Canada un milieu de vie encore meilleur.

Brian Sauvé
Président, Fédération de la police nationale

La Fédération de la police nationale est le plus important syndicat de policiers au Canada. Elle représente fièrement environ 20 000 membres de la GRC ayant un grade inférieur à celui d'inspecteur pour les questions touchant la rémunération, la santé et la sécurité au travail, les enquêtes et d'autres questions juridiques ainsi que la sécurité publique pour la police et tous les Canadiens.

Janna Amirault, Sgt. / serg.

WINNIPEG, MB / MAN.

Could a career in the RCMP mean participating in the Musical Ride? For RCMP recruit Janna Amirault, this was top of mind until her first posting in Cross Lake, when she was introduced to the work of RCMP detectives doing homicide investigations.

A few years later, the Prince Edward Island native joined Major Crimes in Winnipeg on the Special Projects Team for historical (cold case) files and human trafficking. Cold case files are considered unresolved if the person is missing (and foul play is suspected) and there isn't enough evidence for a conviction. The investigations of eight missing Indigenous women from Project Devote, for example, are with Janna's team.

Janna's role is to bring some closure to families by finding out what happened and bringing justice to the victim with an arrest. This is thorough, time-consuming work—and Janna is the person responsible for relaying information to victims' families. The emotion and frustration are difficult to hear, but Janna understands the need to vent: "They've lost their loved one. They don't know why, they don't know what happened or who is responsible. Even the passage of time doesn't make it better."

Family discussions with her firefighter husband and two teenage daughters often focus on how to stay safe. "We remind ourselves we see the worst of the worst," says Janna, "but we're always encouraging our girls to be aware and trust their instincts."

Une carrière à la GRC pourrait-elle signifier une participation au Carrousel? C'était le rêve de Janna Amirault, originaire de l'Île-du-Prince-Édouard, lorsqu'elle s'est jointe à la GRC, jusqu'à sa première affectation à Cross Lake. C'est là qu'elle a découvert le travail des détectives de la GRC qui enquêtent sur les homicides.

Quelques années plus tard, elle faisait partie de l'équipe des projets spéciaux du Groupe des crimes majeurs à Winnipeg, responsable des dossiers non résolus et de traite des personnes. Un dossier est considéré comme non résolu si une personne est portée disparue et qu'on soupçonne un acte criminel, mais qu'il n'y a pas suffisamment de preuves pour une condamnation. L'équipe de Janna est notamment responsable du projet Devote, l'enquête de huit femmes autochtones disparues.

Janna aide les familles à tourner la page en découvrant ce qui s'est passé et en rendant justice aux victimes par des arrestations. Le travail est lent et demande beaucoup de minutie. Janna est celle qui transmet les renseignements aux proches d'une victime. Il y a beaucoup d'émotion et de frustration, mais Janna comprend leur besoin de se défouler : « Ils ont perdu un proche. Ils ne savent ce qui s'est passé ni qui est responsable. Même le temps n'améliore pas les choses. »

En famille, elle et son mari pompier parlent souvent de sécurité avec leurs deux adolescentes. « On sait que, nous, on voit le pire, mais on encourage toujours nos filles à être conscientes et à faire confiance à leur instinct. »

Josh Argue, Cpl. / cap.
Sharon Peters, Cst. / gend.

BROOKS, AB / ALB.

What started out as a TikTok account created to foster safety and security in a small Alberta town rapidly gained an international following. The RCMP's Josh Argue and Sharon Peters appear alongside other Brooks first responders in short educational videos with millions of views. These videos answer real questions from followers, from "What is a rolling stop?" to "Can you still press charges for a sexual assault even if it wasn't recent?" Viewers appreciate that Josh and Sharon don't shy away from answering the hard questions, often appearing on livestreams and responding in real time.

Both Josh and Sharon are particularly passionate about making videos on the topic of sexual assault. Their videos have broken down barriers by letting the public know what their options are and making them feel comfortable enough to come forward and to decide what happens after. They have seen an increase in people coming forward with their stories and are grateful that their videos are having a positive impact.

They attribute the success of the Safe Communities channel and their videos to their colleague from the program, Kendra Sieben, who came into her position with fresh ideas to humanize the badge and reach a younger audience at a time when Josh and Sharon couldn't visit schools due to COVID-19. Today, they are in many ways Brooks' celebrities, getting recognized in schools, on the road, and even at airports.

Ce qui était au départ un compte TikTok créé pour favoriser la sûreté et la sécurité dans une petite ville de l'Alberta a rapidement gagné un auditoire international. Josh Argue et Sharon Peters, de la GRC, apparaissent aux côtés d'autres premiers intervenants de Brooks dans de courtes vidéos éducatives qui ont recueilli des millions de visionnements. Ces vidéos répondent à de vraies questions des abonnés, de « Qu'est-ce qu'un " stop américain "? » à « Peut-on porter des accusations d'agression sexuelle même si les événements ne sont pas récents? ». Les gens comprennent que Josh et Sharon n'hésitent pas à répondre aux questions difficiles, souvent en direct et en temps réel.

Josh et Sharon sont passionnés par la réalisation de vidéos sur le sujet des agressions sexuelles. Leurs vidéos ont éliminé des obstacles en informant les gens sur les options qui s'offrent à eux et en leur permettant d'être assez à l'aise pour se manifester et décider de ce qui se passera par la suite. Ils ont constaté une augmentation du nombre de personnes qui racontent leurs histoires et ils sont heureux que leurs vidéos aient un effet positif.

Tous deux attribuent le succès de la chaîne Safe Communities et de leurs vidéos à leur collègue du programme, Kendra Sieben. Celle-ci est arrivée en poste avec de nouvelles idées pour rendre le symbole de l'insigne plus humain et atteindre un public plus jeune, à un moment où Josh et Sharon ne pouvaient pas visiter les écoles à cause de la COVID-19. Aujourd'hui, à bien des égards, ils sont les célébrités de Brooks. On les reconnaît dans les écoles, sur la route et même dans les aéroports.

Gurpreet Arora, Cst./gend.

SURREY, BC / C.-B.

After less than six months as an RCMP officer, Gurpreet Arora was given a task he will never forget: to knock on an elderly couple's door in the middle of the night and tell them their son would never be coming home—he had been killed in a car crash, the victim of a drunk driver.

This encounter hit Gurpreet so hard that he still remembers every detail seven years later. It inspired him to join 70 other police officers in Project Domino Effect, a Ridge Meadows RCMP initiative to target impaired drivers. Gurpreet excelled, detecting 54 out of the 553 impaired drivers apprehended by the team in 2019. The project reduced the number of accidents and fatalities considerably, creating what one officer called "a domino effect of safety."

One day while Gurpreet was getting into his police car, a man walking his dog stopped him and said, "Thank you, officer." Two weeks earlier, Gurpreet had pulled the man over for driving home impaired. The man apologized for his rude behaviour that night and told Gurpreet that it had been a real wake-up call— he was now taking steps to change his life and deal with his alcohol addiction.

"That was a good feeling," says Gurpreet. "Though I am very happy to get impaired drivers off the road, it also makes me sad that people continue to drive while impaired, not thinking that their actions could cause grief to other people."

Moins de six mois après s'être joint à la GRC, Gurpreet Arora s'est vu confier une tâche qu'il n'oubliera jamais : se rendre chez un couple de personnes âgées au milieu de la nuit pour leur annoncer que leur fils ne reviendrait jamais à la maison. Celui-ci avait été tué dans un accident impliquant un conducteur en état d'ébriété.

Cette rencontre a tellement marqué Gurpreet que, sept ans plus tard, il se souvient encore de chaque détail. C'est pourquoi il s'est joint aux 70 agents du projet Domino Effect, une initiative du détachement de Ridge Meadows visant les conducteurs aux facultés affaiblies. Gurpreet s'est démarqué en détectant 54 des 553 conducteurs appréhendés par l'équipe en 2019. Le projet a permis de réduire considérablement le nombre d'accidents et de décès, créant ce qu'un agent a surnommé « l'effet domino sur la sécurité ».

Un jour, alors que Gurpreet montait dans sa voiture de police, un homme qui promenait son chien l'a abordé et remercié. Deux semaines auparavant, Gurpreet avait l'arrêté pour conduite avec facultés affaiblies. L'homme s'est excusé de son comportement auprès de Gurpreet. Son arrestation avait provoqué une prise de conscience, et il avait décidé de se reprendre en main et de combattre son alcoolisme.

« Ça m'a donné un regain de confiance. Je suis heureux de retirer les conducteurs en état d'ébriété de la route. Mais ce qui m'attriste, c'est de constater que ces gens prennent le volant sans réaliser tout le tort que leurs actes peuvent causer. »

Bayden Austring, Cst. / gend.

FARO, YT / YN

Working in Canada's northern First Nations and Inuit communities can be both a challenge and an incredible opportunity. Such postings are also places where life can come full circle, which is certainly the case for Bayden Austring, a Constable serving in Faro, Yukon.

Growing up in an Indigenous community in northern British Columbia, Bayden looked up to local RCMP Members as his role models. Even at a young age, he knew he wanted to become an RCMP officer so that he could exemplify the same qualities and community building he had experienced.

After graduating from Depot, Bayden served in communities throughout Canada's North, where he met his wife and now gets to be the role model for the youth who live there. Remote, rugged, and sometimes dangerous, these communities demand humility, says Bayden. Doing so ensures officers embody key RCMP qualities like honesty, compassion, patience, and respect because they are often in contact with many of the same people time and time again. Working at their pace and to their norms can often forge a deeper bond of respect and trust between the police, a subject, and the broader community.

Travailler dans les collectivités inuites et des Premières nations dans le Nord canadien peut représenter à la fois un défi et une occasion incroyable. Pour certains, une telle affectation peut aussi être synonyme de retour du balancier, comme c'est le cas pour le gendarme Bayden Austring, affecté à Faro, au Yukon.

Bayden a grandi dans une collectivité autochtone du Nord de la Colombie-Britannique et il a toujours considéré les membres locaux de la GRC comme ses modèles. Même à un jeune âge, il savait qu'il voulait devenir agent de la GRC, désireux d'incarner les qualités et l'esprit communautaire qui l'ont inspiré.

Après avoir obtenu son diplôme de la Division Dépôt, Bayden a servi dans des collectivités partout dans le Nord canadien. Il y a rencontré sa femme et il est devenu un modèle pour les jeunes de la région. Travailler avec ces communautés, éloignées, rudes et parfois dangereuses, demande de l'humilité, selon Bayden. C'est ce qui amène les agents à développer les qualités clés de la GRC, soit l'honnêteté, la compassion, la patience et le respect. En travaillant selon le rythme et les normes des gens qu'ils côtoient, ils contribuent à forger un lien de respect et de confiance plus profond entre la police et les individus, ainsi qu'avec la collectivité en général.

Tibor Baldauf, Reservist / réserviste

VERNON, BC / C.-B.

Former Constable Tibor Baldauf retired in 2018 after 28 years with the RCMP, but after only 10 days of retirement, he rejoined as a reservist with the tactical team. Having been on the team for over 20 years, Tibor heeded the call to help during the pipeline protests and jumped in quickly to support the Southeast Tactical Team wherever they were deployed in Canada.

During his service, Tibor has been involved in numerous situations such as de-escalating aggressive crowds during the 2010 Vancouver Stanley Cup riots and providing relief to the tactical team working in Fort McMurray days after forest fires ravaged the city in 2016. He has provided support through presidential summits, public disturbances, numerous fire zones, logging and pipeline protests, and G7, G8, and G20 summits.

Team training happens twice a year for four days, and Tibor and his colleagues learn how to read people and respond to crowds and what formations to use in various scenarios, and receive briefings on issues that may cause local citizens to react.

"I enjoy the physical challenges and the people—getting to do the different formations, supporting my teammates, and forging bonds with my fellow colleagues. It's a close-knit community: you build trust and camaraderie, and you know how your peers will respond under pressure," says Tibor.

Après 28 ans de service au sein de la GRC, le gendarme Tibor Baldauf a pris sa retraite en 2018. À peine dix jours plus tard, il était de retour en tant que réserviste dans l'équipe tactique. Membre de l'équipe depuis plus de 20 ans, Tibor a répondu à l'appel pour prêter main-forte pendant les manifestations contre le pipeline, où il a rapidement donné son appui à l'équipe tactique du Sud-Est.

Au cours de sa carrière, Tibor a participé à de nombreuses interventions, notamment pendant les émeutes de la Coupe Stanley à Vancouver en 2010 et pour aider l'équipe tactique à Fort McMurray dans les jours qui ont suivi les feux de forêt de 2016. Il a également ment offert son soutien dans le cadre de sommets présidentiels, de perturbations de l'ordre public, de nombreuses zones d'incendie, de manifestations, ainsi que dans le cadre de sommets internationaux.

L'équipe s'entraîne deux fois par an pendant quatre jours. À ce moment-là, Tibor et ses collègues apprennent à observer les gens et à réagir aux foules. Ils voient quelles formations utiliser dans divers scénarios et reçoivent des séances d'information sur différents enjeux sociaux.

« J'adore les défis physiques et les gens, affirme Tibor, surtout quand nous essayons différentes formations, aidons nos coéquipiers et tissons des liens avec nos collègues. Nous sommes très proches. Il y a un fort sentiment de confiance et de camaraderie. Nous savons comment nos pairs vont réagir sous la pression. »

Britt Bancroft, Cst. / gend.

YELLOWKNIFE, NT / T.N.-O.

Growing up in Yellowknife, Northwest Territories, Britt Bancroft knew from an early age that he was destined for a career in the RCMP. Britt spent his early years watching his father build his own career in the RCMP and knew he wanted to follow in his dad's footsteps. In 2006, Britt attended Depot, calling it the "best six months of your life that you never want to do again."

Working in general duty gave Britt the opportunity to serve in various communities throughout Canada, including a two-man post in Tulita, Northwest Territories. During this time, Britt was on-call 24 hours a day, seven days a week, with no cell service.

When asked about his time working in remote posts, Britt recounted his close relationships with other officers and the greater community: "People come and go, but you always seem to find a familiar face in Canada."

Back in Yellowknife, Britt has worked in the Major Crimes Unit for several years; he is now part of the historical homicide and missing persons unit. This requires special skills to analyze files and search for new leads using contemporary and modern techniques and technology. Britt and his team work hard for the loved ones who continue to seek justice, peace, and answers regarding the friends and family who have gone missing and/or been murdered.

Britt is proud to work on some of the same files that his father worked on decades earlier. Although his father passed away several years ago, Britt honours his memory every day when he puts on the RCMP uniform.

Ayant grandi à Yellowknife, Britt Bancroft a vite su qu'il allait travailler à la GRC. Il a vu son père bâtir sa propre carrière à la GRC et voulait faire de même. En 2006, Britt s'est inscrit à la Division Dépôt, où il a passé, selon lui, les « six meilleurs mois de sa vie, qu'il ne souhaiterait plus jamais refaire ».

Affecté aux services généraux, il a servi un peu partout au Canada, y compris à un poste comptant deux membres à Tulita, aux Territoires du Nord-Ouest. Britt était alors constamment sur appel, sans service cellulaire.

Interrogé sur ses années en région éloignée, Britt a parlé de ses liens étroits avec ses collègues et la collectivité en général : « Les gens vont et viennent, mais on semble toujours retrouver un visage familier au Canada. »

De retour à Yellowknife, Britt a évolué pendant plusieurs années au sein du Groupe des crimes majeurs. Il travaille maintenant au Groupe des homicides historiques. Son travail exige des compétences particulières pour analyser des dossiers et trouver de nouvelles pistes à l'aide de techniques et de technologies modernes. Britt et son équipe travaillent fort pour ceux qui veulent que justice se fasse et cherchent des réponses au sujet de proches disparus ou assassinés pour trouver la paix.

Il est fier de travailler à certains dossiers assignés à son père des décennies auparavant. Chaque jour, lorsqu'il enfile l'uniforme de la GRC, Britt honore la mémoire de son père décédé.

Mandy Barnaby, Cst./gend.

LENNOX ISLAND MI'KMAQ FIRST NATION, PEI
PREMIÈRE NATION MICMAQUE DE LENNOX ISLAND, Î.-P.-É.

A Constable serving in the Mi'kmaq First Nation community on Lennox Island, Mandy Barnaby is a proud Mi'kmaq woman who has had the privilege of serving in the unceded territory of her ancestral people from Nova Scotia to New Brunswick, and recently in Prince Edward Island.

Throughout Mandy's service, she has encountered challenges her training had not prepared her for and has relied on her cultural, historical, and traditional teachings to combine the demands of policing with the Indigenous way of life, including how to build real, lasting relationships.

A fundamental principle the Mi'kmaq live by is that relationships are critical—they are, and always have been, their currency. Most people build relationships to gain trust and influence, but to the Mi'kmaq, they are the exchange of true connection, understanding, and character.

This principle is paramount for police officers in creating genuine relationships with people and communities. This mindset doesn't just make policing easier; being kind, genuine, unbiased, and non-judgmental can save lives and fortify bonds between a community and its protectors.

The message Mandy would like to impart is to make relationships and kindness a priority. This saves lives, creates unbreakable bonds, and makes positive environments for all to work in and be a part of.

Mandy Barnaby, gendarme dans la communauté de la Première Nation micmaque de Lennox Island, est une fière Micmaque qui a eu la chance de servir sur le territoire non cédé de ses ancêtres en Nouvelle-Écosse, au Nouveau-Brunswick et, plus récemment, à l'Île-du-Prince-Édouard.

Tout au long de ses affectations, Mandy a fait face à des défis auxquels sa formation ne l'avait pas préparée. Elle s'est appuyée sur ses enseignements culturels, historiques et traditionnels pour combiner les exigences de son emploi de policière avec le mode de vie autochtone, y compris la façon d'établir des relations réelles et durables.

Les relations sont un principe fondamental qui guide les Micmacs. Elles sont, et ont toujours été, une monnaie d'échange. La plupart des gens établissent des relations pour gagner la confiance des autres et exercer de l'influence. Mais, pour les Micmacs, les relations constituent un véritable échange de liens, de compréhension et de caractère.

Ce principe est primordial pour les agents de police dans l'établissement de relations authentiques avec les gens et les collectivités. En plus de faciliter les interventions policières, cet état d'esprit bienveillant, sincère et impartial peut sauver des vies et renforcer les liens entre une collectivité et ses protecteurs.

Le message que Mandy aimerait transmettre est qu'il faut faire des relations et de la gentillesse une priorité. Cela permet de sauver des vies et de créer des liens solides et des environnements positifs dans lesquels tous peuvent travailler et s'impliquer.

Sarah Bass, Cst. / gend.

Sarah Bass was studying science at Dalhousie University in Halifax when she met an RCMP Member who inspired her to join the service. That Member was her landlord, Constable Heidi Stevenson, whom Sarah met while signing her tenancy papers in 2012. "She was a very happy person, and I thought, 'Her career must be related to her happiness,'" Sarah recalls.

The two talked about working for the RCMP, and Sarah was invited to do some ride-alongs to experience the job on the front lines. It didn't take long for her to realize that the RCMP would be a perfect career fit for her. In 2014, after completing her science degree with a psychology major and a biology minor, Sarah joined the RCMP. She's currently working as a General Duty Officer with the Whitbourne detachment, about 550 kilometres from where she grew up in Deer Lake, Newfoundland.

"What I love about policing is the unknown and having to always adapt to different circumstances," says Sarah. One of her favourite parts is doing in-depth investigations and helping solve crimes. "That's where you know you've really made a difference. It's a very rewarding feeling."

Heidi Stevenson died tragically while on duty in 2020 in Nova Scotia as part of the worst mass-casualty shooting in Canadian history. Sarah is forever grateful to Heidi for introducing her to a career that makes her truly happy.

Sarah Bass étudiait les sciences à l'Université Dalhousie, à Halifax, lorsque le hasard lui a fait rencontrer une membre inspirante de la GRC. Il s'agissait de sa propriétaire, la gendarme Heidi Stevenson, dont Sarah a fait la connaissance en signant son bail en 2012. « Elle était très heureuse. Je me suis dit que sa carrière devait être liée à son bonheur », se souvient Sarah.

Toutes deux ont parlé des carrières dans la GRC, et Sarah a été invitée à accompagner des membres pour faire l'expérience du travail en première ligne. Elle s'est rapidement rendu compte que la GRC serait une carrière parfaite pour elle. En 2014, après avoir obtenu son diplôme en sciences avec une majeure en psychologie et une mineure en biologie, Sarah s'est jointe à la GRC. Elle travaille actuellement comme agente des services généraux au sein du détachement de Whitbourne, à environ 550 kilomètres de Deer Lake, l'endroit où elle a grandi à Terre-Neuve-et-Labrador.

« J'adore l'inconnu dans mon travail de policière. Il faut toujours s'adapter à des circonstances différentes », explique Sarah. Elle aime particulièrement mener des enquêtes approfondies et aider à résoudre des crimes. « C'est là qu'on sait qu'on a vraiment fait une différence. C'est un sentiment très gratifiant. »

Heidi Stevenson est décédée tragiquement en service en 2020 en Nouvelle-Écosse, au cours de la pire fusillade de l'histoire du Canada. Sarah lui sera éternellement reconnaissante de lui avoir fait découvrir une carrière qui la rend vraiment heureuse.

Daina Basso, Cpl. / cap.

YELLOWKNIFE, NT / T.N.-O.

The tiny community of Délı̨nę in the Northwest Territories on the shore of Great Bear Lake had never had a female Detachment Commander before Daina Basso was transferred there from British Columbia and promoted to this leadership position in 2016. Daina is proud that she was able to foster a positive team environment in a small detachment, where there are only two or three Members present at any given time. She attributes the success she had in Délı̨nę to the Members who welcomed her with open arms and showed her the ropes of working in the North. She developed her leadership style there and continued to do so in her next post as the Northwest Territories Relief Unit Commander.

Life in the North has been a gift for Daina, allowing her to advance her knowledge as an RCMP Member and develop as a person by being exposed to the culture, language, and resilience of the people in the 20-plus communities she has worked in, often as an interim Detachment Commander. Enabling others to achieve their goals and realize success defines her leadership style. "It's not my job to go into a leadership position and show the Members what I can do—it's to show them what they're capable of. Propping up your team members is what leadership is all about."

Avant que Daina Basso soit transférée de la Colombie-Britannique et promue à ce poste de direction, en 2016, le détachement de la petite collectivité de Délı̨nę dans les Territoires du Nord-Ouest, sur la rive du Grand lac de l'Ours, n'avait jamais été commandé par une femme. Daina est fière d'avoir pu favoriser un environnement d'équipe positif dans un petit détachement, qui ne compte habituellement que deux ou trois membres. Elle attribue son succès à Délı̨nę aux membres qui l'ont accueillie à bras ouverts et qui lui ont montré les ficelles du travail dans le Nord. C'est ainsi qu'elle a pu forger son style de leadership et elle a continué à le faire dans son poste suivant, soit commandante de l'unité de relève des Territoires du Nord-Ouest.

La vie dans le Nord a été un cadeau pour Daina. Elle lui a permis d'approfondir ses connaissances comme membre de la GRC, mais surtout de grandir en tant que personne en découvrant la culture, la langue et la résilience des gens de la vingtaine de collectivités où elle a travaillé, souvent à titre de commandante de détachement par intérim. Elle définit sa mission par sa volonté de permettre aux autres d'atteindre leurs objectifs et de réussir. « Dans un poste de direction, mon rôle n'est pas de montrer aux membres ce que je peux faire, mais plutôt de leur montrer ce qu'eux sont capables d'accomplir. Soutenir les membres de son équipe est l'essence même du leadership. »

Jean-Luc Bédard, Sgt. / serg.

OTTAWA, ON / ONT.

Since starting with the RCMP in 2005, Jean-Luc Bédard has spent more than half of his career in northern Canada, serving in the Yukon Territory for five years and Nunavut for three. Since March 2021, he has worked with the Federal Policing Border Integrity team as the Arctic Region Manager and chair of the newly created National Arctic Working Group. Jean-Luc works on enhancing the coordination and communication of the RCMP with its partners in the Arctic, including the Canadian Armed Forces, Canada Border Services Agency, Canadian Coast Guard, and Indigenous communities, to ensure Canada's border security.

From August to September 2022, Jean-Luc led and was part of a two-week joint Arctic maritime operation on board the Royal Canadian Navy's Arctic and Offshore Patrol Vessel HMCS *Margaret Brooke*. This involved working with new agencies from Canada and Greenland—and afforded regular sightings of polar bears, whales, and the northern lights.

"This was the highlight of my career," says Jean-Luc of the mission. Alongside eight of his colleagues from multiple divisions, he participated to better understand how the RCMP can engage and collaborate with its partners to maintain security between specified ports of entry along Canada's Arctic border. They patrolled the Eastern Arctic with stops in Pond Inlet in Nunavut, Nuuk in Greenland, and Hopedale in Labrador, with their journey ending in St. John's, Newfoundland— just before the arrival of Hurricane Fiona.

With the increase in maritime traffic and global interest in the Arctic and the Northwest Passage, it is crucial for the RCMP to engage and work collaboratively with its Arctic partners and Indigenous communities so they can create a safer, more resilient community up North.

Depuis son arrivée à la GRC en 2005, Jean-Luc Bédard a passé une grande partie de sa carrière au Yukon et au Nunavut. Depuis mars 2021, il s'est joint à l'Équipe intégrée de la police des frontières fédérale, comme gestionnaire de la région de l'Arctique et président du groupe de travail national sur l'Arctique. Jean-Luc travaille à améliorer la coordination et la communication de la GRC avec ses partenaires dans l'Arctique, notamment les FAC, l'ASFC, la Garde côtière canadienne et les communautés autochtones, pour assurer la sécurité frontalière du Canada.

En août et septembre 2022, il a dirigé une opération de deux semaines dans l'Arctique à bord du navire NCSM *Margaret Brooke*. En collaborant avec de nouveaux organismes du Canada et du Groenland, il a observé des ours polaires, des baleines et des aurores boréales.

« C'était le clou de ma carrière », déclare Jean-Luc. Aux côtés de collègues de plusieurs divisions, il a participé au projet afin de voir comment la GRC peut collaborer avec ses partenaires pour maintenir la sécurité le long de la frontière arctique du Canada. Ils ont patrouillé dans l'Arctique de l'Est, de Pond Inlet, au Nunavut, à St. John's, à Terre-Neuve.

Compte tenu de l'augmentation du trafic maritime et de l'intérêt mondial pour l'Arctique et le passage du Nord-Ouest, il est essentiel que la GRC collabore avec ses partenaires de l'Arctique et les communautés autochtones afin de créer une collectivité plus sécuritaire et plus résiliente dans le Nord.

Keith Bennett, Cst. / gend.

BAY ST. GEORGE, NL / T.-N.-L.

On October 19, 2014, Keith Bennett's life changed forever after he was hit by a drunk driver while responding to an alleged gun incident at a wedding outside of Regina.

Keith has no memory of the incident—or the following month spent in the hospital—but was told he was thrown about 100 feet. He suffered multiple injuries, including a broken femur, broken ribs, and a broken nose; damage to his eye, heart, and liver; and a brain bleed. More than seven years and seven surgeries later, through remarkable perseverance, Keith is back on the job. "I could have just given up and stopped working, but I didn't," he says. "There's so much I can still provide to the front line and I love doing what I do!"

While a desk job was not the kind of work he envisioned when joining the RCMP in 2008 at age 38 after serving in the military, Keith was happy to be transferred back to his home province of Newfoundland. He received a Valour Award and a silver Medal of Bravery for saving the life of someone who could have been hit and killed on that night in 2014.

Today, Keith has a new perspective on how to live to the fullest. He bought a motorbike, enjoys the outdoors, and travels whenever possible. "My advice to others is to enjoy life and spend more time with your loved ones. Don't wait. Tomorrow may not come."

La vie de Keith Bennett a été bouleversée le 19 octobre 2014. Ce jour-là, Keith a été frappé par un conducteur ivre, alors qu'il répondait à un appel pour un présumé incident impliquant une arme à feu dans un mariage près de Regina.

Keith ne se souvient pas de l'accident ni du mois qu'il a passé à l'hôpital, mais on lui a dit qu'il avait été projeté à une centaine de pieds. Il a subi de multiples blessures : fractures au fémur, aux côtes et au nez, lésions aux yeux, au cœur et au foie, et hémorragie au cerveau. Sept ans et sept opérations plus tard, Keith est de retour au travail grâce à une persévérance remarquable. « J'aurais pu abandonner et arrêter de travailler, mais j'en ai décidé autrement. Il y a tant de choses que je peux faire en première ligne. J'adore ce que je fais ! »

Lorsqu'il s'est joint à la GRC en 2008 à l'âge de 38 ans, après avoir servi dans l'armée, Keith ne pensait pas être un jour affecté à des tâches administratives. Mais il est heureux de le faire et d'être de retour à Terre-Neuve-et-Labrador. Il a reçu un prix de vaillance et une médaille d'argent de bravoure pour avoir sauvé la vie d'une personne qui aurait pu être happée mortellement ce soir-là, en 2014.

Aujourd'hui, Keith tente de vivre pleinement. Il s'est acheté une moto. Il aime être à l'extérieur et voyager le plus souvent possible. « Profitez de la vie et passez plus de temps avec vos proches. Demain ne viendra peut-être pas. »

Simon Bentley, Cst. / gend.

OUTER GULF ISLANDS, BC / C.-B.

Across Canada, Members of the RCMP work to create strong community connections that are just as important as their police work. Long before becoming a Member of the RCMP, Simon Bentley was a highly skilled chef who eventually followed a stronger calling to become a police officer.

Simon transferred to Midway, British Columbia, in 2017, and one of his duties was to become the RCMP School Liaison Officer for Boundary Central Secondary School. There, he soon found an opportunity to use his own personal experience to create such connections. Some of the students were already becoming known to the RCMP outside of school.

In 2019, the Kamloops native offered to teach the Grade 11/12 Food Studies class and came in regularly on his days off to do this. Among other accomplishments, he also organized a highly successful food competition.

Simon's approach to the class—teaching recipes for meals as well as life lessons outside of the kitchen—would elevate it from bland to grand. The course's popularity grew, prompting other students, teachers, and Members of the RCMP to come by to watch and learn, or to just say hello. Local businesses were equally supportive and helped out by donating giveaway prizes.

Despite an extension to his Limited Duration Post in Midway, a transfer out in July 2021 meant Simon could no longer teach the students, but he shares proudly that they continue to internalize both the cooking and broader life lessons. There's no greater reward than that.

Partout au Canada, des membres de la GRC cherchent à établir des liens communautaires solides aussi importants que leur travail de policier. Avant de devenir membre de la GRC, Simon Bentley était un chef cuisinier talentueux qui a écouté un appel intérieur lui disant de devenir policier.

En 2017, Simon a été transféré à Midway, en Colombie-Britannique, où il a été affecté en tant qu'agent de liaison à l'école secondaire Boundary Central où certains élèves étaient déjà connus de la GRC. Là, il a trouvé l'occasion idéale pour tisser des liens en employant son expérience personnelle.

En 2019, l'homme originaire de Kamloops s'est proposé pour enseigner l'économie familiale aux élèves de 11e et 12e année, enseignement dont il s'acquitta régulièrement ses jours de congé. De plus, il a organisé un concours culinaire qui a connu un succès retentissant.

Simon s'est démarqué en enseignant des recettes en classe et des leçons de vie à l'extérieur de l'école. Son cours gagna une telle popularité que d'autres élèves, des enseignants et des membres de la GRC venaient y faire un tour pour apprendre. Des entreprises locales ont également fait preuve d'un grand soutien en offrant des prix à distribuer.

Malgré une prolongation de son poste à durée limitée à Midway, Simon a été transféré en juillet 2021. Bien qu'il ne puisse plus enseigner à ses élèves, sa plus belle récompense est de savoir qu'ils porteront toujours en eux les leçons de cuisine et de vie qu'il leur a transmises.

Matt Berinbaum, Cst. / gend.

SQUAMISH, BC / C.-B.

Many people experience stress during their careers, but Members of the RCMP can face unique and unprecedented challenges and trauma on the job that can severely strain their mental and physical well-being.

After a two-year stint teaching in Kazakhstan, Matt Berinbaum joined the RCMP in 2006. Early in his RCMP career, he was diagnosed with generalized anxiety disorder, a condition doctors are now learning is increasingly common for emergency service workers.

"Following the pressure of wanting to serve everyone and being a new police officer, I was hit very hard with a period of depression and anxiety," says Matt, who quickly found himself questioning everything. He was not getting enough sleep and was struggling to keep his body and mind healthy, but his difficulties eventually led to thoughts of suicide. Fortunately, he never acted on those thoughts and was able to find support and guidance from family and a professional therapist. After several months off duty to focus on his mental health, Matt questioned if he could ever return to the force.

Years later, Matt now lives and serves in Squamish, British Columbia. He has learned to navigate a new normal while both protecting his community and preserving his mental well-being. For Matt, this includes prescription medication, proper sleep, exercise, engaging with his community, and speaking openly about his mental health.

Today, Matt is proud to share his experiences with younger Members. "If it helps alleviate any stigma they may be feeling, then that's a step in the right direction."

Beaucoup de personnes vivent du stress professionnel. Les membres de la GRC, quant à eux, sont quotidiennement confrontés à des défis et à des traumatismes uniques qui bouleversent leur bien-être mental et physique.

Matt Berinbaum s'est joint à la GRC en 2006, après un mandat d'enseignement de deux ans au Kazakhstan. Dès le début de cette nouvelle carrière, il a reçu un diagnostic de trouble d'anxiété généralisée, maladie désormais reconnue pour toucher particulièrement le personnel d'urgence.

« La pression de vouloir aider tout le monde, jumelée à ma nouvelle carrière de policier, m'a entraîné dans la dépression et l'anxiété », dit Matt, qui a alors commencé à tout remettre en question. Privé de sommeil et incapable de se maintenir en bonne santé physique et mentale, il finit par songer au suicide. Heureusement, au lieu de passer à l'acte, il s'est tourné vers sa famille et un thérapeute. Après plusieurs mois de congé investis dans sa santé mentale, Matt ne savait pas trop s'il pourrait regagner la GRC.

Des années plus tard, Matt est affecté à Squamish, en Colombie-Britannique. Il réussit à trouver un équilibre entre la protection de sa collectivité et le maintien de son bien-être mental à l'aide de médicaments, d'un bon sommeil, d'exercice, d'une participation active à la vie communautaire, et en parlant de sa santé mentale.

Matt est fier de pouvoir communiquer son expérience aux jeunes membres. « Si je peux alléger leur fardeau, alors c'est un pas dans la bonne direction. »

Alex Bérubé, Cpl. / cap.

VICTORIA, BC / C.-B.

While this may sound counterintuitive, Alex Bérubé put his hand up for a Media Relations Officer role with the RCMP because he wanted to push himself to improve his public speaking skills. Media Relations Officers are specially trained, regular Members who act as communications liaisons between the RCMP and the media.

Alex has shared information with the media about all aspects of policing: from the tragic killing of officer colleagues, to the successful conclusion of major cases, asking the public for more information to support an ongoing investigation, Amber Alerts to locate missing children, and myriad other situations.

One of Alex's benchmarks when he's briefing media about a breaking story is to ask himself, "What is the right balance between sharing factual information of public interest and preserving the integrity of investigations?" This acts as his guidepost in sharing clear and helpful information with care.

He works with a broader communications team and enjoys being at the pulse of what's happening with emerging issues and cases, as well as demonstrating Members' humanity in difficult situations.

Recently, in addition to hundreds of media availabilities and inquiries, Alex served as one of two masters of ceremonies for the funeral of Constable Shaelyn Yang, who was senselessly murdered in October 2022. The funeral was attended by thousands of police officers and broadcast to millions across Canada. Alex was also the lead RCMP media spokesperson for the Vancouver Island Major Crimes Unit and shared details of a shocking police-targeted bank robbery in June 2022 in which five officers were intentionally injured.

Alex's commitment to learn how to respond in the media spotlight has undoubtedly led to a deeper public understanding of police work in Canada, as well as improved public safety.

Bien que cela puisse sembler illogique, Alex Bérubé s'est proposé pour un rôle d'agent des relations avec les médias parce qu'il voulait améliorer sa capacité à parler en public. Les agents de relations avec les médias sont des membres réguliers formés spécialement pour assurer la liaison entre la GRC et les médias.

Alex a partagé de l'information sur tous les sujets, qu'il s'agisse du meurtre de collègues policiers, de la conclusion de dossiers, de demande d'information au public, des alertes Amber pour retrouver des enfants disparus, et une foule d'autres situations.

Lorsqu'il doit s'adresser aux médias, il se demande : « Quel est le juste équilibre entre le partage de renseignements d'intérêt public fondés sur des faits et la préservation de l'intégrité des enquêtes? » Cette question est son principe directeur pour communiquer avec soin des renseignements clairs et utiles aux médias.

Alex travaille au sein d'une équipe de communication et aime être au fait des enjeux et des dossiers, ainsi que démontrer à quel point nos membres font preuve de compassion dans les situations difficiles.

Récemment, en plus de s'être occupé de centaines de demandes de renseignements, Alex a été l'un des maîtres de cérémonie des funérailles de la gendarme Shaelyn Yang, qui a été assassinée en octobre 2022. Des milliers de policiers ont assisté à cette cérémonie qui a été diffusée à des millions de personnes au Canada. Alex a également été le porte-parole de la GRC auprès des médias pour l'Unité des crimes majeurs de l'île de Vancouver et il a communiqué des détails sur un troublant vol de banque ciblant la police en juin 2022, au cours duquel cinq agents ont été blessés.

L'engagement d'Alex à apprendre comment répondre aux médias a assurément permis au public de mieux comprendre le travail de la police au Canada et d'améliorer la sécurité publique.

Mark Bishop, Sgt. / serg.
Pierre-Olivier Janelle, Cst. / gend.
Scott MacDonald, Cst. / gend.
Ben Savage, Cst. / gend.
Troy Murray, Cpl. / cap.

NS / N.-É.

During an unrelated recovery, the Nova Scotia Underwater Recovery Team (URT) discovered the wreckage of two vehicles and the remains of a driver whose missing person's case had remained open for over two decades. Troy Murray had taken over as Lead Investigator on this case in 2018 and engaged Mark Bishop and the URT to investigate possible location leads. When the URT discovered a secondary vehicle at Rainbow Haven Provincial Park in 2021, Mark remembered Troy's ongoing investigation and called him to the scene.

Work began to investigate the scene and recover the vehicle. The URT had to be meticulous, as the car had been submerged for so long and there was no way of telling if it would hold together. Divers had to excavate the vehicle by hand and gather evidence through the windows to avoid spillage and loss of evidence. The circumstances of the person's disappearance had been deemed suspicious, and any recovered evidence could potentially support the investigation. Through completing the scene examination and considering the totality of the case, investigators were able to determine that the disappearance was no longer suspicious in nature. On the eighth day on scene, the vehicle was lifted out of the water with no evidence left behind.

While there is a feeling of pride in every recovery and investigation, closing historical cases like this one is particularly special. Providing closure to the family after so many years was an emotional experience, but also extremely rewarding.

Mark Bishop est coordonnateur de l'équipe de récupération sous-marine de la Nouvelle-Écosse. Il a participé à des centaines d'opérations dans toutes sortes de conditions. Lors d'une récupération en 2021, l'équipe a découvert l'épave d'un véhicule et les restes d'un conducteur, liés à un dossier de disparition non résolu, qui étaient sous l'eau depuis vingt-deux ans. Ce dossier, difficile sur les plans logistique et physique, a attiré l'attention des médias à l'échelle nationale et a été l'une des plus longues récupérations auxquelles Mark ait participé. L'équipe a passé huit jours sur place et a effectué trente-sept plongées, pour un total de trente-trois heures sous l'eau.

L'équipe devait être méticuleuse, car le véhicule avait passé beaucoup de temps sous l'eau et il était impossible de savoir s'il tiendrait le coup. Les plongeurs l'ont excavé à la main et ont prélevé les preuves par les fenêtres pour éviter les déversements et la perte d'éléments. Il aura fallu huit jours de travail pour recueillir toutes les preuves avant de sortir le véhicule de l'eau.

Mark est fier de chaque récupération réussie, mais la conclusion d'un tel dossier historique est vraiment spéciale. Elle a donné à Mark un regain de fierté quant aux capacités de ses collègues et au travail d'équipe qui a permis d'accomplir cet exploit.

Nigel Blake, Cpl. / cap.

SURREY, BC / C.-B.

Nigel Blake had the opportunity to deploy to Afghanistan in October 2011 as an RCMP Bomb Technician. One day in particular stands out in Nigel's 12-month deployment. He spent the first half of the day with a unit of US military personnel, meeting with colleagues at a multinational forensic lab in a neighbouring coalition base.

Shortly after meeting a French-led EOD (explosive ordnance disposal) team, the base came under rocket-propelled grenade and small-arms fire from a neighbouring building. The team had no armour or long-gun ammunition, which was left in their vehicles parked on the other side of the base. They ran for equipment, cover, and self-preservation, Nigel and his battle buddy encouraging each other to keep up. Nigel found an open door to a maintenance shop as a shortcut to their vehicles. Exiting the maintenance facility, they made it to their trucks, where they were able to equip themselves as the firing continued. On a day that started out peacefully, this sudden attack was not what Nigel had anticipated. "We were very lucky to come out of that situation unscathed, and a lot of people weren't so lucky."

Nigel's experience in Afghanistan is an excellent example of how an RCMP career can be filled with unique and diverse experiences for those who are looking for excitement and challenge.

Nigel Blake a eu l'occasion de se rendre en Afghanistan en octobre 2011 à titre de technicien en explosifs de la GRC. Pour Nigel, une journée se démarque dans son déploiement de 12 mois. Ce jour-là, il avait passé l'avant-midi avec une unité de militaires américains et rencontré des collègues dans un laboratoire médico-légal multinational d'une base voisine de coalition.

Alors qu'il rencontrait une équipe française de neutralisation d'explosifs et de munitions (NEM), la base a été la cible de grenades propulsées par fusée et de tirs d'armes légères provenant d'un bâtiment voisin. L'équipe n'avait pas d'armures ni de munitions d'arme d'épaule; tout était dans les véhicules, stationnés de l'autre côté de la base. L'équipe s'est mise à couvert pour se protéger et chercher l'équipement. Nigel et son compagnon d'armes se sont encouragés l'un l'autre à tenir bon. Nigel a trouvé un raccourci dans un atelier d'entretien, et l'équipe a pu atteindre ses camions et s'équiper, tandis que les tirs se poursuivaient. Nigel n'avait jamais pensé qu'une journée aussi paisible serait chamboulée par une telle attaque. « On a été très chanceux de sortir indemnes de cette situation. Plusieurs n'ont pas eu autant de chance. »

L'expérience de Nigel en Afghanistan démontre que les carrières à la GRC peuvent être remplies d'expériences uniques et diversifiées pour ceux qui cherchent l'aventure et les défis.

Dave Blakely, Cst. / gend.

SURREY, BC / C.-B.

Being a police officer was never a part of Dave Blakely's career plan. His exposure to the RCMP started in 2007 when he became a Chaplain at the Williams Lake detachment. There, he began to better understand the impacts of policing on Members' mental health. Dave could see that Members needed someone who could listen and care, so he joined the RCMP as a Member in 2015.

He was deployed to Surrey and worked with Members during a stressful policing transition. The Members were feeling overwhelmed, stressed, and burned out, and Dave knew that he could not sit and watch as his colleagues struggled. He wrote a business case to develop a Wellness Unit and—despite previous attempts being rejected—this proposal was approved.

In January 2022, Dave was appointed the Wellbeing Ambassador for E & M Divisions. Through this unit, he provides opportunities and avenues for mental health support and education. He has developed courses on self-awareness, resilience, and emotional intelligence with the goal of better equipping his colleagues with an understanding of what is going on inside their heads and how to listen to their hearts.

"Any success I've had is really because there was an open door, and I chose to use my gifts and abilities to see that my colleagues can thrive as first responders instead of only surviving their career. I love my job and I love empowering people to be stronger and better. That is my calling."

Être policier n'a jamais fait partie du plan de carrière de Dave Blakely. Ses premiers contacts avec la GRC remontent à 2007, lorsqu'il devient aumônier du détachement de Williams Lake. Il commence alors à mieux comprendre les répercussions du travail policier sur la santé mentale des membres. Ayant constaté que ceux-ci avaient besoin qu'on les écoute et qu'on se soucie d'eux, il décide de se joindre à la GRC comme membre en 2015.

Déployé à Surrey, il travaille avec son équipe pendant une transition difficile des services policiers. Dave voyait ses collègues dépassés, stressés, épuisés et il savait qu'il ne pouvait pas les laisser se débattre sans rien faire. Il prépare donc une analyse de rentabilisation pour la création d'une unité de mieux-être. Alors que ses tentatives précédentes pour un tel projet avaient été rejetées, cette fois, sa proposition est approuvée.

En janvier 2022, Dave devient ambassadeur du bien-être pour les divisions E et M. Il y offre des moyens de soutien et d'éducation en santé mentale. Il donne des cours sur la conscience de soi, la résilience et l'intelligence émotionnelle, afin que ses collègues puissent mieux comprendre ce qui se passe dans leur tête et écouter leur cœur.

« J'ai réussi parce que l'occasion était là et j'ai utilisé mes capacités pour permettre à mes collègues d'exceller comme premiers intervenants, au lieu de survivre dans leur carrière. J'aime mon travail. J'aime donner aux gens les moyens d'être plus forts et meilleurs. C'est ma vocation. »

Logan Boland, Cst. / gend.

PRINCE GEORGE, BC / C.-B.

Born and raised in Pembroke, Ontario, and having never travelled west of his home province, Logan Boland was looking for a change of scenery when he applied to the RCMP. His first posting out of Depot took him to beautiful Kitimat, British Columbia, where the mountains and ocean took his breath away. Like many new recruits, the 21-year-old found himself at the opposite end of the country in an isolated northern community with very few belongings, no family or friends nearby, and the need to quickly learn how to support himself. Luckily, he also found common ground and a sense of camaraderie with his fellow officers, as well as support from them through this significant life change.

Today, Logan works with the Provincial Support Team (PST) out of Prince George and travels across the province to provide support and relief to remote detachments. To date, he has travelled to Fraser Lake, Valemount, Vanderhoof, Tsay Keh Dene Nation, Kwadacha Nation, and as far north as Atlin, near the Yukon border. At a time when many RCMP detachments are understaffed and Members are working hard to fill the gaps, the PST is vital in bringing relief to small detachments that are often staffed by only two to three Members at any given time. Beyond the satisfaction of helping his fellow Members, Logan is able to experience different communities and cultures, and to continue to grow as a police officer.

Logan Boland est né à Pembroke, en Ontario, où il a passé sa jeunesse. Comme il n'avait jamais voyagé à l'ouest de sa province et cherchait à changer de décor, il a posé sa candidature à la GRC. Après sa formation à la Division Dépôt, il a été affecté à Kitimat en Colombie-Britannique, avec ses magnifiques paysages de montagnes et l'océan. Logan a rapidement appris à subvenir à ses besoins. À seulement 21 ans, il s'est retrouvé à l'autre bout du pays, sans famille ni amis et avec très peu d'effets personnels. Plusieurs nouvelles recrues se retrouvent ainsi dans des collectivités du Nord, comme Kitimat, après avoir obtenu leur diplôme de l'école de formation de la GRC (Division Dépôt). Lors de ce changement de vie, elles arrivent à trouver des points communs, un sentiment de camaraderie et du soutien auprès des autres membres.

Aujourd'hui, Logan travaille avec l'équipe de soutien provinciale à Prince George. Il parcourt la province pour offrir de l'appui et des services de relève aux détachements éloignés. Fraser Lake, Valemount, Vanderhoof, Tsay Keh Dene, Kwadacha et Atlin, près de la frontière du Yukon, font partie des villes et villages qu'il a visités à ce jour. De nombreux détachements de la GRC manquent de personnel et les membres travaillent fort pour combler les lacunes. Pour cette raison, l'équipe de soutien provinciale est essentielle pour aider les petits détachements qui ne comptent souvent que deux ou trois membres. Au-delà de la satisfaction d'aider ses collègues membres, Logan peut continuer à grandir en tant qu'agent de police et connaître des communautés et des cultures différentes.

Jill Boutilier, Sgt. / serg.

CHARLOTTETOWN, PEI / Î.-P.-É.

When she arrived at Depot 13 years ago, Jill Boutilier was not as forthcoming about being gay as she is today; she feared her sexual orientation might impact her career. "I was afraid people would treat me differently," she says. "I've since learned it's very simple, it's never been an issue."

Jill opened up about being gay in her first posting, in rural Saskatchewan, when she realized her personal life was part of establishing her place in the close-knit organization. Nowadays, when Members ask her what her husband does, she says, "Not my husband, my wife," and most of them don't skip a beat.

In the years since, Jill has participated in many 2SLGBTQ+-related initiatives, including sitting on intergenerational police panels and securing funding for Moose Jaw Pride. She never thought she would be an example for queer women RCMP officers, but she's slowly embraced the role. "Although I'm not wearing rainbows and marching around with a flag every day, people know they can count on me to represent my community and organization."

Though the RCMP is changing, there is still room to grow. When Jill graduated, for instance, women officers had to wear skirts and heels; now they can choose their uniform. "So I did—I got married in my ceremonial boots and pants. That felt so good."

Jill notes that the RCMP is still a male-dominated organization. Being gay adds another layer on top of that. "But if my sexuality or being female has held me back in any way, you wouldn't know it. If you work hard, you'll get recognized, and that's what's important."

Lorsqu'elle est arrivée à la Division Dépôt, il y a 13 ans, Jill Boutilier ne parlait pas ouvertement de son homosexualité, craignant que son orientation ait une influence sur sa carrière. « J'avais peur du traitement des gens, dit-elle. Je sais maintenant que cela n'a jamais posé de problèmes. »

Jill parle de son homosexualité dès sa première affectation dans une région rurale de la Saskatchewan, car, pour faire sa place dans une organisation aussi unie, elle doit parler de sa vie personnelle. Aujourd'hui, lorsqu'on lui demande ce que fait son mari, elle répond « Pas mon mari, ma femme » et personne ne bronche.

Jill a participé à de nombreuses initiatives liées à la communauté 2SLGBTQ+, en siégeant à des panels intergénérationnels et en obtenant du financement pour Moose Jaw Pride. Elle n'a jamais pensé être l'emblème des policières queer de la GRC, mais lentement elle assume ce rôle. « Je n'arbore pas d'arcs-en-ciel ni de drapeaux, mais les gens savent qu'ils peuvent compter sur moi pour représenter ma collectivité et mon organisation. »

Bien que la culture change à la GRC, on peut faire mieux. Lorsque Jill a obtenu son diplôme, les officières devaient porter jupes et talons; maintenant, elles choisissent leur uniforme. « Je me suis mariée en bottes et pantalon de cérémonie. Quelle sensation extraordinaire! »

Jill souligne que la GRC est encore une organisation dominée par les hommes. Une réalité exacerbée par le fait d'être homosexuelle. « Mais si ma sexualité ou le fait d'être une femme m'a empêchée d'avancer, ça n'a pas paru. Si on travaille fort, on est reconnue. C'est ça, l'important. »

Curtis Brassington, Cpl./cap.

LANGLEY, BC / C.-B.

In 2014, Curtis Brassington aided in the apprehension of Barry McQuarrie, a wanted murderer on the run, who had been taunting police for months. Luckily, another Member of the RCMP spotted the suspect in a stolen vehicle and called it in. Curtis and his partner were close enough to jump in the helicopter and start searching. After working with his team to get in the air quickly, Curtis was able to locate the suspect. Members on the ground worked with him and kept the search area small enough, for long enough, to track the suspect as he drove to a secluded farmhouse and ran inside.

"After we got into the air and tracked him to the house, I knew we would finally catch him after all this time," says Curtis. "When ERT [the Emergency Response Team] went into the house, they searched for over an hour. I knew there was no way he could get out, but I started questioning myself. When the ERT Member said they'd found him, it was a true victory for all Members involved.

"The exhilaration of victory can only compare with the fear of failure sometimes, but thankfully everyone pulled together, and we made a significant arrest."

En 2014, Curtis Brassington a contribué à l'arrestation de Barry McQuarrie, un meurtrier en fuite qui se moquait de la police depuis des mois. Un membre de la GRC avait repéré le suspect dans un véhicule volé et, dès que le signalement a été fait, Curtis et son partenaire étaient assez près pour sauter dans un hélicoptère et commencer les recherches. Après avoir travaillé avec son équipe pour monter rapidement dans les airs, Curtis a pu localiser le suspect. Sur le terrain, des membres se sont coordonnés avec Curtis et ont gardé la zone de recherche suffisamment petite pendant assez longtemps pour pister le suspect. Celui-ci avait roulé jusqu'à une ferme isolée et s'y était réfugié.

« Après le décollage, on a suivi le suspect jusqu'à la maison. Je savais qu'on allait enfin l'attraper après tout ce temps. Le Groupe tactique d'intervention est entré à l'intérieur et les membres ont cherché le suspect pendant plus d'une heure. J'étais certain que celui-ci ne pouvait pas sortir, mais je commençais à me poser des questions. Lorsque le Groupe tactique d'intervention a annoncé qu'il avait trouvé le suspect, ce fut une véritable victoire pour tous les membres. »

« L'euphorie de la victoire ne peut que se comparer à la peur de l'échec. Mais, heureusement, on s'est tous serré les coudes et on a procédé à une arrestation importante. »

Josh Buck, Cpl. / cap.

REGINA, SK / SASK.

Helping develop the next generation of RCMP officers became a rewarding career path for Josh Buck. After joining the RCMP in 2001 and working in several communities across western Canada, Josh felt becoming a facilitator at Depot in 2018 was an ideal way for him to give back to the profession and the communities that have given him so much over the years.

Josh has fond memories of working in various Indigenous communities during his career, where he was not only accepted but also invited to learn more about their history and culture. Those diverse experiences inform his work in providing top-notch training for future RCMP officers.

What Josh enjoys most about training cadets is watching them progress. "People change quite a bit in their time at Depot," he says. "Their confidence grows, and their police presence grows. It's also amazing to watch as they begin to work together as a team."

He also enjoys the camaraderie he has experienced since his days as a cadet. "Everybody who comes into the RCMP is different. Everybody is interesting. Everybody has a story," says Josh, who also helps Members as a Local Area Representative for the National Police Federation. "We are all from different backgrounds, but we come together with our unique experiences and skills to serve our communities. The RCMP is like one big extended family, and I'm lucky to have sisters and brothers across the country and around the world."

Pour Josh Buck, aider à former la prochaine génération d'agents de la GRC est un cheminement de carrière enrichissant. Josh s'est joint à la GRC en 2001 et il a travaillé dans plusieurs collectivités de l'Ouest canadien. En 2018, il a senti que le rôle de facilitateur à la Division Dépôt était pour lui le moyen idéal de redonner à la profession et aux collectivités qui lui ont tant apporté au fil des ans.

Josh a de bons souvenirs du travail auprès de diverses communautés autochtones qui l'ont accepté et invité à en apprendre davantage sur leur histoire et leur culture. Ces expériences diversifiées orientent son travail : il désire offrir une formation de premier ordre aux futurs agents de la GRC.

Josh adore voir les cadets évoluer. « Les gens changent beaucoup pendant leur séjour à la Division Dépôt. Ils gagnent en confiance et leur présence policière grandit. C'est incroyable de les voir commencer à travailler en équipe. »

Il aime aussi la camaraderie, qu'il a vécue lui-même quand il était cadet. « Chaque personne qui se joint à la GRC est différente. Tout le monde est intéressant et a une histoire à raconter, affirme Josh, qui est également représentant local pour la Fédération de la police nationale. On vient tous de milieux différents, mais on utilise nos expériences et nos compétences uniques pour servir nos collectivités. La GRC est comme une grande famille élargie. J'ai la chance d'avoir des sœurs et des frères partout au pays et dans le monde. »

Cst. Kurt Butler

Thank you for believing in
me, when so many couldn't.
I couldn't have taking
my life back without your
piece of compassion

Painkiller/Heroin Addict
& Suicide Survivor 2016

Kurt Butler, Cst./ gend.

When Swissair Flight 111 crashed off the coast of Nova Scotia in 1998, Kurt Butler observed how his father, an RCMP Member, handled himself during this terrible crisis and how he cared for the families of the victims. From a young age, Kurt knew he wanted to follow in his father's footsteps. Today, Kurt is an RCMP Member himself, and his calm and respectful demeanour has profound impacts on those he interacts with on the job.

Kurt has always known that the way he treats others can lead to better outcomes. He recalls one case when he and other Members responded to a call from a man threatening suicide. This once-successful businessman had found himself in a life of drugs and thievery and had lost everything. They calmed and supported him to de-escalate the situation. Kurt later interviewed the man for possessing stolen goods. By treating him with respect and like a fellow human being, he ultimately helped the man turn his life around.

After the man had served his sentence and gone through rehab, he came back to Kurt's detachment, where he presented Kurt with a plaque in the shape of a puzzle piece that read, "Thank you for believing in me, when so many couldn't. I couldn't have taken my life back without your piece of compassion."

Lorsque le vol 111 de la Swissair s'est écrasé au large des côtes de la Nouvelle-Écosse en 1998, Kurt Butler a observé comment son père, un membre de la GRC, s'était comporté pendant cette terrible crise et comment il s'occupait des familles des victimes. Dès son plus jeune âge, Kurt savait qu'il voulait suivre les traces de son père. Aujourd'hui, Kurt est lui-même membre de la GRC, et son comportement calme et respectueux a de profondes répercussions sur ceux avec qui il interagit au travail.

Kurt a toujours su que sa façon de traiter les autres peut mener à de meilleurs résultats. Il se souvient d'un cas où lui et d'autres membres ont répondu à un appel d'un homme qui menaçait de se suicider. Cet homme d'affaires prospère avait sombré dans la drogue et le vol, et avait tout perdu. Ils l'ont calmé et aidé à désamorcer la situation. Par la suite, Kurt a interrogé l'homme pour possession de biens volés. En le traitant avec respect et comme un être humain, il l'a finalement aidé à changer de vie.

Après avoir purgé sa peine et suivi une réadaptation, l'homme est revenu au détachement de Kurt et lui a présenté une plaque en forme de pièce de casse-tête qui disait : « Merci d'avoir cru en moi, quand tant d'autres ne le pouvaient pas. Je n'aurais pas pu reprendre ma vie en main sans votre compassion. »

Tegan Canada, Cst. / gend.

BRANDON, MB / MAN.

On Canada Day, RCMP officers dressed in the Red Serge greet international visitors arriving at the Winnipeg airport. Given that her last name is "Canada," the role couldn't be more fitting for Tegan (née Filmore). It's an enjoyable part of a job that most days has much bigger challenges. Posted at the airport since 2017, Tegan is one of 18 officers dealing with everything from assaults on airplanes, smuggling, airport protocol, and security issues.

She also makes time to mentor young women, with a special focus on those aged 12 to 14, typically a vulnerable stage in life. With her 30 years of leadership with the Girl Guides of Canada, this has been a lifetime commitment for Tegan. Even when posted in rural or challenging communities like Thompson, Manitoba, she builds relationships as a confidante as well as a Guide and Constable. In 2016, Tegan received a Commanding Officers Commendation "for demonstrated dedication, compassion and professionalism to youth in various communities including Girl Guides of Canada."

For Tegan, positive female role models for young women are more important than ever these days, given the impact of social media on body image, gender stereotyping, and confidence. Her involvement in Girls in Aviation is another way she helps girls make positive choices. "I want them to know they can do anything they want outside the bubble of their world," she says.

Le jour de la fête du Canada, des agents de la GRC revêtus de la tunique rouge accueillent les visiteurs étrangers à l'aéroport de Winnipeg. Son nom de famille étant «Canada», ce rôle est tout indiqué pour Tegan (née Filmore). C'est une partie agréable d'un travail qui, souvent, comporte des défis beaucoup plus importants. Affectée à l'aéroport depuis 2017, Tegan est l'un des 18 agents qui s'occupent de tout – d'agression à bord des avions, de contrebande, de protocole aéroportuaire et des questions de sécurité.

Elle prend également le temps d'encadrer de jeunes femmes, notamment des filles de 12 à 14 ans, générale-ment à une étape vulnérable de leur vie. Pour Tegan, cheftaine pour les Guides du Canada pendant 30 ans, c'est un engagement à vie. Même lorsqu'elle est affectée dans des collectivités rurales ou problématiques telles que Thompson (Manitoba), elle établit des rela-tions comme guide et gendarme, mais aussi comme confidente. En 2016, Tegan a reçu la Citation du commandant divisionnaire «pour son dévouement, sa compassion et son professionnalisme envers les jeunes de diverses collectivités, dont les Guides du Canada».

Pour Tegan, les modèles féminins positifs proposés aux jeunes femmes sont plus importants que jamais ces jours-ci, avec l'incidence des médias sociaux sur l'image corporelle, les stéréotypes de genre et la confiance. Sa participation à Girls in Aviation est une autre façon d'aider les filles à faire des choix judicieux. «Je veux qu'elles sachent qu'elles peuvent faire tout ce qu'elles veulent en dehors de leur bulle sociale», dit-elle.

Roger D. Caron, Cpl. / cap.

SHERBROOKE, QC / QC

Since starting his journey with the RCMP in Nova Scotia in 1978, Roger Caron has participated in many international missions, including operations in Africa, Haiti, and Afghanistan. He has had a few close calls that risked his life, and many others that enriched it.

One story that stays with him occurred on a mission in Jacmel, Haiti, shortly after Hurricane Katrina devastated the country in 2005. One of the most destructive hurricanes the world has ever seen, Katrina left the people of Haiti desperate for even basic resources.

When Katrina struck, Roger was providing counsel to the Commissioner of the territory and overseeing 10 police stations covering 700 kilometres. While they were dealing with the destruction wrought by the hurricane, Roger was introduced to a man, his wife, and their 10 children, who had been reduced to living under a tree. The couple had graciously taken in two of their neighbour's kids, who lost their parents to the hurricane, to prevent them from being placed in an orphanage. The family had no money and only a very small garden.

Upon seeing this situation, Roger decided to build them a house—a small dwelling, about 325 square feet. He called upon the Members and admin personnel at the Sherbrooke detachment to contribute, and even donated his own money. After the house was built, Roger and his wife filled duffle bags with clothes and a soccer ball, which became the family's favourite possession.

Depuis son entrée en service à la GRC, en Nouvelle-Écosse en 1978, Roger Caron a participé à de nombreuses missions internationales, notamment en Afrique, en Haïti et en Afghanistan. Quelques incidents ont mis sa vie en péril, mais bien d'autres événements l'ont enrichie.

Une histoire qui l'a marqué est survenue lors d'une mission à Jacmel, peu après le passage de l'ouragan Katrina qui a dévasté Haïti en 2005. Cet ouragan, l'un des plus destructeurs que le monde ait jamais connus, a laissé les Haïtiens en plein désespoir.

Lorsque la catastrophe a frappé, Roger conseillait le commissaire de l'endroit et supervisait dix postes de police. Alors qu'on évaluait l'ampleur de la destruction causée par l'ouragan, on a présenté à Roger un homme, sa femme et leurs dix enfants, qui étaient forcés de vivre sous un arbre. Le couple avait de plus accepté de s'occuper de deux enfants du voisinage, dont les parents avaient été tués par l'ouragan, pour éviter qu'ils soient placés dans un orphelinat. La famille n'avait pas d'argent et avait seulement accès à un très petit jardin.

Roger a décidé de construire une maison, une petite habitation d'environ 325 pieds carrés. Il a lui-même fourni des fonds et a demandé aux membres et au personnel administratif du détachement de Sherbrooke d'apporter leur contribution. Après la construction de la maison, Roger et son épouse ont préparé des sacs de vêtements. Ils y ont aussi ajouté un ballon de soccer, qui est devenu le bien le plus précieux de la famille.

Mike Carr, Sgt. / serg.

WINNIPEG, MB / MAN.

In September 2022, Mike Carr began his 23rd year as an RCMP officer. His first postings were in Ashern and Winnipegosis, followed by six years with the Integrated Border Enforcement Team and five years as a supervisor in the Pembina Valley. He is now the Employee Wellness Officer for Manitoba.

Mike is following in the footsteps of his father, who served with the RCMP for 35 years—like Mike, all in Manitoba. As a kid, this brought Mike to every corner of the province. His father's generation of Members moved every three years, so Mike did grades one to three in one community and grades four to six in another; then he was lucky enough to do all his high school in the same town.

"You get used to that lifestyle, used to the RCMP," Mike says. "I've dragged my wife and two kids all around the province too." Being uprooted every few years is never easy, but his wife knew what she was signing up for; they got engaged when he was in Depot. Although Mike told her to get ready to move to the Lower Mainland of British Columbia, where most of the cohort would be sent, he was in fact one of only three people from Manitoba, and all three were sent home for their first posting.

"No one else seems to want to come to Manitoba, for some reason," Mike says with a chuckle. "Okay, it may be the weather. It can be brutal in the winter. But I love it here."

En septembre 2022, Mike Carr a commencé sa 23ᵉ année à titre d'agent de la GRC. D'abord affecté à Ashern et à Winnipegosis, il a ensuite passé six ans au sein de l'Équipe intégrée de la police des frontières, puis cinq ans à titre de superviseur à Pembina Valley. Il est maintenant agent du bien-être des employés au Manitoba.

Mike suit les traces de son père, qui a servi dans la GRC pendant 35 ans au Manitoba. Mike a donc grandi aux quatre coins de la province, car les membres de la génération de son père déménageaient tous les trois ans. Ainsi, Mike a fait son primaire dans deux collectivités, mais il a eu la chance de faire tout son secondaire au même endroit.

« On s'habitue à ce mode de vie et à la GRC. Ma femme et mes deux enfants m'ont aussi suivi partout dans la province. » Il est difficile de se déraciner constamment, mais la femme de Mike savait à quoi s'attendre; les deux se sont fiancés lorsque Mike était à la division Dépôt. Celui-ci pensait se rendre à Lower Mainland en Colombie-Britannique, comme le reste de sa cohorte, mais lui et les deux autres Manitobains du groupe ont passé leur première affectation chez eux.

« Personne ne semble vouloir venir au Manitoba, dit Mike en riant. Peut-être est-ce la météo? Les hivers sont parfois durs, mais j'adore être ici. »

CONSTABLE SHELBY PATTON
REGIMENTAL #61298

SERVED HIS COMMUNITY AT THE
INDIAN HEAD RCMP DETACHMENT
FROM FEB. 2, 2015 TO JUNE 12, 2021

CST. PATTON WAS TRAGICALLY KILLED
IN THE LINE OF DUTY
ON JUNE 12, 2021
WHILE RESPONDING TO A REPORT
OF A STOLEN VEHICLE
IN THE TOWN OF WOLSELEY, SK

IS DEDICATED TO THE MEMORY OF

Ryan Case, Sgt. / serg.

INDIAN HEAD, SK / SASK.

On June 12, 2021, 26-year-old RCMP Constable Shelby Patton was struck and killed by suspects driving a reported stolen vehicle in Wolseley, Saskatchewan. Shelby lived in nearby Indian Head and served the town and surrounding communities from the detachment there.

Ryan Case was Shelby's Detachment Commander. Like the whole community, he was grief-stricken when Shelby was killed. Ryan grew up on a farm near the quiet town and wanted to be a Member of the RCMP from an early age. The incident caused him to revisit the commitment each of his Members make each day. "It's a daily reminder," he says, "that bad things happen, and as Members, we put ourselves at risk every day."

Following Shelby's death, Ryan and the town rallied together to pay tribute to him. The town was already planning to create a new park. Everyone agreed that it should be called Constable Shelby Patton Memorial Park. Ryan was one of six on the planning committee, working on everything from design to fundraising. They exceed their target, raising $200,000. The grand opening took place on August 20, 2022.

For Ryan, the death of the young Constable will affect him the rest of his life. Reciting the inscription that appears on the monument in Wolseley erected in Shelby's honour, Ryan quotes, "There is no greater devotion a person can give than to lay down their life in the line of duty."

Le 12 juin 2021, le gendarme Shelby Patton, âgé de 26 ans, a été happé mortellement par des suspects conduisant un véhicule volé à Wolseley, en Saskatchewan. Shelby vivait et travaillait à Indian Head et servait les collectivités environnantes.

Ryan Case était le commandant du détachement de Shelby. Lui et toute la collectivité ont été grandement affectés par la mort de Shelby. Ryan a grandi sur une ferme près d'une ville tranquille et a toujours voulu être membre de la GRC. L'incident l'a amené à revoir l'engagement que les membres prennent à chaque instant. « C'est un rappel quotidien que de mauvaises choses se produisent. Les membres se mettent en danger chaque jour. »

À la suite du décès de Shelby, Ryan et la ville se sont mobilisés pour lui rendre hommage. La ville voulait déjà créer un nouveau parc, et tous ont convenu qu'il fallait l'appeler le Constable Shelby Patton Memorial Park. Ryan était l'un des six membres du comité de planification et s'est impliqué dans tous les aspects, de la conception à la collecte de fonds. Le comité a d'ailleurs dépassé son objectif, amassant plus de 200 000 $. Le parc a officiellement ouvert le 20 août 2022.

Le décès du jeune gendarme aura marqué Ryan à tout jamais. Citant l'inscription figurant sur le monument à Wolseley, érigé en l'honneur de Shelby, Ryan dit : « Il n'y a pas de plus grande dévotion qu'une personne qui sacrifie sa vie dans l'exercice de ses fonctions. »

Clayton Catellier, Cpl. / cap.

HEADINGLEY, MB / MAN.

A routine traffic stop and the excellent training of two RCMP operatives—one human, the other canine—resulted in one of the largest fentanyl seizures in Canadian history.

On April 4, 2017, Clayton ("Clay") Catellier pulled over a van that was speeding along Highway 1 in Chilliwack, British Columbia. Clay became suspicious right away; the driver was shaking and had several cellphones on the passenger seat, and his van smelled strongly of perfume. "From my training, I felt he was up to no good," Clay says. "There was a reasonable suspicion he was in possession of contraband."

Enter Doodz, a German shepherd RCMP Police Service Dog and one of the first three interdiction dogs in the world to be trained to detect fentanyl. Her behaviour confirmed Clay's suspicion that the van contained contraband, and a search at a local garage turned up five plastic bags containing 27,500 pills hidden in a wheel well. Lab tests showed they were fentanyl.

Clay has been with the RCMP for 20 years. He grew up with dogs in Winnipeg and leapt at the chance to become a dog handler, first in Manitoba and later in Chilliwack. After five years in British Columbia, he is now posted back in Manitoba. So is Doodz, who was retired after marijuana was made legal in 2018 but is still Clay's family pet. "She was getting old anyway," Clay says. "And you can't untrain a dog. You can always teach them new things, but you can't unteach them old tricks."

Qui aurait cru qu'un simple contrôle routier de routine et un excellent duo de la GRC, composé d'un humain et d'un chien, mèneraient à l'une des plus importantes saisies de fentanyl de l'histoire du Canada?

Le 4 avril 2017, Clayton (« Clay ») Catellier intercepte une fourgonnette le long de la route 1 à Chilliwack, British Columbia. Clay est tout de suite suspicieux. Le conducteur tremble, il a plusieurs cellulaires et la fourgonnette dégage une forte odeur de parfum. « J'avais un mauvais pressentiment. Selon ma formation, il y avait des motifs raisonnables de soupçonner que l'homme était en possession d'objets interdits. »

Doodz, une bergère allemande de police, est l'un des trois premiers chiens au monde formés pour détecter le fentanyl. C'est elle qui a confirmé les soupçons : la fourgonnette contenait des objets interdits. Une fouille dans un garage local a permis de retrouver cinq sacs de plastique cachés contenant 27 500 comprimés. Des tests en laboratoire ont montré qu'il s'agissait de fentanyl.

Clay est membre de la GRC depuis vingt ans. Il a grandi avec des chiens à Winnipeg et quand l'occasion s'est présentée, il est devenu maître-chien, d'abord au Manitoba, puis à Chilliwack. Après cinq ans en Colombie-Britannique, il est de retour au Manitoba. Quant à Doodz, elle a pris sa retraite après la légalisation de la marijuana en 2018 et elle est l'animal de compagnie de la famille de Clay. « Elle n'était plus jeune. On peut montrer à un chien de nouvelles choses, mais on ne peut lui faire désapprendre quelque chose. »

Nancy Chahil, Sgt. / serg.

SURREY, BC / C.-B.

Members of the RCMP are occasionally sent abroad to share their diverse skill sets and train officers from international police forces. In November 2017, Nancy Chahil was selected from police officers across Canada to train the Philippines National Police and Royal Malaysia Police in Kuala Lumpur, Malaysia. Nancy and her team trained these officers on subjects ranging from major case management and handling various scenarios they might encounter to incorporating processes that have worked well for the RCMP in Canada into their own police work locally.

In the evenings after training, Nancy built community bonds with the international officers by joining them in one of their favourite pastimes: karaoke. Spending time together allowed Nancy to understand and appreciate the different nuances of policing in other countries. An unexpected lesson she learned from the experience was how easy it was to communicate and build relationships abroad. "Despite [the fact] that we all do things differently, you learn just how similar police officers around the world truly are," she says. "I now have a network of relationships internationally—if I needed help in the Philippines or Malaysia, I'd have no issue calling these officers."

Nancy's passion for developing police work processes also led her to create a procedure to ensure officer safety over police radio systems that was implemented both provincially and nationally. The procedure involved a covert, undetectable way for officers to signal to their dispatch teams if they were in trouble but unable to verbalize their concerns in a compromising situation with a subject.

Parfois, des membres de la GRC sont dépêchés à l'étranger pour former des policiers d'autres pays et partager avec eux leur expérience. C'est ainsi que, en novembre 2017, Nancy Chahil a été sélectionnée parmi des policiers de partout au Canada pour assurer la formation de membres de la Police nationale des Philippines et de la Police royale de la Malaisie, à Kuala Lumpur. Nancy et son équipe leur ont donné une formation sur différents sujets, dont la gestion de cas majeurs, le traitement de scénarios et les processus intégrés qui ont connu du succès à la GRC.

Le soir, Nancy renforçait les liens avec la collectivité en compagnie des policiers internationaux en se joignant à eux au karaoké. Elle a ainsi pu comprendre et saisir les nuances chez les corps policiers des autres pays. Son séjour lui a également appris qu'il est facile de communiquer et d'établir des liens à l'étranger. « Nous faisons les choses différemment, mais il est évident que les policiers du monde entier se ressemblent, dit-elle. J'ai pu me bâtir un réseau international et, à présent, si je suis aux Philippines ou en Malaisie, je peux compter sur ces policiers. »

Nancy adore améliorer les processus policiers. Elle a même élaboré une procédure, désormais établie à l'échelle provinciale et nationale, assurant la sécurité des agents pendant les communications radio. Elle intègre une méthode de signalement indétectable leur permettant d'indiquer un danger au répartiteur, même en présence d'un sujet.

Sukh Chattha, Cst./gend.

SURREY, BC / C.-B.

Empowering young women to make positive choices and engage in healthy relationships is the cornerstone of Project Lavender. Sukh Chattha has delivered this program to thousands of students over the past few years. She has seen first-hand the positive impacts the presentations are having.

After each presentation, Sukh gets approached by several girls looking to ask her questions in private. Many of them do not have a support system at home and are scared to get the police involved. "I want them to feel comfortable and not fear the police," Sukh says. "I tell them that I am here to talk, as a trusted adult, and that if the issue escalates, then we can take the appropriate steps and start an investigation." In one case, a girl felt empowered to call her father following a presentation. She told him of something that had happened, and together they reported the situation to Sukh, who opened an investigation.

Sukh also brings her Project Lavender work to the streets in her role with the Gang Enforcement Team. She often interacts with the girlfriends of gang members when pulling vehicles over and will make a point of talking to them alone. These emotional conversations result in "roadside Lavender chats" and she points the women to resources to help them get out of the gang lifestyle. She encourages them to talk to someone they trust, whether that be a parent, family member, friend, or her.

Habiliter les jeunes femmes à faire des choix judicieux et à nouer des relations saines est le fondement du projet Lavande. Sukh Chattha offre ce programme à des milliers d'étudiantes depuis quelques années et a constaté les effets positifs de ses présentations.

Après chaque rencontre, plusieurs filles voulant lui poser des questions en privé l'approchent. Sans soutien à la maison, bon nombre craignent de s'adresser à la police. « Je veux qu'elles se sentent à l'aise et n'aient pas peur de la police, affirme Sukh. Je leur dis que je suis ici pour leur parler, en tant qu'adulte de confiance, et que, si le problème s'aggrave, nous pouvons prendre les mesures nécessaires et faire enquête. » Par exemple, après une rencontre, une fille a senti qu'elle pouvait appeler son père. Elle lui a parlé de quelque chose qui s'était produit et, ensemble, ils ont signalé la situation à Sukh, qui a ouvert une enquête.

Sukh réalise aussi ce projet dans la rue, car elle fait partie de l'équipe de lutte contre les gangs. Elle interagit souvent avec les copines des membres d'un gang, lorsqu'elle arrête des véhicules, pour pouvoir leur parler privément. Ces conversations émotionnelles donnent lieu à des « échanges Lavande en bordure de route ». Sukh indique aux femmes des ressources pour les aider à sortir de la vie de gang et elle les encourage à parler à quelqu'un en qui elles ont confiance – un parent, un membre de la famille, une amie ou elle-même.

Gagan Cheema, Cst./gend.

NEWTON, BC / C.-B.

Ever since he can remember, Gagan Cheema dreamed of being a policeman. "It's all I ever wanted to do," he says. Born in India and raised in Vancouver, he became an RCMP officer in April 2015 and now works in the Newton District of Surrey, British Columbia.

Newton has one of the highest call volumes in the country, unfortunately: gang shootings, stabbings, and domestic violence are regular occurrences. "It's go, go, go, all the time," Gagan says.

Gagan wears his crest on his turban and finds that Indian Canadians get really excited when they see an RCMP officer who looks like them. This is particularly true of recent immigrants, especially when Gagan speaks to them in their own language—he speaks Punjabi, understands Hindi, and even has a bit of Spanish he learned in high school. "It surprises them and calms them down," he says.

In the last year or two, Gagan has noticed that the Punjabi community has opened up to the RCMP quite a bit. "We're always polite, and people talk to you without fear. Their eyes open up when they see you."

Gagan Cheema a toujours rêvé de devenir policier. « C'est la seule chose que je voulais faire. » Né en Inde et élevé à Vancouver, il est devenu agent de la GRC en avril 2015. Il travaille maintenant dans le district de Newton, à Surrey, en Colombie-Britannique.

Newton a malheureusement l'un des volumes d'appels parmi les plus élevés au pays. Les fusillades, les agressions au couteau et la violence familiale sont monnaie courante. « On ne s'arrête jamais. »

Gagan porte son insigne sur son turban et constate que les Indiens au Canada sont enthousiastes lorsqu'ils voient un agent de la GRC qui leur ressemble. C'est particulièrement le cas auprès de ceux qui ont récemment immigré, surtout lorsque Gagan leur parle dans leur propre langue. Celui-ci parle le pendjabi, comprend l'hindi et a même appris un peu d'espagnol à l'école secondaire. « Ça les surprend et ça les calme. »

Au cours des deux dernières années, Gagan a remarqué que la communauté pendjabie s'est beaucoup ouverte à la GRC. « Nous sommes toujours polis, et les gens nous parlent sans crainte. Leurs yeux s'ouvrent lorsqu'ils nous voient. »

Blake Chursinoff, Cst. / gend.

MERRITT, BC / C.-B.

Many communities in northern Canada are known for their breathtaking natural beauty, friendly and welcoming attitudes, and untamed wilderness to explore. They also have unique challenges that Blake Chursinoff, a Constable currently serving in Merritt, British Columbia, experienced first-hand while previously working in Behchokǫ̀ and Inuvik in the Northwest Territories.

After Blake transferred to Merritt, he remembered and appreciated just how challenging access to clean water was for many residents in northern communities. In many northern communities, they simply can't turn on the tap and enjoy safe, clean, cold, or hot water. Sometimes residents chisel ice from a frozen lake to melt later or rely on treated but still dirty water from taps.

Following the inaugural National Day for Truth and Reconciliation in 2021 and having experienced both the challenges northern residents face and the privileges so many other Canadians enjoy, Blake launched the Stat Pay for Truth and Reconciliation Day Campaign in partnership with True North Aid to help raise funds for water access in northern communities.

Blake donated the extra pay he would receive for working the new holiday and encouraged other police officers and public servants from across the country to join in. In the campaign's first year, Blake raised more than $2,000 to help provide access to clean drinking water to communities just like the ones he used to serve.

Le Nord du Canada regorge de collectivités reconnues pour leur grande beauté, leur attitude amicale, leur accueil et la nature sauvage à explorer. Cependant, elles sont aux prises avec des défis uniques que Blake Chursinoff, gendarme à Merritt, en Colombie-Britannique, a vécus lorsqu'il travaillait à Behchokǫ̀ et à Inuvik, dans les Territoires du Nord-Ouest.

Après sa réaffectation à Merritt, Blake s'est rappelé à quel point l'accès à l'eau potable était difficile pour de nombreux résidents du Nord. Dans nombre de ces collectivités, les habitants ne peuvent tout simplement pas ouvrir le robinet pour avoir de l'eau salubre … froide ou chaude. Parfois, ils découpent la glace d'un lac pour la faire fondre ou utilisent l'eau traitée, mais encore sale, des robinets.

Après la première Journée nationale de la vérité et de la réconciliation organisée en 2021, et après avoir vécu à la fois les défis que doivent surmonter les résidents du Nord et les privilèges dont jouissent tant d'autres Canadiens, Blake a lancé la campagne Stat Pay for Truth and Reconciliation Day, en partenariat avec True North Aid, pour aider à recueillir des fonds pour l'accès à l'eau dans les collectivités du Nord.

Blake a versé la prime qu'il recevrait pour travailler pendant le nouveau congé et a encouragé d'autres policiers et fonctionnaires de partout au pays à faire de même. Durant la première année de la campagne, Blake a recueilli plus de 2 000 $ pour aider à fournir de l'eau potable aux collectivités comme celles qu'il desservait.

Depot, the RCMP's Training Academy, Regina, SK
La Division Dépôt, l'École de la GRC à Regina, Sask.

All RCMP Members are trained to be police officers at the RCMP academy in Regina, Saskatchewan—known as "Depot" since 1885. Depot is the oldest Division in the RCMP, as it was originally the headquarters of the North-West Mounted Police and the Royal North-West Mounted Police, the RCMP's predecessors, from 1885 to 1920. The consistent, evolving, and high-quality training ensures that all RCMP Members, from coast to coast to coast and in communities large and small, are prepared for all public safety needs and able to work together seamlessly.

To be accepted as a cadet at Depot, applicants must hold Canadian citizenship or permanent residency, be at least 18 years of age, speak fluent English and/or French, be willing to serve anywhere in Canada, and more.

Cadets live and train at Depot for six months, in dorm-style close quarters separated by gender. Troops are normally 32 cadets, and they work, train, and socialize together for the entirety of the program to foster close personal and professional relationships and trust. In addition to sleeping, eating, and learning alongside their troopmates, cadets regularly practice drill formations together, which teaches them discipline, teamwork, and grooming. Approximately 40 to 50 troops graduate from Depot each year.

The range of instruction is vast, from applied police sciences in a classroom setting to scenario-based training, crisis intervention and de-escalation, police defensive tactics, driving in urban, rural, and inclement weather settings, firearms, operating 4×4s, crowd control, fitness and mental health, and more. As Canadian society has evolved over the years, so has the Depot curriculum—it now focuses heavily on theoretical policing models, law, and knowledge related to law enforcement overall, along with personal discipline. Beyond training new cadets, Depot also serves as a major continuing education centre for police in Canada.

Alongside a wide variety of classroom, skill-based, and fitness-focused teaching staff, many of whom are current or former RCMP Members, a Commanding Officer oversees Depot Division, while a Training Officer manages the cadet training program, and a Skills Officer looks after skills-related training. The Depot grounds are expansive and have the capacity to offer all RCMP police training in-house, including accommodations for serving police officers doing in-service training. The RCMP Depot chapel is the oldest standing building in the city of Regina.

Going through this six-month program tests cadets' limits, and not everyone who enters Depot successfully graduates. Being away from family and friends can be tough, especially as training continues over holidays. It takes a disciplined, confident, communicative, and organized individual to succeed and ultimately become an RCMP officer who can work under pressure, learn from their mistakes, and assert themselves. The Depot training program is designed to assess and instill these traits. The high standards in place at the RCMP's academy ensure that only the most qualified cadets graduate and go on to join our national police force.

Family and friends are invited to attend graduation ceremonies, which are marked by iconic drill processions that often leave visitors in awe of these new officers' incredible precision and attention to detail—and just how far they've come both mentally and physically over the course of the intense training. Graduating cadets then become new Members of the NPF, receive a briefing about how the NPF represents them, and go on to join the largest police union in Canada. The graduation weekend also includes an official swearing-in of the cadets as police officers, as well as badge presentations, oaths of service, and historic traditions such as a Regimental dinner.

Graduating cadets are almost immediately deployed to their first posting, which can be anywhere in the country. With that, they begin their work as Members of the RCMP, putting their new skills to use and selflessly protecting communities large and small.

Les membres de la GRC sont d'abord formés à l'École de la GRC à Regina, en Saskatchewan, connue sous le nom de la Division Dépôt depuis 1885. Il s'agit de la plus ancienne division de la GRC. Elle logeait à l'origine le quartier général de la Police à cheval du Nord-Ouest et de la Royale gendarmerie à cheval du Nord-Ouest, prédécesseurs de la GRC, de 1885 à 1920. Grâce à la formation uniforme, évolutive et rigoureuse donnée aux membres de la GRC partout au pays—dans les collectivités, grandes et petites—, ceux-ci sont prêts à répondre en matière de sécurité publique et à collaborer avec harmonie.

Pour être accepté à la Division Dépôt, le candidat doit notamment détenir la citoyenneté canadienne ou être résident permanent, être âgé d'au moins 18 ans, parler couramment l'anglais et/ou le français et être disposé à servir n'importe où au Canada.

Les cadets vivent et s'entraînent à la division pendant six mois, dans des quartiers de type dortoir exclusivement féminins ou masculins. Comptant normalement 32 cadets, les troupes travaillent, s'entraînent et socialisent ensemble pendant le programme, afin de tisser des liens personnels et professionnels étroits et de développer la confiance entre eux. Les cadets dorment, mangent et étudient aux côtés de leurs camarades. En outre, ils s'entraînent régulièrement ensemble à des exercices complexes, qui leur enseignent la discipline, le travail d'équipe et le conditionnement technique. Chaque année, de 40 à 50 policiers terminent leur formation à la Division Dépôt.

Le programme de formation est vaste, allant des sciences policières appliquées en classe à la formation autour de scénarios, l'intervention en situation de crise et la désescalade, les tactiques défensives policières, la conduite en milieu urbain, rural et en conditions météorologiques difficiles, le maniement d'armes à feu, la conduite de véhicules à quatre roues motrices, le contrôle des foules, le conditionnement physique et la santé mentale, etc. La société canadienne a évolué au fil des ans, tout comme la formation donnée à la Division Dépôt. Elle est maintenant fortement axée sur les modèles théoriques de maintien de l'ordre, le droit et les connaissances liées à l'application de la loi en général ainsi que la discipline personnelle. En plus d'accueillir des cadets, cette division est un important centre de formation continue pour la police au Canada.

La Division Dépôt est supervisée par un officier. Le programme de formation des cadets est également géré par un officier, tandis qu'un autre officier s'occupe de la formation axée sur les compétences. De plus, la division peut compter sur une grande variété d'enseignants, de compétences spécialisées et de conditionnement physique, dont un bon nombre sont au service de la GRC ou l'ont été. Les installations de la division sont vastes et peuvent offrir toute la formation policière de la GRC à l'interne. On y trouve des locaux pour les policiers en devoir qui suivent une formation en service. Sa chapelle est le plus ancien bâtiment de la ville de Regina.

La formation de six mois met à l'épreuve les limites des cadets, et seuls les meilleurs réussissent à obtenir leur diplôme. Il peut être difficile de vivre loin de sa famille et de ses amis, surtout pendant les Fêtes. Il faut une personne disciplinée, confiante, communicative et organisée pour devenir un agent de la GRC et capable de travailler sous pression, d'apprendre de ses erreurs et de s'affirmer. La formation de la Division Dépôt est conçue pour évaluer et inculquer ces caractéristiques. L'École de la GRC impose des normes élevées. Par conséquent, seuls les cadets les plus qualifiés obtiennent leur diplôme et se joignent à notre police nationale.

Les proches sont invités aux cérémonies de remise des diplômes. Celles-ci sont marquées par des défilés complexes qui suscitent fréquemment l'admiration des visiteurs devant l'incroyable précision et le souci du détail de ces nouveaux agents, et le chemin parcouru sur les plans mental et physique pendant l'entraînement intense. Les diplômés se joignent ensuite à la FPN, assistent à une séance d'information sur la façon dont la FPN les représente, puis intègrent le plus grand syndicat policier au Canada. Le week-end de remise des diplômes comprend également l'assermentation officielle des cadets en tant que policiers et la remise d'insignes, les serments de service et les traditions historiques, comme un souper régimentaire.

Les diplômés sont presque immédiatement déployés à leur première affectation, qui peut être n'importe où au pays. Ils commencent donc leur travail en tant que membres de la GRC, en mettant à profit leurs nouvelles compétences et en protégeant avec dévouement les collectivités, grandes et petites.

Nicole Clannon, Cpl. / cap.

HAPPY VALLEY–GOOSE BAY, NL / T.-N.-L.

Ever since she was a kid growing up in Corner Brook, Newfoundland-Labrador, Nicole Clannon knew she wanted to be an RCMP officer. She was interested in a career that enabled her to move around and be part of the community. Nicole joined the service in 2005, at age 20, and has since worked in several communities across Nova Scotia and Newfoundland-Labrador. "What I like about the job is that each day is different; you never know what's going to happen, what you're going to experience, or who you will meet," she says.

Nicole has also been part of volunteer communities on and off the job. For instance, while posted in Burgeo, she and a fellow RCMP officer started a figure-skating club. Both were into figure skating as kids and wanted to share their love of the sport with youth in the community.

Today, Nicole—a mom of two young boys—continues to work with kids in Happy Valley–Goose Bay, inspiring them and helping to keep them safe through policing and education. She works closely with child protection services and talks to kids in schools about safety and even considering a career in the RCMP.

Nicole also enjoys maintaining a healthy lifestyle and credits her policing career with helping control her diabetes. She likes to talk about it with diabetic youth who believe the health condition prevents them from joining the service. "I'm here to tell them it's absolutely possible," she says.

Déjà enfant, à Corner Brook (T.-N.-L) où elle a grandi, Nicole Clannon savait qu'elle serait agente de la GRC. Elle voulait une carrière qui lui permettrait de se déplacer et de participer à la communauté. Nicole s'est jointe au service en 2005, à 20 ans, et elle a travaillé dans plusieurs collectivités de la Nouvelle-Écosse et de Terre-Neuve-et-Labrador. « Ce que j'aime de ce travail, c'est que chaque jour est différent. On ne sait jamais ce qui va se passer, ce qu'on va vivre ni qui on va rencontrer », dit-elle.

Nicole fait également du bénévolat au travail et ailleurs. Ainsi, pendant son affectation à Burgeo, elle et une collègue de la GRC ont créé un club de patinage artistique. Elles pratiquaient ce sport depuis l'enfance et voulaient transmettre leur amour du patin aux jeunes de la collectivité.

Aujourd'hui mère de deux jeunes garçons, Nicole travaille toujours avec les enfants de Happy Valley–Goose Bay, les inspire et les aide à rester en sécurité grâce au travail policier et à l'éducation. Outre sa collaboration avec les services de protection de l'enfance, elle va dans les écoles parler de sécurité et même de la possibilité de faire carrière à la GRC.

Nicole a adopté un mode de vie sain et elle estime que sa carrière policière l'aide à maîtriser son diabète. Elle aime en parler avec de jeunes diabétiques persuadés que leur état de santé les empêche de se joindre au service. « Je suis ici pour leur dire que c'est possible. Absolument », dit-elle.

Tara Clelland, Sgt. / serg.

WINNIPEG, MB / MAN.

Violent sex crimes devastate the lives of victims and families. As a Violent Crime Linkage Analysis System (VICLAS) Behavioural Analyst, Tara Clelland can't undo the past. She can, however, protect the next victims through criminal profiling. That's why Tara pours over Canada's most extensive databases to detail a suspect's criminal signature. She's always looking for a pattern of behaviour that may link crimes from one province, even one country, to another.

While studying criminology and psychology at university, Tara did ride-alongs with the RCMP for her work placement, which later led her to apply to be an officer. In her first postings, Sandy Bay and then Portage la Prairie, she often assisted the Major Crimes Unit. Taking statements from women and children opened her eyes to the need to give a voice to those exploited through abuse but unable to speak for themselves and often forgotten.

After five years in Major Crimes, Tara was asked to lead the VICLAS Unit, responsible for all sex crimes in Manitoba suspected as serial crimes. Her team also investigates human trafficking.

"Victims of sexually based crimes are the most vulnerable," says Tara. "Someone needs to take accountability and speak for them. They are not throw-aways."

"What I see, hear, and read is horrific. I remind myself that this is not normal, but as I tell my two teenage sons, once I know what I know, I have a responsibility to do something."

Les crimes sexuels violents dévastent les victimes et les familles. Tara Clelland ne peut pas changer le passé, mais elle met tout en œuvre pour protéger d'éventuelles victimes grâce au profilage. Tara est analyste du comportement du Système d'analyse des liens entre les crimes de violence (SALVAC). Elle parcourt les plus grandes bases de données du Canada pour chercher des modèles et cerner des signatures criminelles permettant de lier différents crimes commis dans plusieurs provinces, voire plusieurs pays.

Lorsqu'elle étudiait la criminologie et la psychologie, Tara a accompagné des membres de la GRC dans le cadre d'un stage universitaire. Cette expérience l'a amenée à se joindre à la Gendarmerie. Dans ses premières affectations à Sandy Bay, puis à Portage la Prairie, elle appuyait souvent le Groupe des crimes majeurs. En prenant les déclarations de femmes et d'enfants, elle a réalisé la nécessité de donner une voix aux personnes violentées qui ne peuvent se défendre et sont souvent oubliées.

Après cinq ans au sein du Groupe des crimes majeurs, Tara a été invitée à diriger le SALVAC, qui enquête sur la traite des personnes et les crimes sexuels au Manitoba qu'on soupçonne être des crimes en série.

« Les victimes de crimes sexuels sont les plus vulnérables. Quelqu'un doit parler en leur nom. On ne doit pas les oublier. »

« Je vois, j'entends et je lis des choses horribles. Je dois me rappeler qu'elles ne sont pas normales. Mais comme je le dis souvent à mes deux adolescents, dès que je constate quelque chose, je dois agir. »

Shaun Coady, Sgt. / serg.
Ellen Peters, Cst. / gend.

CORNWALL, PEI / Î.-P.-É.

What was supposed to be a routine response to a single-vehicle collision took an unusual turn when the suspected drunk driver attempted to escape into the nearest body of water. As Ellen Peters made her way to the scene, Shaun Coady pursued the subject all the way to a beach, where Ellen watched the subject get farther and farther into the water. Realizing that he was likely impaired, Shaun knew he had to go after the man. He ran down the shoreline and found a kayak, waking up the homeowner to borrow paddles and a lifejacket. Equipped with this unconventional equipment, he paddled after the subject.

Ellen was on the beach calling in reinforcements as Shaun closed in on the subject. It was nearly an hour before the rescue boat arrived to collect Shaun and the driver. Had Shaun not gotten creative, it is very likely that the subject would have gone into distress and drowned, and the arrest would have turned into a body recovery. After he was apprehended, the subject gave kudos to Shaun for his sheer determination.

"My initial reaction was that he would give up, since these things are usually short-lived," Shaun says. "When I realized he was swimming away from my flashlight, I knew he was very likely to get into trouble. I switched into action to locate him, keep him above water, and arrest him. Despite the seriousness of this situation, you still don't deal with it without a laugh."

Ce qui devait être une opération routinière lors d'une collision impliquant un seul véhicule a pris un virage inhabituel lorsque le conducteur, soupçonné d'être en état d'ébriété, a tenté de s'échapper vers le plan d'eau le plus près. Alors qu'Ellen Peters se rendait sur les lieux, Shaun Coady a poursuivi le sujet jusqu'à la plage. Ellen a vu l'homme s'enfoncer de plus en plus dans l'eau. Shaun savait que le conducteur était probablement ivre. Il a donc couru le long de la rive et trouvé un kayak, réveillant le propriétaire pour emprunter des pagaies et un gilet de sauvetage. Muni de cet équipement, il pagaya vers l'homme.

Restée sur la plage, Ellen a appelé des renforts, tandis que Shaun s'approchait du sujet. Près d'une heure plus tard, le canot de sauvetage a récupéré Shaun et le conducteur. Sans la créativité de Shaun, il est probable que le sujet aurait été en détresse, se serait noyé et qu'on aurait repêché un cadavre au lieu de procéder à l'arrestation. Après coup, le sujet a félicité Shaun pour sa détermination.

« J'ai d'abord pensé qu'il abandonnerait, ces situations étant habituellement de courte durée, explique Shaun. Lorsque j'ai réalisé que je le voyais à peine dans l'eau avec ma lampe de poche, j'ai su qu'il serait en difficulté. Je suis passé à l'action pour le retrouver, le maintenir hors de l'eau et l'arrêter. Malgré la gravité de la situation, on ne peut s'empêcher d'en rire. »

Josh Coles, Cst./gend.

TORONTO, ON / ONT.

Police officers are more likely than the general population to experience traumatic events. On average, most people experience eight to ten traumatic events in their life, compared to 800 to 1,000 for police officers over their careers. As a 17-year Member of the RCMP, Josh Coles is no stranger to how policing and trauma intersect.

It took time for Josh to realize the effect his career was having on him. He started to withdraw from friends and family and wasn't finding joy in his day-to-day life. It became clear to Josh that he needed support and help, and he took the important first step by reaching out. Initially, it was hard for him to believe that things could improve. But, Josh says, "things do get better. If someone had told me years ago that I'd be feeling better, there's no chance I'd have believed them."

Healing takes time and is different for everyone. "Progress is non-linear," says Josh, "but I committed myself to the process and did a lot of work with the support of those around me."

After seeking support through several avenues, working with mental health professionals, and learning the practice of meditation—one of the consistent aspects aiding his recovery—Josh overcame the impacts of trauma and is now back serving his community.

A final piece of wisdom that helps Josh reframe his view of traumatic events involves self-reflection. He reminds himself daily that "it's okay to look back... just don't stare."

Les policiers sont plus susceptibles que la population en général de vivre des événements traumatiques. En moyenne, les gens vivent de 8 à 10 événements traumatiques au cours de leur vie, comparativement à 800 à 1 000 pour les policiers pendant leur carrière. Membre de la GRC depuis 17 ans, Josh Coles connaît la relation entre services de police et traumatismes.

Il lui a fallu du temps pour se rendre compte de l'impact que sa carrière avait sur lui. Il a commencé à éviter ses amis et sa famille, et sa vie était sans joie. Il avait besoin d'aide, et il a fait le premier pas. Au début, il avait de la difficulté à croire que les choses pouvaient s'améliorer. « Il y a des années, si quelqu'un m'avait dit que je me sentirais mieux, je ne l'aurais jamais cru. »

La guérison prend du temps et elle est différente pour tout le monde. « Le progrès n'est pas linéaire, dit Josh. Mais je me suis engagé et j'ai fait du travail avec l'appui de mon entourage. »

Après avoir cherché du soutien, travaillé avec des professionnels de la santé mentale et appris à méditer, Josh a surmonté les répercussions du traumatisme. Il est maintenant de retour, au service de sa collectivité.

Josh pratique aussi l'autoréflexion. Chaque jour, il se rappelle à lui-même : « C'est normal de regarder en arrière... mais il ne faut pas fixer là-dessus. »

Caitlin Cooper, Cst./gend.

HIGH LEVEL, AB / ALB.

Coming across a stray animal is not a rare occurrence in northern Alberta. Caitlin Cooper is posted to the town of High Level and, along with many Members from nearby Chateh, volunteers with the Bandaged Paws Animal Rescue Association. Her involvement started when she was travelling farther north for work and was told that she could bring back any stray animals she came across. In less than a year, Chateh RCMP Members and Caitlin have rescued nearly 150 animals, including Caitlin's own dog, Biscuit.

Caitlin keeps the animals in her home until her days off, then drives them five hours south to Grande Prairie. As she sometimes has up to 14 dogs in her care at any given time, Caitlin describes her home as fairly chaotic. But even when she has so many dogs, she makes sure every one of them gets all the attention it needs. This work takes up much of her free time, but for Caitlin, it's worth it if it means helping these animals.

"Everybody gets a happy ending, for the most part, and I get to know that the majority of them are adopted," she says. "I find that with police work, there is no guarantee that it will go your way. With these dogs, everyone gets a chance for a happy home. It is always a good outcome."

Il n'est pas rare de croiser des animaux errants dans le nord de l'Alberta. Caitlin Cooper est affectée à High Level et fait du bénévolat auprès de Bandaged Paws Animal Rescue Association avec plusieurs membres de Chateh, non loin de sa collectivité. Elle a commencé à s'impliquer lorsqu'elle s'est rendue plus au nord pour le travail et qu'on lui a dit qu'elle pouvait rapporter tous les animaux errants qu'elle croisait. En moins d'un an, Caitlin et les membres de Chateh ont sauvé près de 150 animaux. L'un d'eux est le chien Biscuit que Caitlin a adopté.

Caitlin garde les animaux chez elle jusqu'à ce qu'elle puisse les emmener, lorsqu'elle est en congé, à Grande Prairie, une municipalité située à cinq heures de route au sud. Caitlin peut parfois héberger jusqu'à 14 chiens chez elle, ce qui rend sa maison souvent assez chaotique. Mais même si elle veille sur autant de chiens, elle s'assure que chacun reçoit toute l'attention et l'aide dont il a besoin. Cela occupe une grande partie du temps libre de Caitlin, mais ses efforts en valent la peine.

« Tous les animaux ont une fin heureuse. Je sais que la majorité d'entre eux se font adopter. Dans mon travail de policière, je n'ai aucune garantie que les choses iront comme prévu. Mais avec ces chiens, tout se termine toujours bien. Ils trouvent tous un bon foyer. »

Simon Coutu-De Goede, Cst. / gend.

SHEDIAC, NB / N.-B.

In February 2020, Simon Coutu-De Goede was working a seemingly normal evening shift when he was sent to a domestic violence call. He had been to many of these calls in the past, and the subject was already known to police. When Simon arrived on scene with his partner, they could see emotions were high, and it was evident that the subject was intoxicated. The situation escalated when the subject grabbed a knife and used it to try to harm Simon and his partner. Simon was able to back away but was outside the house and without a line of sight to the subject. He was calling out to ask if his partner was all right when she fired her service weapon, shooting and killing the subject.

After the incident, Simon began a journey of recovery with professional support. Meeting with a psychiatrist and being diagnosed with PTSD changed his perspective on what's important in life.

"You realize how much these situations weigh on you, and it's important to recognize you're struggling, because your mental health and well-being are irreplaceable," he says. "Knowing my limits is important to me, and what I've learned as a Member is that you need to take the time to heal. I'm doing much better than last year, and it's not a perfect journey, but I'm proud of what I have accomplished."

Au cours d'un quart de soir habituel, en février 2020, Simon Coutu-De Goede a reçu un appel pour un cas de violence familiale. Ce n'était pas la première fois qu'il répondait à ce type d'appel, et le sujet était déjà connu de la police. En arrivant sur les lieux, Simon et sa partenaire ont rapidement constaté que les émotions étaient palpables et que le sujet était en état d'ébriété. La situation s'est aggravée lorsque le sujet s'est emparé d'un couteau pour tenter de blesser Simon et sa partenaire. Simon a pu reculer, mais il était à l'extérieur et ne voyait pas le sujet. Au moment où il a demandé à sa partenaire si elle allait bien, il l'a entendue tirer avec son arme de service, tuant le sujet.

Après l'incident, Simon a entrepris un parcours de rétablissement avec un soutien professionnel. Il a consulté un psychiatre et reçu un diagnostic de trouble de stress post-traumatique, ce qui a changé sa vision de ce qui est important dans la vie.

« On réalise à quel point ces situations nous affligent. Il est important de reconnaître qu'on éprouve des difficultés, car la santé mentale et le bien-être sont irremplaçables. C'est important pour moi de connaître mes limites. J'ai appris en tant que membre qu'on doit prendre le temps de guérir. Je vais beaucoup mieux que l'an dernier. Mon parcours n'a pas été parfait, mais je suis fier de ce que j'ai accompli. »

Kyla Currie, Cst. / gend.

AIRDRIE, AB / ALB.

In 2021, the Southern Alberta Internet Child Exploitation Unit received 13,000 reports of child pornography on social media alone. Kyla Currie has been a part of the unit's investigation team since 2017 and has saved countless children from traumatic and abusive situations involving child pornography.

Six months into her service, Kyla attended a presentation by the unit, which sparked her passion for joining it. She would be the first to put her hand up to investigate sexual assaults involving minors or adults. This has been helpful to her current position, which involves interviewing children and people in these difficult situations. Kyla garners satisfaction from "saving kids, catching bad guys, and putting away people who need to be put away."

While some cases take up to a month from start to finish, emergent files may require investigators to act quickly, such as the time when a father was coaching his toddler to perform sexual acts. An undercover police officer received photos from the man and an emergency search warrant was granted to prevent the toddler from being physically harmed and living through further trauma. A mere 28 hours after being arrested, the father confessed to his crimes. He was sentenced to eight years in prison.

En 2021, le Groupe de lutte contre l'exploitation d'enfants sur Internet du sud de l'Alberta a reçu 13 000 signalements de pornographie juvénile, ayant paru sur les médias sociaux. Kyla Currie fait partie de l'équipe d'enquête du Groupe depuis 2017 et elle a sauvé d'innombrables enfants de situations traumatisantes de maltraitance impliquant de la pornographie juvénile.

Six mois après son entrée en service, Kyla a assisté à une présentation qui l'a convaincue de se joindre à cette unité spécialisée. Déjà, elle était la première à se porter volontaire pour enquêter sur les agressions sexuelles, que la victime soit mineure ou adulte. Cette expérience lui est utile dans son poste actuel, où elle doit rencontrer des enfants et des adultes dans des situations extrêmement difficiles. Kyla tire une grande satisfaction de pouvoir « sauver les enfants, attraper les méchants et mettre hors circuit ceux qui doivent l'être ».

Certains cas prennent jusqu'à un mois avant d'être réglés. Mais les nouveaux dossiers peuvent exiger que les enquêteurs agissent rapidement, comme cette fois où un père enseignait à son tout-petit à commettre des actes sexuels. Un agent infiltré a reçu des photos de la part de l'homme et un mandat de perquisition a été délivré d'urgence pour empêcher la victime de subir des blessures physiques et de vivre d'autres traumatismes. Vingt-huit heures à peine après son arrestation, le père avouait ses crimes. Il a été condamné à huit ans de prison.

Tony Curti, Cst. / gend.

SWIFT CURRENT, SK / SASK.

As a School Liaison Officer, Tony Curti was tasked with giving speeches about drugs to high school students. He quickly realized that statistics and charts wouldn't go very far, so he thought, "Why not get a person who has recovered from addiction to come in to talk to these kids? They would know this stuff better than I would." That's when he approached Lanna Koethler.

He had encountered Lanna on several occasions as a General Duty Member and knew of her reputation. He was cautioned by his Chain of Command that this could end terribly but, despite the warnings, chose to give her a chance. During their first presentation together, Lanna spoke about her tumultuous journey through addiction and the consequences of that lifestyle. Tony immediately knew that Lanna and her story would be his ticket to finally getting through to these kids.

Like many Members, Tony became a police officer because he wanted to help people. He helps people every day in his police work, but his partnership with Lanna allowed him to help someone who needed a second chance at life. Since then, she has been on the path to recovery, going back to school, becoming an addictions and community service worker, and managing an emergency shelter for youth facing addiction.

"Sticking your neck out and taking a chance on someone can have a domino effect," says Tony. "Why wouldn't you do that?"

Parler de drogues aux élèves du secondaire fait partie des tâches de Tony Curti en tant qu'agent de liaison dans les écoles. Constatant que les statistiques et les graphiques n'allaient pas très loin, il s'est dit : « Pourquoi ne pas demander à une personne qui a souffert de dépendance de venir parler à ces jeunes? » C'est ainsi qu'il a fait appel à Lanna Koethler.

Il l'avait rencontrée à plusieurs reprises comme membre des services généraux et il la connaissait de réputation. Ses supérieurs l'ont averti que cela pourrait très mal se terminer, mais, malgré cette mise en garde, il a décidé de lui donner une chance. Lors de la première présentation qu'ils ont donnée ensemble, Lanna a parlé de son tumultueux parcours dans les méandres de la dépendance et des conséquences de ce mode de vie. Tony a immédiatement su que Lanna et son histoire lui permettraient de faire passer son message.

Comme un grand nombre de nos membres, Tony est devenu policier parce qu'il voulait aider les gens. C'est ce qu'il fait chaque jour, mais son partenariat avec Lanna lui a permis d'aider quelqu'un qui avait besoin d'une deuxième chance dans la vie. Depuis, elle s'est rétablie. Elle a repris les études, elle est devenue travailleuse en toxicomanie et en services communautaires. De plus, elle gère un refuge d'urgence pour les jeunes aux prises avec des problèmes de dépendance.

« Prendre des risques et donner une chance à quelqu'un peut créer un effet domino, explique Tony. Pourquoi s'en priver? »

Robert Daley, Sgt. / serg.

IQALUIT, NU / NT

Nunavut covers more than two million square kilometres of land and water in Canada's North. The area is served by Members in the RCMP's "V Division," which includes 25 detachments, all of which are only accessible by air. "You don't really know what it's like being a Mountie," says Robert Daley, "until the day you are dropped off by plane in a remote community like Igloolik, given the keys to the detachment, and realize you have to be self-sufficient."

Robert has served in British Columbia, Nunavut, and Nova Scotia and has developed a keen understanding of the requirements of policing in rural and remote areas, particularly where crime rates can be high. But it was in Iqaluit and then Igloolik that he saw first-hand the impact of colonialism on communities and the associated problems of substance abuse, poverty, and unemployment.

For Robert, his approach speaks to the heart of community policing. "You can't just show up and 'fix things' with some big gesture," he says. "You need to come from a place of empathy. Just be there and listen."

For Robert, "being there" means participating in community life with his wife, Ashley, also a Member of the RCMP, and their three sons. Ashley grew up between Arctic Bay and Iqaluit and speaks some Inuktitut. Their sons are involved in local activities.

After seven years back in Nova Scotia, Robert couldn't wait to return to what is now home. "The North drew me back," he says.

Le Nunavut s'étend sur plus de deux millions de kilomètres carrés dans le Nord canadien et est desservi par la Division V de la GRC, qui comprend 25 détachements, tous uniquement accessibles par avion. « On ne sait pas vraiment ce que signifie être gendarme jusqu'au jour où on est déposé par avion dans une collectivité comme Igloolik, avec les clés du détachement, et qu'on se rend compte qu'on doit être autonome. »

Robert a travaillé en Colombie-Britannique, au Nunavut et en Nouvelle-Écosse et a acquis une compréhension approfondie des exigences opérationnelles dans les régions rurales et éloignées, particulièrement là où les taux de criminalité peuvent être élevés. Mais c'est à Iqaluit et à Igloolik qu'il a constaté les répercussions du colonialisme sur les collectivités et les problèmes connexes de toxicomanie, de pauvreté et de chômage.

L'approche de Robert est axée sur la police communautaire. « On ne peut simplement "régler les choses" en faisant un grand geste. Il faut faire preuve d'empathie, être présent et écouter. »

Pour Robert, « être présent » signifie participer à la vie communautaire avec Ashley, son épouse, également membre de la GRC, et leurs trois fils. Ashley a grandi entre la baie de l'Arctique et Iqaluit et parle un peu l'inuktitut. Leurs fils participent à des activités locales.

Après sept ans en Nouvelle-Écosse, Robert était impatient de retourner dans sa région d'adoption. « Le Nord m'appelait. »

Harbir Sangha, Sgt./serg.
Jagmeet Dandiwal, Sgt./serg.

RICHMOND, BC / C.-B.

Harbir Sangha and Jagmeet Dandiwal worked hard for over 10 years to promote crime prevention and safety programs in the local Punjabi and South Asian communities in Richmond, British Columbia. The Members appeared on popular local radio shows to talk about topics such as youth gangs, bullying, identity theft, Internet safety, human trafficking, elder and child abuse, and pedestrian safety. The officers offered safety tips and advice on these issues to build partnerships and share their knowledge within the community. The discussions were in Punjabi and reached thousands of listeners across British Columbia.

Both Members did this on their own time, above and beyond their regular, demanding duties as RCMP officers. Both born and raised in India, they felt a duty to engage as much as they could with local community members to dispel stereotypes about the police, and to help build trust between the RCMP and local Punjabi and South Asian citizens in Richmond.

As a result of their community-building work, Jagmeet and Harbir were awarded a prestigious Ministry of Justice Award in 2012, presented to them at the British Columbia Crime Prevention Association's Symposium.

Pendant plus de dix ans, Harbir Sangha et Jagmeet Dandiwal ont travaillé fort pour faire avancer les programmes de prévention du crime et de sécurité publique au sein des communautés locales issues du Punjab et de l'Asie du Sud à Richmond, en Colombie-Britannique. Ils ont transmis leur message dans des émissions de radio locales, parlant de sujets comme les gangs de jeunes, l'intimidation, le vol d'identité, la sécurité sur Internet, la traite des personnes, la violence faite aux aînés et aux enfants ainsi que la sécurité des piétons. Les deux sergents se sont efforcés d'établir des partenariats et de partager leurs connaissances avec la collectivité. Les conversations avaient lieu en pendjabi; des milliers d'auditeurs partout dans la province les ont écoutées.

Les deux policiers ont donné ces entrevues dans leur temps libre, en plus d'accomplir leurs tâches exigeantes comme agents de la GRC. Nés et élevés en Inde, ils considèrent que c'est leur devoir de mobiliser les membres de la communauté afin de briser les stéréotypes de la police. Pour eux, il est important d'établir un lien de confiance entre la GRC et les personnes originaires du Punjab et de l'Asie du Sud vivant à Richmond.

En reconnaissance de leur travail, Jagmeet et Harbir ont reçu en 2012 un prestigieux prix du ministère de la Justice. Il leur a été remis lors du congrès de l'association de la Colombie-Britannique pour la prévention du crime.

Karine Denis-Godin, Cst. / gend.

CODIAC, NB / N.-B.

After Karine Denis-Godin completed three new police tactics training courses in 2017, she had no idea how quickly she'd need to use her new skills.

Shortly before the holidays, she arrived at a subject's apartment building to serve documents and arrest an individual wanted on an outstanding warrant. The subject agreed to come with her once he'd changed into warmer clothing. After he'd changed in another room and came out, he showed her a gun in his waistband and challenged her to shoot him as he raised it toward her.

Karine took cover, drew her weapon and started to focus on de-escalating the situation, using her negotiation skills to try to calm him down and convince him to drop his gun, which he continued fidgeting with and pointing in her general direction.

The man continued to challenge Karine, shouting, "Just shoot me." Police are all too familiar with this type of behaviour. It's known as "suicide by cop" and is one of the most difficult situations officers face.

When the subject realized that Karine was not going to shoot him, he put the gun down in frustration. Karine deployed her taser to incapacitate him and was able to handcuff and subdue him until backup arrived. On inspection, the gun was discovered to be a replica and the subject was charged and convicted of assaulting a police officer.

Karine sought therapy to recover from her trauma, and months later, the subject visited the detachment to thank her.

Karine Denis-Godin ne soupçonnait pas qu'elle utiliserait aussi rapidement les compétences qu'elle venait d'acquérir dans trois nouvelles formations en tactiques policières en 2017.

Peu avant les fêtes, elle s'était rendue dans un appartement pour signifier des documents et arrêter un homme visé par un mandat. Celui-ci avait accepté de se rendre, mais voulait d'abord aller mettre des vêtements chauds. Quand il est ressorti de l'autre pièce, il a pointé une arme sur Karine, la mettant au défi de tirer sur lui.

Karine s'est mise à l'abri et a dégainé son arme. Elle a commencé à désamorcer la situation en utilisant ses techniques de négociation pour calmer l'homme et le convaincre de lâcher son arme, qu'il pointait toujours dans sa direction.

L'homme a continué de défier Karine de tirer sur lui. Les policiers ne connaissent que trop bien ce genre de comportement. Les « suicides par policier interposé » sont l'une des situations les plus difficiles à affronter.

Lorsque le sujet s'est rendu compte que Karine n'allait pas tirer sur lui, il a posé son arme avec frustration. Karine a utilisé son pistolet électrique pour neutraliser l'homme, après quoi elle a pu le menotter et le maîtriser jusqu'à l'arrivée des renforts. L'inspection de l'arme a révélé qu'il s'agissait d'une réplique, et le sujet a été accusé et reconnu coupable de voies de fait contre un policier.

Karine a suivi une thérapie pour se remettre du traumatisme. Et, quelques mois plus tard, le sujet est revenu au détachement pour la remercier.

Kristen DeWulf, Sgt. / serg.

At age five, after attending her aunt's graduation into the RCMP, Kristen DeWulf knew she wanted to join the service. "From that day forward, I never aspired to be anything else," Kristen recalls. There was something about the Red Serge that stuck in her mind.

She joined the RCMP at age 21 and has been posted in different parts of Canada, first in her home province of Saskatchewan; then in Nunavut for eight years, including in the Major Crimes Unit (MCU); then back in Saskatchewan as a facilitator at Depot in Regina for five years; and, finally, in Ottawa, where she is today. Kristen has worked on major files, including the *National Inquiry into Missing and Murdered Indigenous Women and Girls* report in Ottawa, and is now a facilitator at the Canadian Police College, where she teaches investigative techniques.

Kristen feels blessed to be a Member of the RCMP and is grateful to all the Members who have mentored her over the years. Her first mentor, a Corporal in MCU in Newfoundland-Labrador, was most impactful. "Because of her, I excelled at major crime investigations," Kristen says. "I prided myself in attention to detail, and I followed the evidence by analyzing crime scenes and focused on what the scene told me."

Kristen has tried hard to pass those skills on to the next generation in her different teaching roles. "I value good leadership and pride in oneself and the work our Members do day in, day out."

À cinq ans, après la cérémonie de remise des diplômes de sa tante à la GRC, Kristen Dewulf savait qu'elle se joindrait au service. « Depuis ce jour-là, je n'ai jamais aspiré à autre chose », confie Kristen. La tunique rouge l'avait marquée.

À 21 ans, elle s'est jointe à la GRC et, depuis, elle a occupé différents postes : d'abord en Saskatchewan, sa province d'origine, puis au Nunavut pendant huit ans, au Groupe des crimes majeurs (GCM), de nouveau en Saskatchewan comme animatrice à la Division Dépôt à Regina pendant cinq ans et, enfin, à Ottawa, où elle se trouve aujourd'hui. Kristen a travaillé sur des dossiers importants, dont le rapport de l'*Enquête nationale sur les femmes et les filles autochtones disparues et assassinées* à Ottawa. Maintenant animatrice au Collège canadien de police, elle enseigne les techniques d'enquête.

Kristen s'estime privilégiée d'être membre de la GRC et elle se sent redevable envers tous les membres qui l'ont mentorée au fil des ans. L'influence de sa première mentore, une caporale du GCM à Terre-Neuve-et-Labrador, a été déterminante. « Grâce à elle, j'ai excellé dans de grandes enquêtes criminelles, explique Kristen. J'ai travaillé de façon minutieuse et j'en étais fière. Je suivais les preuves en analysant les scènes de crime et en me concentrant sur ce qu'elles révélaient. »

Kristen s'est efforcée de transmettre ces compétences à la génération suivante dans ses différents postes d'enseignante. « J'attache une grande valeur au bon leadership, à l'estime de soi et au travail que nos membres accomplissent jour après jour. »

Jamie Diemert, Cpl. / cap.

REGINA, SK / SASK.

A dive-team call can come in any time of day or night. When it does, a team of RCMP divers leave their home detachments and travel across the province or country to the site. Maybe a vehicle has fallen through the ice, or a child is missing in the water, or a murder weapon has been tossed into a lake. The mission, sadly, is one of recovery. The work is critical for finding crucial evidence, solving a mystery, or bringing about closure for a family.

Jamie Diemert is the only full-time RCMP recovery diver, serving as the team leader in charge of recruitment and operations. Those who respond to his call are part of a 72-Member volunteer team trained at the National Underwater Recovery Training Center in Nanaimo, British Columbia. Jamie's work is dangerous, with complex technical challenges, like finding fragments of bullet casings or raising a submerged vehicle. During the Vancouver Olympics, RCMP dive teams searched the waters each day for explosives and other threats that may have been planted by terrorists.

When recovery involves a drowning, the search includes the family and community. For Jamie, that's one of the reasons the teams keep going as long as there is light to see: "We'll work 16-hour days if we can," he says.

One of Jamie's treasured possessions is a thank-you note and a photo from a grieving family whose little girl tragically fell through the ice: "It's a daily reminder of why we do what we do."

Un appel de l'équipe de plongée peut avoir lieu n'importe quand. Lorsque cela arrive, des plongeurs de la GRC quittent leur détachement et traversent la province ou le pays pour se rendre sur les lieux. Un véhicule a pu couler sous la glace, un enfant disparaître dans l'eau ou une arme de crime avoir été jetée dans un lac. Malheureusement, il s'agit toujours de récupération. Ce travail est essentiel pour trouver des preuves, résoudre un mystère ou permettre à une famille de tourner la page.

Jamie Diemert est le seul plongeur de récupération à temps plein de la GRC. Il est aussi chef d'équipe responsable du recrutement et des opérations. Les répondants à son appel font partie des 72 bénévoles formés au National Underwater Recovery Training Center à Nanaimo (Colombie-Britannique). Le travail de Jamie est dangereux et rempli de défis techniques complexes, comme trouver des fragments de douilles de balle ou récupérer un véhicule submergé. Pendant les Jeux olympiques de Vancouver, des plongeurs de la GRC fouillaient les eaux chaque jour à la recherche d'explosifs et d'autres menaces que des terroristes auraient pu installer.

Lorsqu'il s'agit d'une noyade, les familles et la collectivité participent aux recherches. Voilà pourquoi les équipes continuent de travailler tant qu'il fait jour, explique Jamie. « Nous travaillerons seize heures par jour, si c'est possible », dit-il.

Un mot de remerciement et une photo reçus d'une famille en deuil d'une fillette tombée sous la glace sont précieux pour Jamie. « C'est un rappel quotidien des raisons qui nous motivent dans notre travail. »

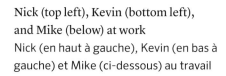

Nick (top left), Kevin (bottom left),
and Mike (below) at work
Nick (en haut à gauche), Kevin (en bas à
gauche) et Mike (ci-dessous) au travail

Nick Medeiros, Cst./gend.
Kevin Dumaine, Cpl./cap.
Mike Miles, Cpl./cap.

ABBOTSFORD, BC / C.-B.

In 2021, parts of British Columbia were devastated by floods, including the Fraser Valley. Members of the British Columbia RCMP West Coast Marine Services, trained in driving jet boats, took on the responsibility of evacuating the Abbotsford area and accomplished wellness checks on more than 375 families.

The jet boats can reach as close as someone's front steps to extract them from the flood, though running a boat in areas such as front lawns and parking lots poses many safety risks. Members can't see how deep the water is because of the sediment and dirt, and need to keep an eye out for dangerous currents flowing in from the river or log jams they may have to navigate. In Abbotsford, the team patrolled the area for theft prevention as well. Unfortunately, there is an increased risk of such activity during mass evacuations.

A big challenge during evacuations are residents who don't want to leave their homes. "Even when given notice, people are reluctant," say Members from the West Coast Marine Services. "Sometimes you have to sit down and talk people through the fact that their safety is the priority, and although it can be one of the hardest things to do, those things you are leaving behind are material. Compassion is key in those situations."

En 2021, des régions de la Colombie-Britannique ont été dévastées par des inondations. Des membres des Services maritimes de la côte Ouest de la GRC de la Colombie-Britannique, formés à la conduite de bateaux à hydrojet, ont assumé la responsabilité de l'évacuation de la région d'Abbotsford et se sont assurés du bien-être et de la sécurité de plus de 375 familles.

Les bateaux à hydrojet peuvent s'approcher jusqu'aux marches d'une maison inondée pour évacuer une personne. Bien sûr, la conduite d'un bateau dans des zones comme les pelouses et les stationnements présente des risques. Il est difficile d'évaluer la profondeur de l'eau à cause des sédiments et de la saleté, et il faut surveiller les courants qui s'écoulent de la rivière ou les embâcles de bois entre lesquels on doit naviguer. À Abbotsford, l'équipe a également dû patrouiller pour prévenir les vols, car, malheureusement, pendant les évacuations massives, il y a toujours un risque accru que de telles activités se produisent.

Pendant les évacuations, les résidents qui ne veulent pas quitter leur domicile représentent un défi de taille. « Même avec un préavis, les gens sont réticents », affirment les membres des Services maritimes. « Parfois, on doit s'asseoir et expliquer aux gens que leur sécurité est la priorité, et même si cela peut être l'une des choses les plus difficiles à faire, ce qu'on laisse derrière, ce n'est que du matériel. La compassion est essentielle dans ces situations. »

Mike Dyck, Cpl. / cap.

WINNIPEG, MB / MAN.

In his 16 years of service, Mike Dyck has worked all over Manitoba. His favourite posting was Churchill, a fly-in community in the far north of the province on Hudson Bay. "That town stole my heart," he says. "It's a close-knit little community, only nine hundred people, and they welcomed us in right away. The people were so friendly, even the criminals liked us! The RCMP has a very good reputation there."

It wasn't in his mandate, but one of Mike's tasks was helping Manitoba Conservation keep polar bears out of town. During "bear season," from October to November, the huge carnivores migrate along the coastline, often wandering into town if they smell food.

Conservation sets traps baited with seal meat. Lured bears are sedated and taken to a holding facility—called "bear jail" by the locals—then flown north by helicopter to continue their migration.

"It's totally out of our wheelhouse, but if Conservation needed help—and they often did—we were in there," says Mike. "'I'm not trained to do this!' you're thinking, with your hands on a tranquillized bear, pushing it into a net tied to a helicopter. There was one that we chased out of town with our police car, flashing lights and everything."

On Halloween, volunteers form a perimeter to keep bears out so the town's kids can go trick-or-treating. "That's the mentality there," says Mike. "It's a wild, isolated place, but everyone comes together to help each other whenever there's a challenge."

En seize années de service, Mike Dyck a travaillé partout au Manitoba. Son affectation préférée a été Churchill, une collectivité du Grand Nord dans la baie d'Hudson uniquement accessible par avion. « C'était un coup de cœur. La communauté de neuf cents personnes est très unie et accueillante. Les gens étaient tellement sympathiques, même les criminels nous aimaient! La GRC a bonne réputation là-bas. »

Même si ça ne faisait pas partie de son mandat, Mike devait aider Manitoba Conservation à empêcher les ours polaires d'entrer dans la ville. Pendant la « saison des ours », d'octobre à novembre, les énormes carnivores migrent le long de la côte et s'aventurent en ville, attirés par la nourriture.

Manitoba Conservation installe des pièges avec de la viande de phoque pour attirer et endormir les ours. Ceux-ci sont alors emmenés dans la « prison à ours », puis héliportés vers le nord pour qu'ils poursuivent leur migration.

« C'était déboussolant, mais on devait souvent aider Manitoba Conservation. Quand on pousse un ours endormi dans un filet d'hélicoptère, on se dit "Je ne suis pas formé pour faire ça!". Il y en a même un qu'on a fait fuir de la ville avec notre voiture de police. »

À l'Halloween, les gens forment un périmètre pour garder les ours à l'extérieur afin que les enfants de la ville puissent s'amuser. « C'est la mentalité. C'est un endroit sauvage et isolé, mais lorsqu'il y a un défi, les gens s'entraident. »

Antoney (Tony) Eeftink, Cst. / gend.
William (Bill) Nadeau, Cst. / gend.

NANAIMO, BC / C.-B.

After being approached by *Canadian Geographic* magazine, Tony Eeftink and Bill Nadeau became ambassadors for educating youth on Canadian geography and Indigenous history. Travelling along the British Columbia coast to deliver huge, gym-bag-sized maps, they began to make connections with youth in many small communities while talking about the Indigenous history specific to each area. Tony and Bill even engaged Elders from the communities to take part and help tell their peoples' stories.

The maps are very large, about the size of a hockey bag, and are almost impossible to deliver to remote locations in British Columbia without the help of the West Coast Marine Services. After delivering and presenting them, Tony found himself answering all sorts of questions the maps evoked, with the help of the Elders. He soon learned that the map project wasn't just educating youth about geography, but also engaging them to learn about Indigenous history and culture.

"The unit is hoping to obtain more maps in the future," says Tony. "I believe that not only is this proactive outreach within these communities a positive for policing, but most importantly, it helps build on reconciliation efforts."

Après avoir été approchés par le magazine *Canadian Geographic*, Tony Eeftink et Bill Nadeau sont devenus des ambassadeurs de la géographie canadienne et de l'histoire autochtone auprès des jeunes. Voyageant le long de la côte de la Colombie-Britannique pour livrer d'énormes cartes, qui ont la taille d'un sac de hockey, ils ont commencé à établir des liens avec les jeunes de nombreuses petites collectivités, tout en parlant de l'histoire autochtone propre à chaque région. Tony et Bill ont même fait participer les aînés des communautés pour les aider à raconter les histoires de leur peuple.

Comme les cartes sont immenses, elles sont pratiquement impossibles à livrer sans l'aide des Services maritimes de la côte Ouest dans les régions éloignées de la Colombie-Britannique. Après avoir livré et présenté une carte, Tony répond, avec l'aide des aînés, à toutes sortes de questions. Tony a rapidement réalisé que le projet de cartes permettait d'enseigner la géographie aux jeunes, en plus de les inciter à en apprendre davantage sur l'histoire et la culture autochtones.

« L'unité espère obtenir d'autres cartes. Cette activité de sensibilisation proactive au sein de ces collectivités est positive pour les services de police, mais elle contribue surtout aux efforts de réconciliation. »

Jason Emmons, Cst. / gend.

FORT SMITH, NT / T.N.-O

In July 2021, Jason Emmons decided to give something back to his community of Fort Smith in the Northwest Territories. Christmas 2020 had been difficult for a lot of residents, the majority of whom are Métis or First Nations. The pandemic meant they couldn't get together with family, and supply chain issues made it tough to get gifts.

"I figured in 2021, we had to brighten a few kids' faces," Jason says.

He emailed around and was soon liaising with Toys for Tots Canada. He and his wife, Larissa, posted on Fort Smith's Facebook page and put up flyers at the grocery and drugstores, gathering the names of children who might not receive presents. After a slow start it blew up, and they had 55 names in 20 families.

Jason started collecting toys, books, winter clothing, and handmade articles—with help from a shipping company, which trucked in some items from the south. Jason, Larissa, their kids, and a few friends spent three days wrapping all the presents and delivering them to families on December 23.

"With the very generous help from Toys for Tots Canada, Columbia Sports, NorthMart of Fort Smith, and local crafters, children in Fort Smith woke up Christmas morning and opened presents they may not have had otherwise," Jason says.

"We had numerous people who were very grateful for what we'd done. The president of the Métis council came up and gave us thanks, which was really nice. It gave a big boost to the community."

En juillet 2021, Jason Emmons a décidé de redonner à sa collectivité de Fort Smith, dans les Territoires du Nord-Ouest, composée en majorité de Métis et d'Autochtones. Noël 2020 avait été difficile. À cause de la pandémie, personne n'avait pu se réunir en famille ni acheter de cadeaux en raison de problèmes d'approvisionnement.

« Je voulais donner le sourire aux enfants en 2021. »

Après quelques recherches, Jason a communiqué avec Toys for Tots Canada. Lui et son épouse, Larissa, ont laissé des messages à l'épicerie, à la pharmacie et sur la page Facebook de Fort Smith. Ils ont ainsi recueilli les noms de 55 enfants de 20 familles qui risquaient de ne pas recevoir de cadeaux.

Jason a ensuite commencé à recueillir des jouets, des livres, des vêtements d'hiver et des articles faits à la main avec l'aide d'une entreprise de livraison assurant le transport par camion de certains articles provenant du sud. Jason, Larissa, leurs enfants et quelques amis ont passé trois jours à emballer tous les cadeaux pour les livrer le 23 décembre.

« Grâce à l'aide très généreuse de Toys for Tots Canada, de Columbia Sports, de NorthMart de Fort Smith et d'artisans locaux, les enfants de la collectivité se sont réveillés le matin de Noël avec des cadeaux. »

« Plusieurs personnes étaient très reconnaissantes de ce qu'on avait fait. Le président du Conseil des Métis est même venu nous remercier. Cela a donné un bon coup de pouce à la collectivité. »

David Fairfax, Cst. / gend.

TATAMAGOUCHE, NS / N.-É.

A heavy police presence is a rarity for the small, quaint town of Tatamagouche in Nova Scotia. But every summer, Members of the RCMP from different units such as the Mobile Command Centre, Explosive Disposal Unit, Police Dog Services, Traffic Services, and Air Services arrive at the Tim Horton's Children's Camp, for the Annapolis County Cops 'N Kids weekend. Cops 'N Kids was introduced to Annapolis County in 2010 by Constables David Fairfax and Rodena Renaud, who have been running the program ever since. It is still operational today.

The program challenges participants to think about crime prevention and how they can make their communities safer. It is student-led and there is no cost to participate. Built for Grade 7 students from the three middle schools in the county, the program has involved over 1,000 students and 120 junior leaders over the last 12 years.

"Rodena and I have come to believe that the positive interactions we have with youth will serve to strengthen the bond between youth and police," David says. "Increased communication by the police with children and youth, through programs such as Cops 'N Kids and youth advisory committees, will go a long way to bridge the generational gap and dispel the myths relating to youth and police interaction."

Il est rare qu'une forte présence policière se trouve dans la petite ville pittoresque de Tatamagouche, en Nouvelle-Écosse. Cependant, chaque été, des membres de la GRC de différentes unités – dont le centre de commandement mobile, le Groupe de l'enlèvement des explosifs, le Service de chiens policiers, la Section de la sécurité routière et le Service de l'air – se présentent au Camp Tim Hortons pour les enfants, à l'occasion de la fin de semaine du programme Cops 'N Kids dans le comté d'Annapolis. Ce programme a été lancé en 2010 par les gendarmes David Fairfax et Rodena Renaud, et ceux-ci le dirigent toujours.

Le programme, gratuit et dirigé par des étudiants, incite les participants à réfléchir à la prévention du crime et aux manières de rendre leurs collectivités plus sûres. Conçu pour les élèves de 7e année des trois écoles intermédiaires du comté, le programme a mobilisé plus de 1 000 élèves et 120 jeunes leaders au cours des 12 dernières années.

« Rodena et moi croyons que nos interactions positives avec les jeunes renforceront les liens que ces derniers ont avec la police. Une plus grande communication entre la police et les jeunes, grâce à des programmes comme Cops 'N Kids et les comités consultatifs sur la jeunesse, contribuera à combler l'écart générationnel et à dissiper les mythes liés aux jeunes et aux interactions avec la police. »

Sean Farrell, Sgt. / serg.

LITTLE GRAND RAPIDS, MB / MAN.

Policing in an isolated community accessible only by air or winter road is a logistics nightmare. Even if you arrive by plane, the only way to get to the RCMP Detachment across Family Lake is by boat.

For Sean Farrell, who's spent most of his 26-year career in plain clothes units, it's a challenge he signed up for when he took the assignment as Detachment Commander in Little Grand Rapids, 240 kilometres by air northeast of Winnipeg. In this role, Sean leads a team of nine to bring safety and security to the 1,800 people living there.

As the local RCMP officer and leader of this detachment, Sean describes himself as the "it" person, whether he's fixing the sewage system or repairing a police vehicle.

Working alongside local First Nations leaders, Sean describes postings like his as inherently challenging. In addition to the social problems associated with poverty, he is constantly struck by the lack of social support. "You can't ignore what you see when you live here," he says, "because it's right in front of you. The only answer is to pitch in and help others develop self-reliance."

Sean's wife works at the nursing station in the community, and they see the difference they're making. "I know our work is appreciated, even when it's not always welcome," he observes. "One day someone will be yelling at me, but the next morning they are waving hello."

Les collectivités isolées et uniquement accessibles par avion ou par route d'hiver représentent un cauchemar logistique pour les services de police. Pour se rendre au détachement de la GRC de Little Grand Rapids, à 240 kilomètres au nord-est de Winnipeg, il faut traverser le lac Family en bateau, même si on arrive par avion.

Sean Farrell savait qu'il relevait un défi lorsqu'il a accepté l'affectation de commandant dans cette région. Lui qui a passé la majorité de sa carrière de vingt-six ans en tenue civile dirige une équipe de neuf personnes pour assurer la sécurité des mille huit cents résidents.

En tant qu'agent et chef du détachement, Sean est prêt à tout, qu'il faille réparer un réseau d'égout ou un véhicule de police.

Sean, qui travaille aux côtés de dirigeants locaux des Premières Nations, décrit les affectations comme la sienne comme étant fondamentalement difficiles. En plus des problèmes sociaux liés à la pauvreté, il est constamment frappé par le manque de soutien social. « On ne peut ignorer ce qu'on voit quand on vit ici. C'est devant nous. La seule solution est de contribuer et d'aider les autres à devenir autonomes. »

La femme de Sean travaille au poste de soins infirmiers de la collectivité, et tous deux constatent la différence qu'ils font. « Je sais que notre travail est apprécié, même s'il n'est pas toujours le bienvenu. Un jour, une personne crie après moi, mais le lendemain matin elle me salue. »

Julie Fletcher, Cst. / gend.

BANFF, AB / ALB.

When Julie Fletcher told her husband she was planning to follow in his footsteps and join the RCMP, he resisted and advised Julie against it. The job is tough on Members' mental health, he warned, given some of the heart-wrenching and traumatic incidents they respond to.

"I said to him, 'That's sweet of you to be concerned about me, but I'm doing it anyway,'" recalls Julie, who has three children with her husband, Corporal Shane Fletcher. "When I have my mind set on something, I can be very stubborn."

Julie was determined to use her caring nature to help others in her community and not let the job change her positive outlook on the world. Not only is she still with the force more than 16 years later, but she is also a role model for Members looking to bring more empathy to the job while also practicing self-care. Julie teaches trauma-informed yoga to fellow officers, which includes both stretching and easing the body and mind. Her vision is to encourage the RCMP to dedicate wellness officers to help bring more mental health awareness to the profession.

"I believe, based on my own experience, that if we're taking care of police officers' mental health, they're going to reflect that same approach back to the public," she says. "It's a win for all of society."

Lorsque Julie Fletcher a dit à son mari qu'elle comptait suivre ses traces et se joindre à la GRC, il lui a conseillé de ne pas le faire. « C'est un travail difficile pour la santé mentale, parce qu'on voit tellement d'événements déchirants et traumatisants », l'a-t-il prévenue.

« Je lui ai dit: "C'est gentil de ta part de te préoccuper de moi, mais je vais le faire quand même." Lorsque j'ai une idée en tête, je peux être plutôt têtue. »

Julie et son mari, le caporal Shane Fletcher, ont trois enfants. Elle était déterminée à mettre sa nature bienveillante au service de la collectivité et à ne pas laisser le métier changer sa vision positive du monde. Non seulement elle est toujours au service de la GRC, depuis plus de seize ans, mais elle sert aussi de modèle pour les membres qui cherchent à démontrer une plus grande empathie au travail tout en prenant soin d'eux-mêmes.

Julie enseigne à ses collègues le yoga adapté aux traumatismes, qui comprend des étirements et l'apaisement du corps et de l'esprit. Elle aimerait convaincre la GRC de créer des postes d'agents spécialisés en bien-être pour sensibiliser les membres à l'importance de la santé mentale.

« Mon expérience m'a enseigné que si on prend soin de la santé mentale des policiers, ils adopteront la même approche à l'égard du public, explique-t-elle. C'est une victoire pour toute la société.»

Mark Ford, Cst. / gend.

WHITEHORSE, YT / YN

The importance of having supports in place for public mental health crises is not lost on Mark Ford, who currently lives and works in Whitehorse, Yukon. Members of the RCMP in the region attend mental health calls regularly and under the *Mental Health Act*, they can either apprehend the person in crisis or get them the help they require, based on their needs.

One day, Mark received a call from a local youth who was hanging off a 60-to-80-foot-tall hydro dam by one arm, contemplating suicide and asking for help. Mark and two fellow officers located him, took hold of his arm, and pulled him back over the fence, then escorted him home and explained to his mother that he had to go to the hospital for a mental health assessment.

A month later, the boy called Mark and thanked him for saving his life. He invited Mark over to his home, where he and his mother presented him with an eagle feather as a sign of their appreciation—the highest honour given to people in a First Nations community.

Today, the feather hangs on the rear-view mirror of Mark's truck and serves as a daily reminder of why his work is so important. "I truly enjoy working in the remoteness of northern communities," Mark says. "Most of the time we don't hear from people, but many of them genuinely do appreciate our assistance and help."

Mark Ford vit et travaille actuellement à Whitehorse, au Yukon. Il connaît l'importance d'avoir des mesures de soutien en place pour les cas de crises de santé mentale qui se produisent en public. Les membres de la GRC de la région participent régulièrement à des interventions en santé mentale et, en vertu de la Loi sur la santé mentale, ils peuvent appréhender la personne en crise ou lui fournir l'aide dont elle a besoin.

Un jour, Mark a reçu l'appel à l'aide d'un jeune suicidaire de la région qui se tenait par un bras en haut d'un barrage hydroélectrique de 60 à 80 pi. Mark et deux autres agents l'ont repéré, l'ont agrippé par le bras et tiré par-dessus la clôture. Ils l'ont ensuite escorté à la maison et ont expliqué à sa mère qu'ils devaient l'emmener à l'hôpital pour une évaluation en santé mentale.

Un mois plus tard, le garçon a rappelé Mark pour le remercier de lui avoir sauvé la vie et il l'a invité chez lui. Sa mère et lui ont offert à Mark une plume d'aigle en signe de reconnaissance, la plus haute distinction accordée par une collectivité des Premières Nations.

Mark a accroché sa plume au rétroviseur de son camion, et celle-ci lui rappelle au quotidien l'importance de son travail. « J'aime vraiment travailler dans les collectivités éloignées du Nord, affirme Mark. La plupart du temps, les gens ne font pas de commentaires, mais bon nombre d'entre eux sont vraiment reconnaissants de notre aide. »

Michael Francis, Cst. / gend.

SYDNEY, NS / N.-É.

As a traffic services investigator with the Nova Scotia RCMP's North East Traffic Services, Michael Francis has often been called to collisions across the Cape Breton region. Some are hard puzzles to solve and can take weeks or even months to piece together. In March 2017, for instance, Michael was called to a hit and run accident that left a Royal Canadian Air Force veteran dead and the driver at large. All that was left at the scene of the crime was the fleeing car's mirror cap. With little other evidence to start the investigation, the entire team came together to find any clues that might help them catch the culprit. Months later, the driver was caught and charged, along with several other people who had helped him cover up his crime by hiding and then burning the vehicle.

The victim's family started a charity golf tournament in honour of the deceased veteran and has invited Members to participate every year since. This is one of those rare times when a case is not over even though it has been solved. The family's recognition for the RCMP and their continual contact has been very impactful for all involved. To this day, a photo of the veteran in uniform can be found on a shelf at the detachment and serves as a reminder of what can be accomplished through exceptional teamwork.

Enquêteur de la Section de la sécurité routière de la GRC pour le Nord-Est de la Nouvelle-Écosse, Michael Francis est souvent appelé à intervenir sur les lieux d'une collision. Certaines sont des casse-têtes complexes dont la résolution peut prendre des semaines, voire des mois. En mars 2017, par exemple, on a demandé à Michael d'enquêter sur un délit de fuite ayant causé la mort d'un ancien combattant de l'Aviation royale canadienne. Le seul élément de preuve sur les lieux était le capuchon du rétroviseur de la voiture du fuyard. Faute d'autres indices pour lancer l'enquête, toute l'équipe s'est réunie pour trouver des pistes qui pourraient aider à trouver le coupable. Des mois plus tard, le conducteur a été attrapé et accusé, de même que plusieurs autres personnes qui l'avaient aidé à camoufler son crime en cachant puis en brûlant le véhicule.

La famille de la victime a mis sur pied un tournoi de golf caritatif en l'honneur de l'ancien combattant décédé et, depuis, invite les membres à y participer chaque année. Il est plutôt rare que les relations créées par un dossier continuent, longtemps après la résolution du crime. Mais la famille est très reconnaissante envers la GRC et toutes les personnes concernées tiennent à entretenir ces relations. Aujourd'hui encore, une photo du vétéran en uniforme est affichée au détachement et rappelle tout ce que peut occasionner un travail d'équipe exceptionnel.

Mark Fraser, Cst. / gend.

RED DEER, AB / ALB.

For many RCMP Members, policing runs in the family. Mark Fraser is one such "Mountie brat." His father served 35 years in Nova Scotia. He encouraged Mark to always remember the human element in his work.

As an RCMP investigator in the General Investigation Section (GIS) and as part of Red Deer's Serious Crimes Unit, Mark embodies this approach, whether he's interviewing witnesses, subjects, or family members of victims following crime against persons, such as homicide or child abuse. "I truly enjoy talking with people," he says, "listening to their stories, and, as corny as it sounds, helping."

For Mark, policing has challenges that didn't exist or weren't as prevalent 15 years ago. It's more violent, and now everyone has a camera on their phone. It's too easy to capture only a snippet of a story at a time when an officer must make a split-second decision in an unpredictable environment. Mark has seen what happens when an officer hesitates. "That's when someone gets hurt," he says.

Always available to lend an ear, Mark is an advocate for "boots-on-the-ground officers. These are people who takes risks each day and sacrifice so much in terms of family life," he says. Part of his commitment is reflected in his work as one of two representatives for the National Police Federation for the Central Alberta District. In a Member-support role, his time is typically spent clarifying and interpreting policies and assisting with Members' problems, such as housing and family assistance.

Pour bien des membres de la GRC, le travail policier, c'est de famille. Mark Fraser est l'un de ces « enfants de la GRC ». Son père a servi 35 ans en Nouvelle-Écosse. Il incitait Marc à ne pas oublier l'élément humain dans son travail.

Enquêteur de la Section des enquêtes générales de la GRC et membre du Groupe des crimes graves de Red Deer, Mark utilise cette approche lorsqu'il interroge des témoins, sujets ou membres de la famille de victimes de crimes contre la personne, comme un homicide ou la maltraitance d'enfants. « J'aime parler aux gens, écouter leurs histoires et – c'est peut-être démodé – les aider », confie Mark.

Son travail pose des défis qui n'existaient pas ou étaient moins courants il y a 15 ans. Il y a plus de violence, et maintenant chacun peut prendre des photos avec son téléphone. Il est très facile de capter une situation partielle quand un agent doit prendre une décision instantanée dans un environnement imprévisible. Mark a vu ce qui se passe lorsqu'un agent hésite. « C'est là où quelqu'un se blesse », dit-il.

Toujours attentif, Mark préconise la présence sur le terrain. « Ces agents prennent des risques chaque jour et sacrifient beaucoup de leur vie familiale », affirme-t-il. Mark est l'un des deux représentants de la Fédération de la police nationale pour le district central de l'Alberta et son travail témoigne de son engagement. Pour soutenir les membres, il clarifie et interprète les politiques, aide les familles, entre autres en réglant les problèmes de logement.

François Gagnon, Cpl. / cap.

MONTREAL, QC / QC

Being an Air Marshal is unlike any other job in the RCMP. This ultra-secret unit took François Gagnon around the globe from 2008 to 2011. At the end of 2015, François was called back to the program to assist in transporting Syrian refugees to Canada. After a week of updating his Air Marshal qualifications, François was back on a plane and on his way to Jordan and Turkey.

On one flight, François noticed that the plane was filled with kids who had nothing to play with. He took out a box of surgical gloves and a marker and began making balloons out of the gloves. It wasn't long before he had made hundreds of them and ran out of gloves. This added a friendly atmosphere to the stressful situation and showed the adults that Canadians' reputation for friendliness was no myth.

Police forces in Middle Eastern countries are vastly different from those in Canada, which initially created a barrier between the refugees and the RCMP Members. The smiles, positive attitudes, and fun interactions quickly shifted the mood. Despite the language barrier, it was clear in their faces that the displaced Syrians were grateful for the friendly Mounties taking them to safety.

La fonction d'agent armé à bord des avions ne se compare à nulle autre à la GRC. Cette unité ultrasecrète a fait voyager François Gagnon partout dans le monde de 2008 à 2011. À la fin de 2015, les responsables du programme ont rappelé François pour aider à transporter des réfugiés syriens au Canada. Après une semaine de mise à jour de ses qualifications, François était de retour dans un avion à destination de la Jordanie et de la Turquie.

Pendant un vol, François a remarqué que les nombreux enfants à bord n'avaient aucun jouet pour s'amuser. Il a sorti une boîte de gants chirurgicaux et un marqueur et a commencé à fabriquer des ballons avec ces gants. Après une centaine de ballons soufflés, les gants sont venus à manquer. François a pu alléger le stress des réfugiés en instaurant un environnement convivial, montrant ainsi aux adultes que la réputation amicale des Canadiens était fondée.

Les forces policières du Moyen-Orient diffèrent beaucoup de celles du Canada, ce qui a expliqué au début la réticence des réfugiés face aux membres de la GRC. Les sourires, l'atmosphère positive et les interactions ludiques ont rapidement changé l'humeur. Malgré la barrière de la langue, les Syriens déplacés étaient reconnaissants à l'égard des agents de la GRC de les avoir amenés en lieu sûr.

Isabelle Gaudreau, Sgt. / serg.

FORT MCPHERSON, NT / T.N.-O.

Going from a large urban centre like Montreal where the 2SLGBTQ+ community is sizable and celebrated to a small northern community where gender identities and non-heterosexual relationships are traditionally taboo was initially a challenge for Isabelle Gaudreau. Suddenly, it felt as though people were judging her relationship and it appeared to be the talk of the village. This did not stop Isabelle and her wife from being actively involved in the Fort McPherson community, joining recreational sports teams and attending cultural events. Over time, Isabelle started to notice that the people in her community were opening up to her, asking questions, and slowly becoming more accepting.

She was later transferred out of Fort McPherson, but eventually returned. The second time around, she noticed that people were more welcoming and open-minded about her sexuality, and that the 2SLGBTQ+ flag was raised at the local school. People were empowered to come out themselves when they saw the community become more accepting.

Isabelle attributes her and her wife being accepted by others in their small town to their involvement in local community activities and encourages her fellow Members to get involved in a similar fashion. "In small communities, community wellness is a big part of your work. People will know you on a personal level and see that you have good intentions. Getting out of the house and getting involved helped break down those barriers."

Au départ, Isabelle Gaudreau s'est heurtée à un défi : passer d'une grande ville comme Montréal, où la communauté 2ELGBTQ+ est importante et célébrée, à une petite collectivité du Nord où les identités de genre et les relations non hétérosexuelles sont traditionnellement taboues. Elle a soudainement senti que les gens jugeaient son union et qu'elle était l'objet de ragots, ce qui n'a pas empêché Isabelle et sa conjointe de s'investir dans la collectivité de Fort McPherson, de se joindre à des équipes de sports récréatifs et d'assister à des événements culturels. Isabelle a graduellement constaté que ses concitoyens s'ouvraient à elle, lui posaient des questions et devenaient de plus en plus tolérants.

Par la suite, elle a quitté Fort McPherson, pour finalement y revenir. Cette fois-ci, Isabelle voyait qu'on était plus accueillant à son égard et qu'on acceptait sa sexualité. Le drapeau 2ELGBTQ+ avait même été hissé à l'école locale. Ce nouveau sentiment d'ouverture et de tolérance a aidé certains citoyens à dévoiler leur homosexualité.

Isabelle attribue cette acceptation à leur égard au fait qu'elles ont participé activement aux activités communautaires locales et encourage ses collègues membres à faire de même. « Dans les petites collectivités, une large part de votre travail repose sur le bien-être communautaire. Les gens vous connaîtront personnellement et verront que vous avez de bonnes intentions. Le fait de sortir de la maison et de participer à la vie communautaire a aidé à éliminer ces obstacles. »

Jean-Philippe Gauthier, Cst. / gend.

SAINT-JEAN-SUR-RICHELIEU, QC / QC

Jean-Philippe Gauthier had less than one year of service under his belt when he took part in his first ever powwow on the Waterhen Lake reserve in Saskatchewan. After attending the first day of the event in Red Serge, he was asked to come back for the second night, when he gave a speech and danced in the powwow honouring the Elders. Unbeknownst to him, he had been filmed dancing, and the video rapidly went viral on the Internet, reaching more than one million views within a month. The story was picked up by various news channels, and he had the opportunity to give media interviews in both French and English. He was soon known far and wide as the "Dancing Mountie."

Attending and participating in the powwow helped Jean-Philippe earn the respect of the community. He quickly realized that these types of things go a long way in building relationships between police and First Nations communities.

This moment brought him great pride in being an RCMP Member and wearing the iconic red uniform. Policing is a difficult and tiring job, and Members do not receive many thanks. That day, Jean-Philippe knew that he had done something right, and that the Waterhen Lake First Nation was thankful and grateful to have him in their community.

Jean-Philippe Gauthier avait moins d'un an de service à son actif lorsqu'il a participé à son tout premier pow-wow dans la réserve de Waterhen Lake, en Saskatchewan. Il a assisté à la première journée de l'événement en tunique rouge, puis on lui a demandé de revenir pour la deuxième nuit : il a alors prononcé un discours et dansé dans le pow-wow en l'honneur des Aînés. À son insu, il avait été filmé en train de danser, et la vidéo est rapidement devenue virale, atteignant plus d'un million de vues en un mois. L'histoire a été relayée par diverses chaînes de nouvelles, et il a donné plusieurs entrevues en français et en anglais. Il est rapidement devenu le « gendarme dansant ».

Sa participation au pow-wow a permis à Jean-Philippe de gagner le respect de la communauté. Il s'est rendu compte que ce type d'événement contribue grandement à l'établissement de bonnes relations entre la police et les Premières Nations.

Ce qui lui est arrivé l'a rendu très fier de faire partie de la GRC et de porter l'emblématique tunique rouge. Le travail de policier est difficile et épuisant, et les membres ne reçoivent pas beaucoup de remerciements. Ce jour-là, Jean-Philippe a compris qu'il avait apporté une contribution positive et que la Première Nation de Waterhen Lake était heureuse et reconnaissante de l'avoir dans sa communauté.

Paul Glennie, Cst. / gend.

TORONTO, ON / ONT.

Paul Glennie is a 16-year Constable currently posted near Toronto. Being a police officer involves responding to calls on many people's worst days, resulting in mental health impacts that, for Paul, culminated in post-traumatic stress disorder (PTSD) and alcoholism.

Paul didn't immediately recognize the issues he was facing, but over time, he noticed he was becoming emotionally numb and jumpy at loud noises, and was drinking heavily. He reached out to the RCMP for help and, after therapy to work through healing processes at an in-patient program, was able to regain a sense of freedom and peace.

As he puts it, "I was sitting in front of my TV when I was in Alberta and I felt something I hadn't felt in a long time, and I know it sounds corny, but it was joy; I hadn't felt that in years."

All police officers have to deal with the stress of the job, and many face stress-related mental health challenges. Paul knows he's not unique and says it's important to normalize these discussions and shift the culture across policing to recognize and protect mental health.

"You can still be a good police officer; you can still be tough. And you can still care about yourself: there's nothing wrong with that. You can do what you have to do on the street, but you can go home and look after yourself and your family."

Être policier, c'est entrer chaque jour dans la vie des gens au pire moment. Cela peut miner la santé mentale. C'est ainsi que Paul a développé un trouble de stress post-traumatique qui l'a conduit à l'alcoolisme.

Paul Glennie est un gendarme comptant seize ans d'expérience, actuellement en affectation près de Toronto. Au fil du temps, Paul a remarqué qu'il devenait de plus en plus insensible, qu'il sursautait au moindre bruit fort et qu'il buvait beaucoup. Il s'est alors adressé à la GRC pour obtenir de l'aide. Après avoir suivi une thérapie, il a retrouvé un sentiment de liberté et de paix.

« J'étais assis devant mon téléviseur, en Alberta, et j'ai soudain ressenti de la joie pour la première fois depuis des années. »

Tous les policiers vivent du stress au travail, et ce stress cause des problèmes de santé mentale chez bon nombre d'entre eux. Paul sait qu'il n'est pas le seul. C'est pourquoi, selon lui, il est important d'en parler et de changer la culture dans le métier. Il faut sortir la santé mentale de l'ombre et protéger le bien-être des policiers.

« On peut rester un bon policier et être encore coriace, tout en prenant quand même soin de soi. Il n'y a rien de mal à cela. On peut faire notre travail dans la rue et ensuite rentrer à la maison pour s'occuper de soi et de sa famille. »

Olivier Godin, Cpl./cap.

THOMPSON, MB / MAN.

Growing up in New Brunswick, Olivier Godin played a lot of hockey and is grateful for having had a happy, stable family life. Acadian by heritage, the 30-year-old is fully bilingual. After graduating from Depot at 20 as an RCMP Constable, he experienced culture shock at his first posting in Pukatawagan, in northern Manitoba. The violence and substance abuse he witnessed would shape the rest of his career.

Many northern communities are impacted by social problems where resources are in short supply. Policing is a challenge because of the isolation, and for a variety of reasons, rates of person-based crime, including domestic violence and murder, are often high.

That's why Olivier recently volunteered to leave his post in Morden and accept a position as Watch Commander for the six-person RCMP team in Thompson, Manitoba, one of Canada's most dangerous cities with a high violent crime rate. In his new role, Olivier will be able to mentor young Members sent to Thompson and use his considerable skills to work alongside his team.

Olivier was inspired to take on this new challenge: "When I first arrived at Pukatawagan, I was determined to change the world. Now, I realize that change takes place through small steps, but small steps add up. Like with a ladder, you can't jump to the top. But if you take it one rung at a time, when you look down you can see how far you've come. That is how I make a difference helping people."

Dans sa jeunesse, Olivier Godin a beaucoup joué au hockey et il est reconnaissant d'avoir eu une vie familiale heureuse et stable. Cet Acadien bilingue du Nouveau-Brunswick a obtenu son diplôme de gendarme de la Division Dépôt à l'âge de vingt ans. C'est en arrivant à Pukatawagan, dans le nord du Manitoba, sa première affectation, qu'il a vécu un choc culturel. La violence et la toxicomanie dont il a été témoin ont façonné sa carrière.

Plusieurs collectivités du Nord sont touchées par des problèmes sociaux. Les ressources sont rares et la tâche des policiers est difficile en raison de l'isolement et des taux souvent élevés de criminalité, de violence familiale et de meurtre.

C'est pour ces raisons qu'Olivier a décidé récemment de quitter son poste à Morden pour devenir chef de veille pour l'équipe de six personnes de la GRC à Thompson, au Manitoba, l'une des villes les plus dangereuses du Canada avec un taux élevé de crimes violents. Dans son nouveau rôle, Olivier encadrera les jeunes membres envoyés à Thompson et collaborera avec son équipe.

Olivier a ressenti le besoin de relever ce nouveau défi : « En arrivant à Pukatawagan, je voulais changer le monde. Je comprends maintenant que le changement se fait petit à petit. C'est comme si on gravissait une échelle; on ne peut pas atteindre directement le sommet. On progresse un pas à la fois, et c'est quand on se retourne qu'on voit le chemin parcouru. C'est ainsi que je fais une différence en aidant les gens. »

Billy Gossen, Cpl. / cap.

REGINA, SK / SASK.

There's something about Canada's North that keeps Billy Gossen going back. His first posting was in Watson Lake, Yukon, followed by Faro, even farther north in the territory. When COVID-19 hit, his facilitator work at Depot in Regina was paused, so he transferred to Yellowknife, Northwest Territories, for a while.

"I absolutely love the North. Everything about it fits my lifestyle," says Billy, who was born and raised in Saskatchewan.

His affection for the North is fuelled by a love of the outdoors, including playing and coaching sports such as baseball and hockey. He's also interested and engaged in Indigenous culture and enjoys working with people in those communities.

While in the North, Billy was honoured to be invited to a bonfire gathering for residential school survivors. "To be part of that was an eye-opener," he says.

He gives back to northern communities through his coaching and other extra-curricular activities. One of the most memorable experiences was when he helped the Faro Mad Sled Dogs hockey team, with 22 players aged six to 18, attend a Canucks game in Vancouver in 2016. They were treated to a private box and appeared on the Jumbotron during the game.

Billy says helping with events like these is the least he can do for people in the North, who have given him so much during his career to date. "My experience there has helped make me a more compassionate RCMP officer and better human being," he says.

Le Nord exerce un attrait irrésistible sur Billy Gossen. Au cours de sa carrière, il a d'abord été affecté à Watson Lake, au Yukon, puis à Faro, encore plus au nord.

Lorsque la COVID-19 a frappé, il ne pouvait plus travailler comme facilitateur à la Division Dépôt. Il a donc été muté à Yellowknife.

« J'adore le Nord. Tout correspond à mon mode de vie », explique Billy qui a grandi en Saskatchewan.

Son affection pour cette région du pays découle de son amour du plein air et des sports, comme le baseball et le hockey en tant qu'entraîneur et joueur. Il s'intéresse également à la culture autochtone et aime travailler avec les gens de ces communautés.

Billy a eu l'honneur d'être invité à un feu de camp pour les survivants des pensionnats. « Ça m'a ouvert les yeux », dit-il.

Il redonne aux collectivités du Nord dans le cadre d'activités parascolaires, notamment comme entraîneur. L'un de ses plus beaux souvenirs est le moment où il a aidé l'équipe de hockey de Faro, composée de 22 joueurs de 6 à 18 ans, à assister à un match des Canucks à Vancouver en 2016. Les membres de l'équipe ont eu droit à une loge et ils ont même été présentés sur l'écran géant.

Billy dit que c'est le moins qu'il puisse faire pour les gens du Nord, qui lui ont tant donné au cours de sa carrière. « Mon expérience là-bas a contribué à faire de moi un agent de la GRC plus sensible et un meilleur être humain », affirme-t-il.

The RCMP Musical Ride
Le Carrousel de la GRC

Since their inception in 1873, the North-West Mounted Police (renamed the Royal Canadian Mounted Police in 1920) have been recognized by their uniforms and four-legged equine companions. Initially chosen for their ability to travel great distances patrolling the Prairies, these specially bred horses now participate in a multitude of ceremonial roles, including performing a variety of cavalry drills choreographed to music, known as the RCMP Musical Ride.

Today, the RCMP's Musical Ride is recognized and celebrated worldwide, immediately evoking admiration for Canada and Members of the RCMP in their Red Serge atop statuesque black horses.

Since its beginnings, the Musical Ride has relied on active Members of the RCMP from across the country who have applied to the program and play an important ambassador role for their fellow Members and Canadians in general.

Except for two pandemic years, the Ride has travelled every year to about 50 communities across Canada and sometimes internationally from May to October, rotating provinces to ensure all Canadians have a chance to enjoy the world-renowned performance. Thirty-two riders and their horses as well as a support team travel together and are welcomed in temporary stables in each community they visit.

The spectacle and skill of the Ride are particularly meaningful in smaller communities, where riders have an opportunity to really connect with the people they are visiting. The Members get to share stories about their policing careers with those who come out to see the performance. This creates bridges between Canadian citizens and the police officers who have dedicated their lives to serving and protecting them. There is no fee for hosting the Musical Ride; all proceeds go directly to each community's charity of choice.

Most Members have little to no riding experience when they join the Ride, and many have never been exposed to or spent any time near horses. Some even admit to being a little scared of the strong, towering animals. During an intense program at the RCMP stables in Ottawa from January to May each year, Members train twice a day, five days a week to develop and perfect their routines and form a bond with their horses.

Long road trips are challenging for the Members and their four-legged partners, with many logistical hurdles and long spells away from family, friends, and home. Support from other Members in the unit is crucial.

Spectators may assume that Members are simply sitting on a horse that is following the routine timed to the music, but this couldn't be further from the truth. Members work hard throughout the performance to control and guide their horses through the intricate and physically demanding moves. Synchronization is key to the success of the Ride, and Members are under pressure to keep the pace and hit their markers. Doing so requires great mental and physical focus.

Member riders arrive at the stables hours before each show to groom and clean their horses' coats and gear. They also clean and polish their own uniforms and kit, which they then don for the warm-up before each performance.

Members and horses perform in all weather conditions, from the dry heat of the Prairies to the humid and rainy days of the Atlantic. Rain, shine, heat, or cold, the riders hit their marks no matter the weather, in their iconic red wool suits, Stetson hats, and leather boots and gloves, riding dark horses that radiate heat. Hydration and cooling are critically important for the health and well-being of both the riders and the horses.

Since 1939, the RCMP has had their own breeding program to nurture the finest Hanoverian horses in

Canada, primarily for their dark black coat, which contrasts beautifully with the Red Serge of the Members' tunics. After three years of training and development, a young horse is ready to be paired with a rider to perform in the Musical Ride. Similar to the RCMP Police Dog Service Members and their Police Service Dogs, the riders create a profound bond with their horses, who become part of their families and bring their unique personalities to these enduring relationships.

The late Queen Elizabeth II had a love of horses, in-depth knowledge of their care and breeding, and a special passion for the Musical Ride. As Honorary Commissioner in Chief of the RCMP, the Queen was gifted eight horses by the RCMP—including her favourite, "Burmese"—reflecting the RCMP's close relationship with the Royal family. On September 19, 2022, five Members of the RCMP Musical Ride led a procession, on five of the horses that had been gifted to the Queen, as part of Her Majesty's funeral. You can read more about this prestigious opportunity in Derek Quilley's Member story in this book.

Établie en 1873, la Police à cheval du Nord-Ouest (renommée la Gendarmerie royale du Canada en 1920) est reconnue pour ses uniformes et ses majestueux compagnons à quatre pattes. Ces chevaux issus d'un élevage spécialisé ont initialement été choisis pour leur capacité à parcourir de vastes distances. Ils jouent désormais différents rôles officiels, notamment des chorégraphies musicales portant le nom de Carrousel de la GRC.

Aujourd'hui, le Carrousel de la GRC est reconnu et acclamé dans le monde entier. Avec leur tunique rouge et leurs imposantes montures noires, les membres de la GRC et le Canada sont grandement admirés.

Depuis les débuts du Carrousel, des membres actifs de la GRC d'un océan à l'autre s'y joignent. Ils s'inscrivent au programme et deviennent de véritables ambassadeurs.

Exception faite des deux années de pandémie, le Carrousel visite chaque année de mai à octobre quelque 50 collectivités partout au Canada, et parfois à l'étranger. Une rotation des provinces permet à tout le monde de profiter d'un spectacle de renommée mondiale. Trente-deux cavaliers, leurs chevaux et une équipe de soutien voyagent ensemble et sont accueillis dans des écuries temporaires.

Les prestations et les habiletés du Carrousel revêtent une signification particulièrement importante dans les plus petites collectivités, où les cavaliers tissent des liens étroits avec les gens. Lorsqu'ils se produisent, les membres parlent aux spectateurs de leur carrière de policier. Ils établissent ainsi des ponts entre les citoyens et les policiers qui consacrent leur vie à servir et à protéger. En outre, accueillir le Carrousel n'engage aucuns frais. Tous les profits vont directement à un organisme de bienfaisance choisi par la collectivité.

Lorsqu'ils se joignent au Carrousel, les membres peuvent avoir une expérience très limitée en équitation, voire inexistante, certains n'ayant jamais côtoyé des chevaux. Quelques-uns admettent même craindre un peu ces bêtes impressionnantes. Au cours de la formation intensive de janvier à mai à l'écurie de la GRC, à Ottawa, les membres s'entraînent deux fois par jour, cinq jours par semaine. Ils perfectionnent ainsi leur programme et tissent des liens étroits avec leur cheval.

Les longues heures passées sur la route peuvent être difficiles pour les membres et leur partenaire équin. En plus d'une logistique colossale, cela implique de longs séjours loin de chez soi. C'est dans cette optique que le soutien des autres membres de l'unité est vital.

Les spectateurs peuvent supposer que le travail des membres consiste simplement à monter un cheval qui suit une chorégraphie musicale, mais la réalité est tout autre. Les membres travaillent d'arrache-pied pour maîtriser et guider leur cheval, alors qu'il exécute des mouvements sophistiqués et exigeants. Bien qu'ardue, la synchronisation est essentielle au succès du Carrousel; les membres sont constamment soumis à une forte pression pour garder le pas et suivre le programme.

Bien avant le spectacle, les cavaliers doivent toiletter leur cheval et nettoyer l'équipement. Chacun s'occupe de son uniforme, qu'il revêt par la suite en vue de la séance d'échauffement.

Beau temps, mauvais temps, les membres et les chevaux se produisent dans toutes les conditions et suivent toujours leur programme, arborant le légendaire uniforme rouge, le Stetson, et les bottes et gants en cuir, sur le dos de leur cheval noir irradiant de chaleur. Il est donc essentiel que les cavaliers et leur monture restent hydratés et au frais.

Depuis 1939, la GRC a son propre programme d'élevage de chevaux hanovriens, s'assurant ainsi de maintenir une lignée de haut rang. Ces chevaux sont particulièrement prisés pour leur robe noire foncée qui contraste à merveille avec la tunique rouge des membres. Au bout de trois ans d'entraînement, le jeune cheval est prêt à être jumelé à un cavalier et à se joindre au Carrousel. À l'instar de l'équipe canine de la GRC, les cavaliers créent un lien profond avec leur cheval. Il devient un membre de la famille qui rayonne de personnalité.

La défunte reine Elizabeth II adorait les chevaux et s'y connaissait en soins et en élevage. Démontrant un amour tout particulier pour le Carrousel, elle a obtenu le titre honorifique de commissaire de la GRC. Puis, pour marquer les liens étroits qui unissent la GRC à la famille royale, huit chevaux lui ont été offerts, dont son préféré, « Burmese ». Le 19 septembre 2022, lors des funérailles de Sa Majesté, cinq membres du Carrousel ont mené une procession sur des chevaux qui avaient été offerts à la reine. Pour en savoir plus au sujet de cette prestigieuse affectation, lisez le récit de Derek Quilley contenu dans ce livre.

Erin Gregorash, Cst. / gend.

WHITEHORSE, YT / YN

Erin's Gregorash's father and grandfather were both Members of the RCMP, so she learned her style of community policing from them. "I remember watching my father coaching hockey and sometimes his portable radio was sitting inside the penalty box," she says. "He definitely inspired me to join the RCMP."

Erin has spent her eight years as a Member in the North. She has felt welcomed there, largely because, like her father, she loves to coach sports. In Watson Lake, Yukon, she saw a group of girls watching the boys practice volleyball. She asked them if they were interested in playing and their eyes lit up. In four years, the girls' team went from making homemade jerseys to playing tournaments across British Columbia and the Yukon.

"This made policing in a small community easier because people knew me—they didn't just see a uniform," Erin says. She couldn't have done it without the support of the RCMP, who allowed her to run practices during shifts and never denied her time off to go to tournaments.

The issue of missing and murdered women is huge in First Nations communities in the North. By building rapport with the RCMP, young women have people they can trust and talk to; several felt comfortable enough to report unwanted sexual advances from within the family, a step Erin suspects they wouldn't have taken otherwise. And that trust is passed on to other family members too; parents and grandparents now trust Erin, and the RCMP in general, after seeing what she did for their girls through volleyball.

Le père et le grand-père d'Erin Gregorash étaient tous deux membres de la GRC, et son style de police communautaire lui vient d'eux. « Je me souviens d'avoir vu mon père entraîner une équipe de hockey et, parfois, sa radio portable était au banc des pénalités, raconte-t-elle. Il a vraiment été mon inspiration pour me joindre à la GRC. »

Erin a passé huit ans en affectation dans le Nord. Elle s'y est sentie bien accueillie, en grande partie parce que, comme son père, elle aime être entraîneuse de sport. Un jour, à Watson Lake, au Yukon, elle a vu un groupe de filles regarder les garçons s'entraîner au volleyball. Erin leur a demandé si elles voulaient jouer, elles aussi, et leurs yeux se sont illuminés. L'équipe féminine, qui confectionnait au début ses chandails à la main, participait quatre ans plus tard à des tournois en Colombie-Britannique et au Yukon.

« Mon métier de policière dans une petite collectivité est alors devenu plus facile. Les gens me connaissaient, ils ne voyaient pas seulement un uniforme », explique Erin. Elle n'aurait pas pu en arriver là sans le soutien de la GRC, qui lui a permis de superviser les entraînements pendant ses quarts de travail et ne lui a jamais refusé ses demandes de congé pour se rendre à des tournois.

Le problème des femmes disparues et assassinées est énorme dans les collectivités des Premières Nations du Nord. Mais les jeunes femmes savent qu'elles ont désormais des personnes à qui elles peuvent parler en toute confiance, parce qu'elles les connaissent. Plusieurs se sont senties assez à l'aise pour signaler des avances sexuelles non désirées provenant de membres de leur propre famille, ce qui selon Erin ne serait pas arrivé autrement. Et ce sentiment se transmet aux autres générations. Les parents et les grands-parents font maintenant confiance à Erin, et à la GRC en général, après avoir vu ce qu'elle a fait pour leurs filles au volleyball.

Deanna Hagen, Cst./gend.

EDMONTON, AB / ALB.

It was after powering through her own personal health challenges that Deanna Hagen was inspired to give back to others. In 2015, she started iKare4Kids Society, a non-profit organization that collects and distributes gently used iPads and tablets to financially vulnerable families with critically ill children.

"By recycling these devices, not only are we helping support these children on their difficult medical journey, but we also help keep the devices out of the landfills, thereby promoting a greener environment," says Deanna, who has been a Member since 2000.

The program is Deanna's way of giving back to others after having been through difficult job-related issues, including a PTSD diagnosis and a significant brain injury. While recovering from the brain injury, Deanna volunteered at a local Ronald McDonald House. She noticed a technology gap among lower-income families and started gathering used iPads and tablets for these families, which helped them pass the time while their kids were being cared for in hospital and enabled them to communicate more effectively with health care professionals.

Today, iKare4Kids is an incorporated entity with six board members that has helped families from Nova Scotia to Nunavut. Deanna says her time off work inspired her to volunteer and start the program. "What I went through is unfortunate, but I'm grateful for what came out of it," she says.

C'est après de sérieux problèmes de santé que Deanna Hagen a décidé de redonner aux autres. En 2015, elle a mis sur pied iKare4Kids, un organisme sans but lucratif qui recueille des tablettes électroniques légèrement usagées et les remet à des familles financièrement vulnérables dont les enfants sont gravement malades.

« En recyclant ces appareils, on aide ces enfants dans leur difficile parcours médical, et on aide aussi l'environnement en évitant que ces appareils finissent dans un site d'enfouissement », explique Deanna, qui est membre de la GRC depuis 2000.

Deanna a vécu des problèmes difficiles liés à son travail, dont un diagnostic de trouble de stress post-traumatique et une grave lésion cérébrale. Pour elle, le programme est une façon de redonner aux autres. Alors qu'elle se remettait de sa lésion cérébrale, Deanna a fait du bénévolat dans un Manoir Ronald McDonald. Elle a remarqué des lacunes technologiques chez les familles à faible revenu et a commencé à recueillir des tablettes usagées pour celles-ci, ce qui les aidait à passer le temps lorsque leurs enfants recevaient des soins à l'hôpital et, bien sûr, à communiquer plus efficacement avec les professionnels de la santé.

Aujourd'hui, iKare4Kids est une entité constituée en société qui compte six membres et qui aide des familles, de la Nouvelle-Écosse jusqu'au Nunavut. Deanna dit que son congé l'a incitée à faire du bénévolat et à lancer le programme. « Ce que j'ai vécu est malheureux, mais je suis tellement reconnaissante de ce qui en a résulté. »

Jeff Haney, Cst. / gend.

NANAIMO, BC / C.-B.

The RCMP Marine Division serves a vast area of the British Columbia coastline. Severe weather and mechanical issues are just some of the challenges they face.

One night in December 2020, Jeff Haney and three other crew members of the patrol vessel *Inkster* climbed into their small bunks for some sleep. The catamaran was tied to a small dock in a remote bay on British Columbia's north coast. At around 2 a.m., Jeff was awoken by a horrible creaking sound. The wind was gusting over 60 knots, blowing them against the battered dock. They had to get it loose right away.

The crew untied *Inkster*. Then the captain shouted, "The port engine won't start!" One of the crew, a civilian engineer, determined that the starter needed to be replaced. Jeff worked with him to install a new one while the wind howled. They yelled up to the captain when they were done and he went to start the engine. Nothing. Obviously, the starter was not the issue.

The captain decided to pull off, running on one engine, and the vessel limped away toward the closest protected bay. Jeff took the first watch on the bridge with the engineer. A few hours later, the captain relieved him, and Jeff crawled back into his bunk. He was jolted awake by the sound of the anchor chain and knew they had made it to shelter. They did not have a replacement solenoid part for the engine, and the nearest port was Prince Rupert, 80 nautical miles away, so the catamaran limped on. It was after 11 p.m. when they were finally secure again for the night.

La Division maritime de la GRC dessert une vaste région du littoral de la Colombie-Britannique. Les phénomènes météo violents et les problèmes mécaniques sont de sérieux défis.

Une nuit de décembre 2020, Jeff Haney et trois autres membres de l'équipage du patrouilleur *Inkster* sont dans leurs couchettes. Le catamaran est à quai dans une baie éloignée de la côte nord de la Colombie-Britannique. Vers deux heures du matin, Jeff est réveillé par un terrible craquement. Le vent souffle à plus de 60 nœuds, poussant l'embarcation contre le quai décrépit. Il faut la libérer sur-le-champ.

L'équipage détache *Inkster*. Puis le capitaine crie : « Le moteur bâbord ne démarre pas! » Un membre de l'équipage, ingénieur civil, dit de remplacer le démarreur. Jeff travaille avec lui pour en installer un nouveau sous les hurlements du vent. Le travail terminé, ils crient au capitaine de démarrer le moteur. Rien. Apparemment, le démarreur n'était pas la source de leurs problèmes.

Le capitaine décida de démarrer avec un seul moteur, le navire peinant à atteindre la baie protégée la plus proche. Jeff prit le premier quart à la passerelle avec l'ingénieur. Quelques heures plus tard, le capitaine le releva et Jeff rampa jusqu'à sa couchette. Réveillé brusquement par le bruit de la chaîne d'ancre, il sut qu'ils étaient à l'abri. Il n'y avait pas de pièce de rechange pour le solénoïde du moteur et le port le plus proche se trouvait à Prince Rupert, à 80 milles marins de là. Le catamaran avança péniblement. Ils se sont enfin amarré pour la nuit juste après 23h.

Sayeh Hejazi, Cst./gend.

Sayeh Hejazi moved to Canada from Iran when she was 11, only vaguely aware of cartoon images of Canada's iconic Mounties. She saw her first real-life RCMP Member that same year: Surrey RCMP Staff Sergeant Monsef, who spoke Farsi and was clearly committed to helping people. Sayeh was captivated and promised herself that someday she, too, would earn the Red Serge.

To support her RCMP quest, Sayeh joined the Canadian Armed Forces as a reservist but was soon full-time, with two deployments to Afghanistan, where she became a translator. Telling her mother, who'd brought Sayeh to Canada to give her a better life, that she had been deployed overseas was one of the hardest things she'd ever done. But in Afghanistan, lack of sleep, no time off, and hearing hatred for her uniform in her mother tongue were also challenging.

Sayeh's goal to join the RCMP was never far from her mind and, after working in CAF recruiting alongside the RCMP back home, she attended Depot and graduated in 2012. She was posted to Mission, British Columbia, where she served on general duty and a very successful mental health pilot project that reduced repeat mental health calls by 40 percent. She's now working in property crime and drugs. In her free time, Sayeh passionately advocates for people facing tragedy and tyranny in Iran. She recently served as a translator again for a plane crash in Ukraine—a reminder that grief cannot be translated.

Sayeh's journey is an important reminder that every Member is a human being wearing a uniform, with emotions, issues, good and bad days, and a story of their own. They deserve our respect and compassion, as does everyone.

Sayeh a quitté l'Iran pour s'installer au Canada à 11 ans. Ce qu'elle connaissait de la GRC, elle l'avait vu dans des dessins animés. L'année de son arrivée, elle a rencontré le sergent d'état-major Monsef du détachement de Surrey. Il parlait persan et voulait aider les gens. Captivée, Sayeh s'est promis qu'elle porterait un jour la tunique rouge.

Sayeh s'est d'abord jointe aux Forces armées canadiennes (FAC) comme réserviste, avant d'être rapidement affectée à temps plein. Elle a été déployée deux fois en Afghanistan, où elle est devenue interprète. Dire à sa mère, qui l'avait emmenée au Canada pour lui offrir une vie meilleure, qu'elle serait déployée à l'étranger a été très difficile. Mais son séjour en Afghanistan a également été éprouvant, non seulement à cause des commentaires haineux qu'elle recevait dans sa langue maternelle concernant son uniforme, mais aussi du manque de sommeil et de l'absence de congés.

Mais elle n'a jamais perdu de vue son objectif de se joindre à la GRC. Après avoir travaillé au recrutement au sein des FAC et aux côtés de la GRC, elle a soumis sa candidature et, en 2012, elle obtenait son diplôme de la Division Dépôt. Son rêve de porter la tunique rouge se réalisait enfin.

Sayeh a été affectée en Colombie-Britannique, à Mission, où elle a servi en tant que membre des services généraux. Elle a aussi pris part à un projet pilote en matière de santé mentale. Couronné de succès, ce projet a permis de réduire de 40 % le nombre d'appels répétés en santé mentale. Sayeh travaille maintenant dans le secteur des crimes contre les biens et de la drogue. Dans ses temps libres, elle soutient les personnes confrontées à des tragédies et à la tyrannie en Iran. Elle a récemment servi d'interprète lors d'un accident d'avion en Ukraine.

Le parcours de Sayeh démontre que chaque membre est un être humain qui a des émotions, de bonnes et de mauvaises journées, et une histoire unique. Chaque membre mérite notre respect et notre compassion.

Penny Hermann, Sgt. / serg.

OTTAWA, ON / ONT.

While Penny Hermann was a drill instructor at Depot, the Commanding Officer of Depot was looking for a way to honour fallen Members and help cadets acknowledge and remember them. Penny volunteered to take on this project and began her deep dive into the 231 Members killed on duty prior to 2013, combing the Internet and reaching out to relatives for more information on them all. Penny's research memorialized these fallen Members, showcasing that each was someone's sibling, spouse, child, or friend. At the 2013 Memorial Parade, the Silent Partner Program was officially launched.

Through this program, each cadet receives a card telling the story of one fallen RCMP Member, who becomes their Silent Partner from that day forward. This card includes personal information such as the Member's hobbies, family members, where they were posted, any noteworthy contributions to the RCMP, and the circumstances of their death, with a picture when available. In this way, each fallen Member is remembered by a cadet, beyond just once a year at the Memorial Parade. For Penny, witnessing cadets meeting the families of their Silent Partner was meaningful and rewarding. The card also serves as a valuable reminder for cadets, she says: "When you don't want to do something, you remind yourself that your Silent Partner would change places with you in a heartbeat. Your Silent Partner always has your back."

Alors que la sergente Penny Hermann était instructrice d'exercice à la Division Dépôt, le commandant cherchait un moyen d'honorer les membres morts dans l'exercice de leurs fonctions et à sensibiliser les cadets à leur égard. Penny s'est portée volontaire pour mener à bien ce projet. Elle a fait des recherches approfondies sur les 231 membres tués en service avant 2013, en cherchant sur Internet et en communiquant avec leur famille. Les efforts de Penny ont permis de faire revivre le souvenir des membres décédés, rappelant que chacun était le frère, la sœur, l'enfant ou l'amie de quelqu'un. Lors du défilé commémoratif de 2013, le Programme de partenaire silencieux a été lancé.

Dans le cadre de ce programme, chaque cadet reçoit une carte racontant l'histoire d'un membre de la GRC décédé; celui-ci devient ainsi son partenaire silencieux. Cette carte donne des renseignements sur le membre : sa famille, ses passe-temps, toute contribution notable à la GRC et les circonstances de son décès. Une photo est aussi incluse dans la plupart des cas. De cette façon, chaque jour, un cadet se souvient d'un membre décédé, et pas seulement une fois par année à l'occasion du défilé commémoratif. Penny tire beaucoup de satisfaction en voyant les cadets rencontrer la famille de leur partenaire silencieux. La carte leur sert également de rappel précieux, explique-t-elle : « Lorsque vous n'avez pas envie de faire quelque chose, rappelez-vous que votre partenaire silencieux changerait de place avec vous en un clin d'œil. Votre partenaire silencieux est toujours là pour vous. »

Miles Hiebert, Cpl. / cap.

DEPOT DIVISION, SK / DIVISION DÉPÔT, SASK.

When Miles Hiebert went to Depot, he was highly motivated to succeed, and did. Twenty years later, he still is succeeding—except now he's one of the facilitators, helping young cadets train to be RCMP officers.

Growing up in Winnipeg, "everyone wanted to be a cop," Miles says. But he pursued other avenues first, working as a contractor, then teaching English in Japan. When he came home, he heard the RCMP was hiring and decided it was time to join. By then he was 39 years old with a wife and a one-year-old at home. Depot had its challenges, but he was driven: "As long as you work hard you can be successful."

In his ninth year working at Depot, Miles is training his 12th troop and has helped more than 350 new Members get into the field. As a facilitator, he takes his role of getting the cadets through the program very seriously. "They're like my own kids," he says. A few recruits struggle with various aspects of the training, but Miles is always excited to hear back from them when they're in the field. Hearing their success stories gives him a big sense of accomplishment.

There is less paper than there was 20 years ago—incoming troops are now issued laptops—but otherwise not much has changed from Miles's time as a cadet. "The place is the same, the work ethic is the same," he says. "Everyone just puts their heads down and works hard to successfully get through."

Lorsque Miles Hiebert est entré à la Division Dépôt, il était résolu à réussir, et il y est parvenu. Vingt ans plus tard, il est maintenant animateur et aide à former les cadets qui deviendront des agents de la GRC.

À Winnipeg où il a grandi, « tout le monde voulait être policier », affirme Miles. Mais il a d'abord exploré d'autres avenues, comme entrepreneur, puis enseignant d'anglais au Japon. De retour chez lui, il apprit que la GRC embauchait et décida de se joindre au service. Il avait 39 ans, une femme et un bambin à la maison. La Division Dépôt présentait des défis, mais il était motivé : « Quand on travaille fort, on réussit. »

Après neuf ans à la division, Miles forme sa 12e troupe et il a aidé plus de 350 nouveaux membres à s'engager dans l'aventure. Il prend très au sérieux son rôle d'animateur pour aider les cadets à suivre le programme. « Ils sont comme mes enfants », dit-il. Pour quelques recrues, la formation est difficile, mais Miles est toujours heureux d'avoir de leurs nouvelles sur le terrain. Leurs succès lui donnent un grand sentiment de réussite.

On utilise moins de papier qu'il y a 20 ans – les nouvelles troupes reçoivent maintenant des portables – mais, autrement, rien n'a beaucoup changé depuis l'époque où Miles était cadet. « L'endroit est le même, l'éthique du travail est la même, dit-il. Tout le monde s'attelle à la tâche et travaille fort pour réussir. »

Sande Higgins, Cst. / gend.

WINNIPEG, MB / MAN.

When her daughter became a police officer 14 years ago, Sande Higgins's mom worried about her getting shot. She never expected to watch a plane crash on the news and then learn that Sande had been on board.

An Indigenous Member, Sande loved her two years in the fly-in First Nation of Pukatawagan. "I felt part of the community," she says. "I would sit with the Elders, and their soft voices gave me this at-home feeling." Unfortunately, just seven weeks before her posting ended, the plane she was in crashed on takeoff. One man died and Sande and the other seven survivors waited for hours for planes to medivac them to Winnipeg.

The support she felt throughout was amazing. While helping organize the rescue, Sande realized she had nothing with her except her sidearm and a toothbrush—her bags had been burned in the wreckage. A nurse who had been behind her in the plane was a guardian angel, promising Sande she'd stay with her all the way.

Nine people were waiting at the hospital, including her parents and fiancé. "Indigenous communities are like that: everybody bands together," she says. "To have those people outside waiting for me, getting phone calls from co-workers—it was incredible."

Sande was released that day. The PTSD hit her a few years later but didn't stop her from continuing to be a police officer. "When I saw how messed up I was, I reached out and got help," she says. "There were times when I questioned if I wanted to continue, but I have great opportunities now. I still love my career."

Lorsque **Sande Higgins** est devenue policière, il y a quatorze ans, sa mère s'inquiétait qu'elle se fasse tirer dessus. Mais jamais elle ne se serait attendue à apprendre aux nouvelles que sa fille s'était retrouvée dans un écrasement d'avion.

Sande est Autochtone et elle a adoré passer deux ans dans la Première Nation de Pukatawagan, uniquement accessible par avion. « Je me sentais accueillie. Je m'asseyais avec les Aînés. Leur voix douce me donnait le sentiment d'être chez moi. » Malheureusement, sept semaines avant la fin de son affectation, son avion s'est écrasé au décollage. Un homme est décédé. Sande et sept autres survivants ont attendu des heures avant d'être évacués jusqu'à Winnipeg.

Le soutien qu'elle a ressenti a été incroyable. Pendant le sauvetage, Sande a réalisé qu'elle n'avait plus rien, sauf son revolver et une brosse à dents; ses sacs avaient brûlé dans l'épave. Une infirmière qui était également dans l'avion, un véritable ange gardien, lui a promis qu'elle ne la quitterait pas.

Neuf personnes l'attendaient à l'hôpital, dont ses parents et son fiancé. « Les communautés autochtones sont comme ça, les gens s'unissent. C'était incroyable, mes proches m'attendaient dehors et recevaient des appels de collègues. »

Sande a pu sortir de l'hôpital le jour même. Cependant, au fil des ans, elle a développé un trouble de stress post-traumatique, mais ça ne l'a pas empêchée de continuer. « Quand j'ai constaté à quel point j'allais mal, j'ai demandé de l'aide. Je me suis interrogée à savoir si je voulais continuer mon travail. Mais j'aime toujours ma carrière et j'ai d'excellentes possibilités. »

Alexa Hodgins, Cpl. / cap.

BURNABY, BC / C.-B.

While responding to a call for service during a night shift, Alexa Hodgins was approaching a green light at an intersection when another car made a sharp left turn without signalling in front of her vehicle. Despite her best efforts to avoid the collision, the cars crashed.

Alexa felt back pain after the crash but jumped into police mode. She checked on the other driver, called an ambulance, and wrote up her collision report. A few days later, her doctor recommended she get an MRI. Unfortunately, she wasn't able to get that MRI until months later, long after she'd already returned to work. While waiting for the MRI results, Alexa was at work one day and she realized she couldn't get up from her desk. Her legs had simply stopped working.

The MRI results showed that her back was broken. Alexa had to undergo emergency spinal fusion surgery to place rods and pins in her spine. She was told by her doctors that running and bending were now limited, and she may never be a fully operational police officer again. This devastating news led to a battle with severe depression and the challenge of learning how to walk again through intense rehabilitation and treatment. Alexa eventually returned to full duties five years after her split-second collision.

"I don't know if you ever recover from depression, but you manage it," Alexa says now. "I always encourage fellow Members who are struggling to make use of the mental health resources we have access to."

Répondant à un appel, Alexa Hodgins s'approchait d'un feu vert lorsqu'une voiture devant elle a effectué un virage serré à gauche sans avertissement. Malgré tous les efforts d'Alexa, les voitures sont entrées en collision.

Elle a ressenti des douleurs au dos après l'accident, mais elle s'est tout de suite mise au travail. Elle a vérifié l'état de l'autre conducteur, appelé une ambulance et rédigé son rapport de collision. Des jours plus tard, son médecin lui a recommandé une IRM. Elle n'a pu l'obtenir qu'au bout de quelques mois, bien après son retour au travail. En attente des résultats, Alexa a constaté un jour qu'elle ne pouvait plus se lever. Ses jambes refusaient tout simplement de fonctionner.

L'IRM pointait vers une fracture de la colonne vertébrale. Alexa a dû subir d'urgence une chirurgie de fusion vertébrale, pendant laquelle les chirurgiens ont placé des tiges et des chevilles dans sa colonne. Ils lui ont dit qu'elle aurait de la difficulté à courir et à fléchir son dos. Elle risquait même de ne plus jamais pouvoir remplir toutes les tâches d'un policier. Dévastée, Alexa a lutté contre une grave dépression et a dû réapprendre à marcher à l'aide d'une réadaptation intense. Après cinq ans, elle a enfin pu réintégrer son poste.

« Je ne sais pas si l'on se rétablit de la dépression, mais on peut la gérer, dit Alexa. J'encourage toujours nos membres en difficulté à utiliser les ressources en santé mentale qui sont offertes. »

Ryan How, S/Sgt./s.é.-m.

MEADOW LAKE, SK / SASK.

A Member for 16 years, Ryan How is the Detachment Commander in Meadow Lake, Saskatchewan. He's also a crisis negotiator and firearms instructor.

His crisis negotiator role highlights the huge impact the RCMP have on people. "Often, we don't realize it day to day when we're interacting with people," he says, "but a very small gesture can make a huge difference. That's why we serve—to make those positive impacts."

Ryan recalls a day when he was called in to assist with a second-degree murder suspect who was barricaded with a firearm. The man was threatening, as he shouted, "Suicide by police." When Ryan arrived, the General Duty Members were attempting to calm the man. Then he saw Ryan and called to him by name. He said that seven or eight years earlier, Ryan had arrested him, given him a cigarette, and listened to him talk.

"Basically, all of my crisis negotiating training went out the window, and we just started having an honest back-and-forth," Ryan recalls. This went on for eight hours, until the suspect agreed to come out and was arrested safely.

"Sometimes just giving somebody a cigarette and not asking for anything, just having a genuine relationship, makes all the difference," says Ryan. "This was a very bad guy—but he still appreciated the respect and dignity that was shown."

"I know we're all overworked and exhausted, but those two or three minutes go so far for officer safety and public safety down the road."

Membre de la GRC depuis 16 ans, Ryan How est commandant du détachement de Meadow Lake, en Saskatchewan. Il est aussi négociateur en situation de crise et instructeur de tir.

Son rôle de négociateur souligne l'incidence considérable de la GRC sur les gens. « Souvent, ce n'est pas évident dans nos interactions quotidiennes, dit-il, mais un petit geste peut faire une énorme différence. Voilà pourquoi nous sommes là, pour avoir une incidence positive. »

Ryan se souvient du jour où il a été appelé, alors qu'un suspect de meurtre au deuxième degré s'était barricadé avec une arme à feu. L'homme menaçait de commettre, comme il le criait, un « suicide par policier interposé ». Lorsque Ryan est arrivé, les membres des services généraux essayaient de calmer l'homme. Celui-ci reconnut le policier et l'appela par son nom, disant que sept ou huit ans auparavant, Ryan l'avait arrêté, lui avait donné une cigarette et l'avait écouté.

« Là, plus de formation qui tienne. Nous avons eu des échanges honnêtes », se souvient Ryan. Pendant huit heures, jusqu'à ce qu'il accepte de sortir et soit appréhendé en toute sécurité.

« Parfois, offrir une cigarette sans rien demander, avoir une relation authentique, ça fait toute la différence, poursuit Ryan. C'était un vaurien, mais il voulait être traité avec respect et dignité. »

« Je sais que nous sommes tous débordés et épuisés, mais ces deux ou trois minutes sont très importantes pour la sécurité des agents et du public. »

Mark Hume, Sgt. / serg.

MINNEDOSA, MB / MAN.

What may seem like a routine call can quickly escalate into a more dangerous scenario. Mark Hume, a Corporal at the time with the RCMP Traffic Unit in Manitoba, responded to such a case with a domestic assault in May 2015.

When the man who had assaulted a woman saw the police arriving, he ran back inside the house and opened fire from a second-storey window, striking Mark in his side and back with eight shotgun pellets. Mark was able to stay on scene, ultimately talking the man out of the house, where he was immediately arrested and charged with attempted murder and ultimately sentenced to 13½ years in jail.

Dangerous incidents like this leave both physical and mental scars such as anxiety, post-traumatic stress disorder (PTSD), and more. There is no right or wrong way to cope with and overcome these issues, but what helped Mark was simple: talking about the event and its aftermath with his closest companions.

"A lot of it is frame of mind," he says. "Do what you need to get through it and get the support you need. For me, it was important to talk about the incident quickly. Talk about it with your friends, family, and co-workers. Get it out, and get back at it."

Ce qui semble être un appel de routine peut rapidement dégénérer en situation dangereuse. Mark Hume, caporal de la Section de la sécurité routière de la GRC au Manitoba, en sait quelque chose.

En mai 2015, Mark a répondu à un signalement de violence conjugale. En voyant la police arriver, l'homme qui avait agressé une femme est retourné à l'intérieur de la maison et a ouvert le feu par une fenêtre de l'étage, criblant Mark de huit plombs dans le dos. Mark a quand même réussi à rester sur les lieux et à convaincre l'homme de se rendre. Ce dernier a été arrêté et accusé de tentative de meurtre, puis condamné à treize ans et demi de prison.

Des incidents dangereux comme celui-ci laissent des traces physiques et mentales, comme l'anxiété et le trouble de stress post-traumatique. Il n'y a pas de bonne ni de mauvaise façon de faire face à ces problèmes et de les surmonter. Mais ce qui a aidé Mark, c'est de parler de l'événement et de ses conséquences avec son entourage.

« Ça commence par l'état d'esprit, dit-il. Faites tout ce qu'il faut pour vous en sortir. Allez chercher le soutien dont vous avez besoin. Pour moi, c'était important de parler tout de suite de l'incident. Parlez-en à vos amis, à votre famille et à vos collègues. Ne gardez pas ça en dedans et reprenez vos activités. »

Michael Jaszczyszyn, Cpl. / cap.

GRANDE PRAIRIE, AB / ALB.

After a rare form of cancer took the vision in his right eye, Michael Jaszczyszyn began his campaign to change how the RCMP treats officers with a disability.

Michael beat cancer and persevered through a gruelling recovery that included rebuilding his physical and mental strength. So when he was assigned to a desk job upon his return to work, he wasn't happy. He strongly believed he was ready and best suited for frontline work and set out on a four-year journey that included countless hours of research, studying, and writing to challenge the decision. He was eventually successful and returned to his regular duties in 2017, paving the way for other injured officers to do the same. "I can't explain how glad I am to be back, even years later," he says.

For Michael, it wasn't *if* he would return to regular duties, but *when*. "I love doing my job. I love to help people, which is the reason most of us do this, but I also love catching criminals. I can't stand injustice," says Michael, whose father worked for 40 years in the RCMP.

Back on the front line, Michael says he often sees evidence at crime scenes that some of his full-vision officers don't. "Part of my argument was that it's not just your field of vision that enables you to do your job; it's what you see and are aware of when you pay attention."

Michael Jaszczyszyn a souffert d'une forme rare de cancer qui s'est attaqué à la vision de son œil droit. C'est à la suite de cette maladie qu'il a décidé de lancer une campagne pour changer les conditions de travail des agents handicapés à la GRC.

Michael a vaincu son cancer. Il s'est montré persévérant tout au long du difficile parcours menant à son rétablissement physique et mental. À son retour au travail, on l'a affecté à des tâches administratives, mais il n'était pas content. Il savait que le travail de première ligne lui convenait mieux et qu'il était prêt à y retourner. Il a donc consacré d'innombrables heures en recherche et en rédaction pour contester la décision; il aura finalement gain de cause au bout de quatre ans. En 2017, il reprend enfin ses fonctions habituelles, ouvrant la voie à d'autres agents blessés. « Je ne peux expliquer à quel point je suis heureux d'être de retour, même des années plus tard. »

Pour Michael, il ne s'agissait pas de savoir s'il retournerait à ses fonctions habituelles, mais quand. « J'adore mon travail. J'aime aider les gens. C'est la raison pour laquelle la plupart d'entre nous font ce métier. J'adore aussi attraper les criminels. Je ne peux tolérer l'injustice », affirme Michael, dont le père a fait partie de la GRC pendant quarante ans.

Dans son poste de première ligne, Michael dit qu'il lui arrive souvent de découvrir des preuves que ses collègues, qui ont une vision parfaite, ne remarquent pas. « Ce n'est pas uniquement un champ de vision qui nous permet de faire le travail; c'est ce qu'on remarque lorsqu'on prête attention. »

Brian Johannson, Cpl. / cap.

STETTLER, AB / ALB.

Canada is known for its breathtaking national parks—and, more recently, summer climate and environmental conditions that can cause destructive and dangerous wildfires. Brian Johannson, a Corporal with Stettler Traffic Services, is no stranger to both realities after working a summer in Waterton Lakes National Park in southern Alberta.

In September 2017, Brian got a call from a family member with a brief and chilling message: "Waterton is on fire." What started as a desirable summer posting quickly became a crisis scenario, especially after the fire jumped the main highway, cutting off the RCMP Members deployed in Waterton from backup in Pincher Creek and leaving Brian and three fellow Members scrambling to evacuate rural residents outside of town and help ensure the safety of park visitors.

"Fire is something you hear about, but you have no idea the magnitude of those flames—the damage, the speed, and the noise," says Brian. "You could hear it sucking oxygen out of the air like a vacuum."

With the fire approaching the town, Brian and fellow Members organized the safe evacuation of the Waterton community, ensuring everyone made it to safety. Their quick work and diligent response saved lives—there were no fatalities—although for the Members, it was just part of their duty.

As Brian puts it, "We wanted to look after our town, and after our people. We worked till the job was done."

Nos magnifiques parcs nationaux font l'orgueil du pays. Malheureusement, le climat estival et les conditions environnementales peuvent causer des feux de forêt ravageurs. Brian Johannson, caporal à la Section de la sécurité routière de Stettler, connaît bien ces deux réalités après une affectation estivale au parc national des Lacs-Waterton, dans le sud de l'Alberta.

En septembre 2017, Brian a reçu un message bref et terrifiant d'un membre de sa famille : « Waterton brûle. » Cette affectation de rêve s'est rapidement transformée en scénario de crise, surtout quand l'incendie a franchi la route principale, isolant les membres de la GRC déployés à Waterton de leurs renforts situés à Pincher Creek. Brian et ses trois collègues ont alors dû travailler d'arrache-pied pour évacuer les résidents ruraux et assurer la sécurité des visiteurs du parc.

« On entend tous parler des incendies, mais personne n'a idée de l'ampleur des flammes : les dommages, la vitesse et le bruit, explique Brian. On les entendait consumer l'oxygène, comme un aspirateur. »

Tandis que l'incendie s'approchait de Waterton, Brian et ses collègues en ont organisé l'évacuation sécuritaire, en veillant à ce que tous se rendent en lieu sûr. Leur intervention rapide et diligente a permis d'éviter des décès. « Nos membres ont seulement fait leur devoir. »

Selon Brian : « Nous voulions nous occuper de notre ville et de nos gens. Nous sommes restés jusqu'à ce que le travail soit terminé. »

Nancy Joyce, Cpl. / cap.

SURREY, BC / C.-B.

Nancy Joyce loves being on a motorcycle. "It's the freedom of getting out in the fresh air, smelling and experiencing the world differently," she says. Motorcyclists are also a tight-knit community who share an appreciation for the open road.

To help enrich the riding experience, Nancy created Pitt Meadows Track Days in 2008 alongside riding instructor Randy Cook. The "no walls" event, held monthly from May to September, is for motorcyclists looking to accelerate their riding skills and become safer and more confident on their bike through coaching and practice sessions.

Participants come from across Canada and the US to ride a challenging course for a day, learning skills such as precise throttle control, smooth acceleration shifting, hard braking, and improved cornering.

Nancy was inspired to start the event after becoming a motorcycle racer in 2006. She was looking for a way to get more people involved in the sport. As a police officer, she also wanted to do her part to help reduce the number of motorcycle accidents, injuries, and deaths on our roads. "I wanted to provide an opportunity for riders to understand and learn how to handle their motorcycles better so that the number of crashes would go down."

The event has also been an extension of Nancy's broader policing work, and she sees it as an opportunity to effect change and improve our communities. That drive has inspired her to go to work every day for more than 25 years.

Nancy Joyce est une passionnée de moto. « C'est la liberté de sortir en plein air et de vivre différemment », dit-elle. Les motocyclistes forment une communauté soudée, unie par un amour partagé de la route.

Pour enrichir l'expérience des randonnées, Nancy a créé les Pitt Meadows Track Days en 2008, avec l'instructeur de conduite Randy Cook. Cet événement « sans murs » d'une journée a lieu cinq fois par année. Il s'adresse aux motocyclistes qui cherchent à améliorer leurs techniques de conduite et à accroître leur confiance à moto sous la direction d'instructeurs.

Les participants viennent de partout au Canada et aux États-Unis pour acquérir des compétences comme le contrôle précis des gaz, le changement de vitesse en douceur, le freinage abrupt et la maîtrise des virages.

Nancy a eu l'idée d'organiser cet événement après être devenue motocycliste en 2006. Elle cherchait un moyen de faire participer plus de gens à son sport. En tant qu'agente de police, elle désirait aussi contribuer à réduire le nombre de blessures et de décès causés par les accidents de moto : « Je voulais donner l'occasion aux motocyclistes d'apprendre et de comprendre comment mieux conduire leur véhicule afin d'aider à prévenir les accidents. »

L'événement mis sur pied par Nancy est le prolongement de son travail de policière : elle y voit une occasion d'améliorer la vie de la collectivité. C'est cette motivation qui l'incite à se rendre au travail chaque jour depuis plus de vingt-cinq ans.

Jean Juneau,
Reserve Cst. / gend. réserviste
CORNWALL, ON / ONT.

Retired Member and reservist Jean Juneau is passionate about raising youth awareness of the negative impact of drugs. He spent years giving presentations to students from kindergarten to university level. In the late '90s, he became involved in the Racing Against Drugs (RAD) program in Cornwall, Ontario. Although RCMP "O" Division decided to stop providing this program across the province, the Cornwall RAD committee chose to continue with it because their evaluation showed such a positive impact in the region.

Geared to Grade 6 students, this community-led initiative had students go from station to station within schools to gather information from community partners. There, they learned about drugs and their consequences, and how to say no and resist peer pressure. Over 20 years later, the program is still active in the region and welcomes more than 2,000 students every year. The strength of RAD is the involvement of many community agencies that all share the same goal—to educate youth and reduce drug consumption in their communities.

Jean has many fond memories of these events, which changed the lives of countless students. The personal connections have stayed with him for years. He is regularly stopped by students who want to say hello and tell him how participating in the program helped them—and how well they remember him. "Having that kind of long-term impact on even one young person makes everything worthwhile," Jean says.

Pour Jean Juneau, membre retraité et réserviste, sensibiliser les jeunes aux effets négatifs des drogues est important. Au fil des ans, il a rencontré des jeunes dans les écoles, de la maternelle à l'université, pour leur en parler. À la fin des années 1990, il a participé au programme Course contre la drogue à Cornwall, en Ontario. La Division O de la GRC n'offre plus ce programme à l'échelle de la province, mais le comité à Cornwall a choisi de le maintenir, car il a constaté des effets très positifs dans la région.

Cette initiative communautaire permet aux élèves de 6ᵉ année de recueillir des renseignements auprès de partenaires communautaires. Ils apprennent à connaître les drogues et leurs conséquences, à dire « non » et à résister à la pression des pairs. Le programme est toujours actif dans la région, depuis vingt ans, et accueille annuellement plus de 2 000 jeunes. Le succès repose sur les nombreux organismes communautaires qui partagent le même objectif, soit éduquer les jeunes et réduire la consommation dans les collectivités.

Jean garde plusieurs bons souvenirs de ces événements, qui ont changé la vie d'innombrables jeunes, et les liens personnels qu'il a tissés ont perduré. Des jeunes l'arrêtent souvent pour le saluer – car ils se souviennent de lui – et lui expliquer comment il les a aidés grâce au programme. « Le fait d'avoir ce genre d'incidence à long terme, même auprès d'une seule personne, fait en sorte que tout en vaut la peine. »

Robert Kavanaugh, Cst. / gend.

ANTIGONISH, NS / N.-É.

Through his 33 years of involvement in hockey, Robert Kavanaugh has learned that sports are a great way for people to learn sportsmanship, establish positive role models, and promote healthier living.

During his posting in Pond Inlet, Nunavut, Robert saw the need for updated rink equipment and as a leader within the community, he knew he had to do something. Pond Inlet needed a Zamboni for their new rink, as they were still using old-fashioned methods such as flooding and barrels to smooth out the ice. Robert worked with Constable Chris Sorensen and community member Kevin English to reach out to their contacts.

Kevin found a Zamboni that was being retired out of Cornwall, Ontario. After Robert wrote a letter to the mayor of Cornwall, Pond Inlet was generously gifted the Zamboni that was set to be disposed of. Now the challenge became shipping; it had a long way to be delivered. Thankfully, Robert had made some contacts while sourcing the Zamboni and eventually got it shipped for free. Robert and his team even arranged for donations to be made to create a special place to house the Zamboni, as the rink didn't have one.

"I think that sports and Member involvement in community sports allow Members to be a real part of the community. It shows not just the kids but also the adults that we are approachable and involved. We do care, and it's not all about our traditional policing job."

Robert Kavanaugh a passé 33 ans à œuvrer dans le monde du hockey. Il a ainsi appris que les sports sont parfaits pour renforcer la camaraderie, établir des modèles positifs et promouvoir un mode de vie plus sain.

Lors de son affectation à Pond Inlet, au Nunavut, Robert a constaté que la patinoire et son matériel avaient besoin d'être modernisés. En tant que leader communautaire, il savait qu'il devait faire quelque chose. La patinoire de Pond Inlet avait besoin d'une Zamboni, car la collectivité aplanissait toujours la glace à la main. Robert a fait appel au gendarme Chris Sorensen et à un citoyen, Kevin English, pour trouver une machine.

Kevin est tombé sur une Zamboni à Cornwall, en Ontario, qui avait été retirée du service. Après une lettre au maire, la ville de Cornwall a fait don de cette Zamboni à Pond Inlet. Le défi à présent était de faire livrer la machine. Heureusement, Robert a pu se faire quelques contacts et la Zamboni a été expédiée sans frais. De plus, Robert et son équipe ont mis sur pied une campagne afin de bâtir une remise pour la Zamboni.

« Je crois que le sport et la participation à des activités sportives permettent une réelle intégration des policiers. Tant les enfants que les adultes sont à même de constater qu'il est facile de nous aborder. Nous avons à cœur la collectivité, et notre travail va bien au-delà de notre rôle de policier. »

Scott Kirychuk, Cpl. / cap.

REGINA, SK / SASK.

Scott Kirychuk has been an Applied Police Sciences facilitator at the RCMP training academy in Regina, Saskatchewan, since November 2019. Looking back on his time as a cadet, he recalls three facilitators who cared a lot about him and the others in his troop, which stayed with him through his 15 years as a Member of the RCMP. Now a facilitator himself, he has a newfound appreciation for the future Members he works with every day. Considering the decrease in interest in police careers, and the limitations of the COVID-19 pandemic, he admires the cadets who come to Depot despite these challenges and are still keen and committed to doing their best. Because of that, he does anything he can to help them achieve their goal of becoming uniformed RCMP Members.

Scott says that "every cadet has a story" and many live through personal challenges during their time at Depot. But despite everything, they give their best each day. He remembers a cadet who lacked self-confidence and was not in her best physical shape when she arrived for training. She worked hard every day and eventually set a new Depot record for the Police Fitness Training Night Shift Workout.

Seeing his cadets leave Depot with newfound confidence and pride is one of the joys of the job for Scott. During training, he can only be a facilitator and must remain at arm's length, but once the cadets graduate, he can form friendships with them that last a lifetime.

Scott Kirychuk est facilitateur des sciences policières appliquées à l'École de la GRC à la Division Dépôt, à Regina, depuis novembre 2019. À l'époque où il était lui-même cadet, trois facilitateurs s'occupaient beaucoup de sa troupe, ce qui lui est resté en mémoire tout au long de ses 15 années en tant que membre de la GRC.

Maintenant qu'il est lui-même facilitateur, il voit différemment les futurs membres qu'il côtoie chaque jour. Compte tenu de la diminution de l'intérêt public pour les carrières policières et des limites causées par la COVID-19, il admire les cadets qui viennent à la Division Dépôt malgré les défis et qui sont déterminés à faire de leur mieux. Pour ces raisons, il fait tout ce qu'il peut pour les aider à réussir à devenir des membres de la GRC.

Selon Scott, «chaque cadet a une histoire» et plusieurs vivent des difficultés personnelles pendant leur séjour à la Division Dépôt. Malgré tout, ils donnent le meilleur d'eux-mêmes chaque jour. Scott se souvient d'une cadette qui manquait de confiance et qui n'était pas en forme à son arrivée. Elle a travaillé fort et elle a fini par établir un nouveau record d'entraînement de nuit au sein de la Division Dépôt.

Pour Scott, voir ses cadets quitter la Division Dépôt avec confiance et fierté est l'une des joies de son travail. Pendant les formations, il n'est qu'un facilitateur et doit demeurer indépendant, mais dès que les cadets obtiennent leur diplôme, ils forment des amitiés qui dureront toute la vie.

Rielly Knock, Sgt. / serg.

WATROUS, SK / SASK.

Around the world, the RCMP, the Red Serge, and the Musical Ride are iconic Canadian symbols, which Rielly Knock was able to embody at the 2010 Vancouver Olympics as a Member of the RCMP's Musical Ride. The Musical Ride is composed of up to 32 Members and their horses who execute intricate formations and drills set to music. They perform for communities across Canada every summer and around the world during special events.

Throughout the 16 days of the Olympics, the Musical Ride performed in front of people from all over the world. On the last day of Olympic competition, large crowds gathered around a big screen outside of the Ride show tent to watch Canada and the United States men's hockey teams compete for the gold medal. The start of the Ride's performance kept getting delayed so that everyone, spectators and riders alike, could watch Canada score the "golden goal" and win the match. Afterwards, crowds flooded into the tent to take their seats for the Musical Ride.

As Members and the horses warmed up for the performance, spectators started spontaneously singing "O Canada." In this moment of unity, Rielly felt an amazing sense of national pride. "I had never experienced anything like that before, or since. In that moment, I was overwhelmed with pride and realized how fortunate I was to be able to represent Canada and the RCMP as one of the most iconic Canadian symbols around the world."

La GRC, la tunique rouge et le Carrousel sont des symboles qui font la renommée du Canada à l'étranger. Rielly Knock a pu incarner ces symboles dans le cadre des Jeux olympiques de 2010 à Vancouver à titre de membre du Carrousel de la GRC. Ses 32 membres et leurs chevaux exécutent des formations et des exercices complexes au rythme de la musique. Chaque été, le Carrousel se produit partout au Canada et dans le monde, dans le cadre d'événements spéciaux.

Lors des 16 jours des Jeux olympiques, le Carrousel a tenu des prestations pour des gens venant de partout. À la dernière journée des compétitions olympiques, de grandes foules se sont réunies autour des écrans géants, à l'extérieur de la tente du Carrousel, pour regarder les équipes masculines de hockey du Canada et des États-Unis se disputer l'or. La représentation du Carrousel était constamment repoussée afin que tout le monde puisse voir le Canada marquer le but gagnant de la partie. Puis, tous se sont précipités sous la tente pour regarder la prestation du Carrousel.

Tandis que la troupe se préparait à en mettre plein la vue, les spectateurs se sont mis à chanter spontanément le « Ô Canada ». C'est à ce moment que Rielly a été pris d'un sentiment de patriotisme. « Je n'avais jamais rien ressenti de tel. J'étais vraiment fier et je me suis rendu compte de la chance que j'avais de représenter le Canada et la GRC. »

David Kokesch, Cst. / gend.

NANAIMO, BC / C.-B.

The RCMP's West Coast Marine Services, which David Kokesch calls "a fully equipped floating detachment," is a frequent visitor to remote communities along the rugged coastline of British Columbia—especially remote communities that lack land access points.

At the height of the COVID-19 pandemic, the world shut down, people were unable to travel, and remote places and Indigenous communities faced huge challenges accessing policing services. One such challenge was the reduced frequency of on-land patrols to limit community spread of the virus. Fortunately, West Coast Marine Services was able to provide safety and security for these isolated communities while maintaining distance and reducing the risk of spreading COVID-19 by staying on the boat unless they were really needed.

Not only was the team able to provide support to residents by being close by, but they also empowered these communities to limit the spread of the virus by delivering signs that promoted physical distancing, which could be seen on docks lining the British Columbia coast and islands. "Ensuring community safety and providing peace of mind to the areas we serve when other policing services are limited is something important to me and my team," says David.

David Kokesch qualifie les Services maritimes de la côte Ouest de la GRC de « détachement flottant entièrement équipé ». Ils visitent fréquemment les collectivités éloignées le long de la côte accidentée de la Colombie-Britannique, en particulier celles qui n'ont pas de points d'accès terrestres.

Au plus fort de la pandémie de COVID-19, le monde a été paralysé. Les gens ne pouvaient plus se déplacer, et les collectivités éloignées et autochtones ont eu d'énormes difficultés à accéder aux services de police. L'un de ces défis était la réduction de la fréquence des patrouilles terrestres pour limiter la propagation communautaire du virus. Heureusement, les Services maritimes de la côte Ouest ont été en mesure d'assurer la sécurité de ces collectivités isolées en restant à distance sur leur bateau, sauf en cas de nécessité absolue, afin de réduire le risque de propagation de la COVID-19.

L'équipe a offert du soutien aux résidents en restant à proximité, en plus de donner aux collectivités les moyens de limiter la propagation du virus en distribuant des affiches faisant la promotion de la distanciation physique. Celles-ci étaient visibles sur les quais partout sur la côte de la Colombie-Britannique. « Il est important pour moi et pour mon équipe d'assurer la sécurité des collectivités et la tranquillité d'esprit dans les régions qu'on dessert lorsque les autres services de police sont limités », dit David Kokesch.

Dave Lane, Cpl./cap.

COAL HARBOUR, NS / N.-É.

Working on a human trafficking investigation is one of the most challenging jobs an RCMP officer can have, but for Dave Lane, it's also extremely rewarding. It's not just saving lives that he finds fulfilling, but also the team effort it takes to free victims from sexual exploitation, forced labour, or, potentially, death.

"It's the only crime, as far as I know, where you work with the public and your partners equally," says Dave, a Supervisor–Investigator at the Nova Scotia Human Trafficking Unit.

Dave joined the RCMP in 2003 and worked in drug and gang units in Halifax before being asked to start investigating reports of human trafficking in the province. In 2016, he was made Primary Investigator for Operation Hellbender, a two-year wiretap operation that uncovered just how widespread human trafficking was not only in Nova Scotia but also across Canada.

"It was disturbing," Dave says, not just because of the number of victims involved but also the violent crimes that were connected to human trafficking networks.

The operation led to the creation of the Nova Scotia Human Trafficking Unit, which has saved dozens of lives over the years. Dave and his team also speak to schools and other organizations across Canada, helping people spot signs of potential human trafficking in their communities.

"Education and awareness are a big part of the job," Dave says. "We like to say that the best files are those that are never opened."

Mener une enquête sur la traite des personnes est une tâche extrêmement difficile pour un agent de la GRC. Mais pour Dave Lane, c'est très gratifiant. Le fait de sauver des vies, bien sûr, mais aussi de participer à l'effort collectif nécessaire pour libérer les victimes de l'exploitation sexuelle et du travail forcé, voire les sauver de la mort.

« À ma connaissance, c'est le seul crime pour lequel nous travaillons sur un pied d'égalité avec le public et nos partenaires », explique Dave, superviseur-enquêteur au Groupe de lutte contre la traite de personnes de la Nouvelle-Écosse.

Arrivé à la GRC en 2003, il a travaillé dans des escouades antidrogue et antigang à Halifax, avant d'enquêter sur des cas de traite de personnes signalés dans la province. En 2016, il devient enquêteur principal pour l'opération Hellbender – écoute électronique d'une durée de deux ans qui a permis de découvrir l'étendue de la traite des personnes en Nouvelle-Écosse et ailleurs au Canada.

« C'était troublant », dit Dave, en raison du nombre de victimes et de crimes violents liés aux réseaux de traite de personnes.

L'opération a mené à la création du Groupe qui a sauvé des dizaines de vies au fil des ans. Dave et son équipe donnent également de l'information dans les écoles et d'autres organisations partout au Canada, afin d'apprendre aux gens à repérer les signes potentiels de traite de personnes dans les collectivités.

« L'éducation et la sensibilisation sont des aspects importants de notre travail, affirme Dave. Nous aimons dire que les meilleurs dossiers sont ceux qui ne sont jamais ouverts. »

Stephanie Leduc, Cpl. / cap.

REGINA, SK / SASK.

What started out as an initiative for Stephanie Leduc to give back to her community and build connections with children in a Drayton Valley school quickly gained traction with Members across the country. Stephanie was looking to do something that would be flexible with her full-time policing duties while still having a strong impact. That is when she came up with the "Mini Mountie Program."

Each month, Stephanie designated a different safety-related theme, like bullying or bicycle safety, then left colouring sheets at the school and gave two or three presentations on the theme. At the end of the month, she would draw two winners to be the "Mini Mountie of the Month." This simple idea quickly caught on, with dozens of other Members across Canada implementing similar programs in their own schools. "It was never meant to be an official thing," she says. "I wanted to develop it in a way that wherever a Member was, they could adapt it to how busy their detachment is, what the school needs, and the size of the school."

Stephanie's impact on children has gone a long way in and out of schools. "When you go into a home and the parents see that their child knows the police officer and that they are kind to them, it breaks the ice and makes serious issues a lot easier to deal with."

Ce qui était au départ une initiative de Stéphanie Leduc pour redonner à sa collectivité et établir des liens avec les enfants d'une école de Drayton Valley est vite devenu populaire auprès des membres partout au pays. Stéphanie cherchait à faire quelque chose qui soit compatible avec ses fonctions policières à temps plein et qui ait une forte incidence. Elle a donc créé le programme « Mini Mountie ».

Chaque mois, autour d'un thème différent lié à la sécurité, comme l'intimidation ou la sécurité à vélo, Stéphanie laissait à l'école des feuilles à colorier et donnait deux ou trois exposés sur le thème. Puis, elle tirait au sort deux gagnants qui seraient la « mini-police montée du mois ». Cette idée simple s'est rapidement concrétisée et des dizaines d'autres membres au Canada ont mis en œuvre des programmes semblables dans leurs écoles. « Ce programme ne devait pas être officiel, dit-elle. Je voulais le développer pour que, peu importe où se trouve un membre, il puisse l'adapter aux activités de son détachement, aux besoins et à la taille de l'école. »

L'effet de l'implication de Stéphanie auprès des enfants va au-delà de l'école. « Quand on entre dans une maison et que les parents voient que leur enfant connaît le policier et qu'il est gentil, cela brise la glace et rend les problèmes graves beaucoup plus faciles à régler. »

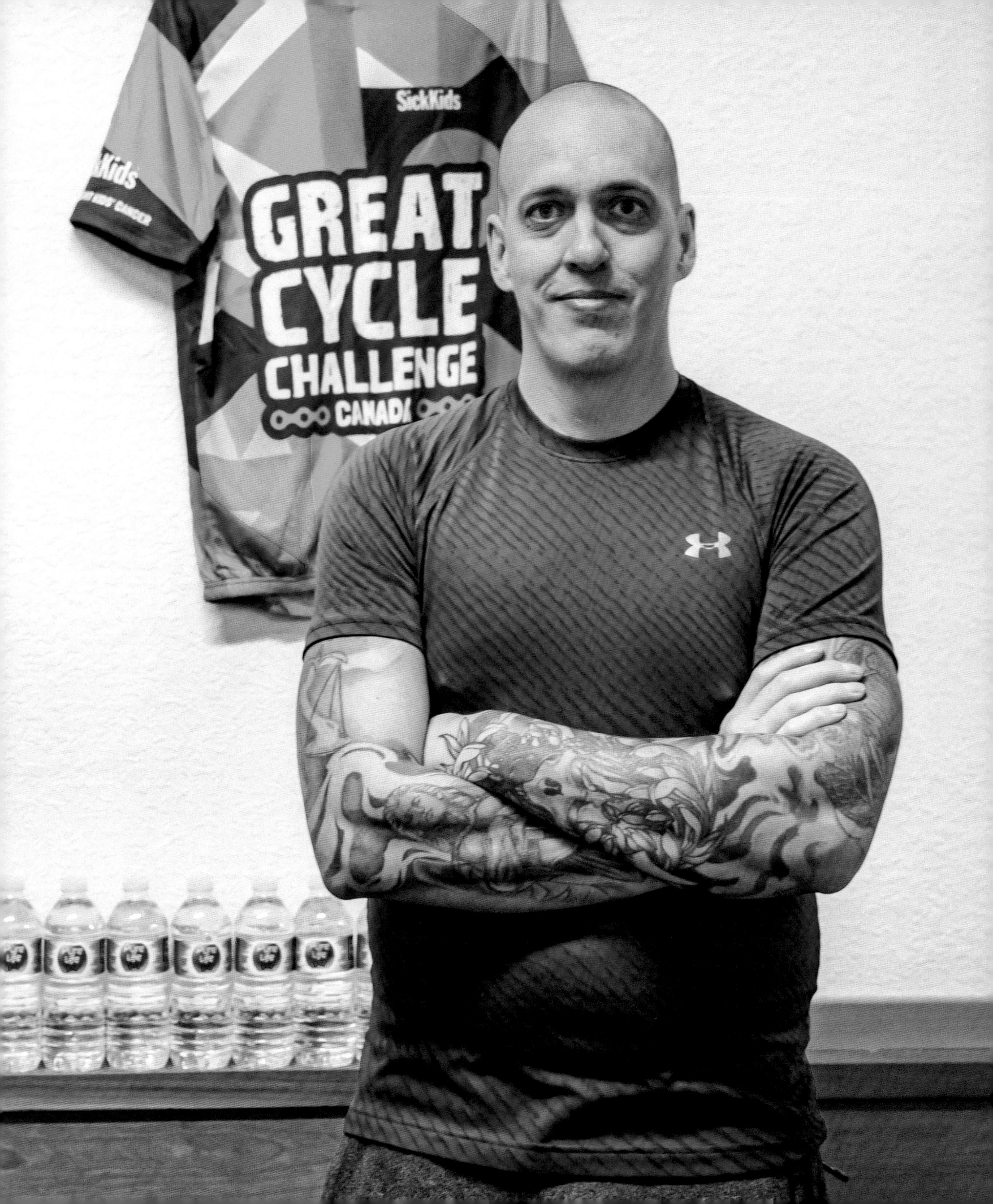
SickKids
GREAT
CYCLE
CHALLENGE

Christopher Lee, Cst. / gend.

LEDUC, AB / ALB.

In October 2018, Christopher Lee suffered a debilitating injury during an arrest, herniating three discs in his neck and tearing two muscles in his right shoulder. Two surgeries and more than three years later, he's still in rehab, with limited range of motion in his neck, chronic headaches, and permanent nerve damage in his right arm and hand.

The recovery process combined with post-traumatic stress disorder (PTSD) has made life hard for Christopher—and for his family. "Make no mistake, though," he says, "I love being a Member of the RCMP and wouldn't change a thing."

In 2021, during one of his lows, Christopher happened to read a story about a child who had been battling cancer their entire life. What really hit him was the attached photo of the child sitting in a hospital bed, tubes in their nose, IVs in their small hand—and the biggest smile on their face.

"This was the moment I gained perspective," Christopher says. "My fight for pain management was nothing compared to what these kids go through. I joined the Great Cycle Challenge and started riding virtually to raise awareness and donations.

"This has reinvigorated my sense of good, and given me more reason to fight through the pain during my rehabilitation."

En octobre 2018, Christopher Lee a été blessé lors d'une arrestation. Il a subi trois hernies discales au cou et s'est déchiré deux muscles dans l'épaule droite. Trois ans et deux opérations plus tard, il est toujours en réadaptation, avec une amplitude de mouvement limitée dans le cou, des maux de tête chroniques et des lésions nerveuses permanentes dans le bras droit et la main.

Le processus de rétablissement, combiné à un trouble de stress post-traumatique, a rendu la vie difficile pour Christopher et sa famille. « Mais ne vous y trompez pas, j'adore être membre de la GRC. Je ne changerais rien. »

En 2021, dans une période où il n'allait pas bien, Christopher a lu l'histoire d'un enfant qui avait lutté contre le cancer toute sa vie. Ce qui l'avait vraiment frappé, c'était la photo qui accompagnait l'article : l'enfant, assis dans un lit d'hôpital, avait des tubes dans son nez et des intraveineuses dans sa petite main, mais un sourire radieux illuminait son visage.

« C'est à ce moment-là que j'ai pris du recul. Ma lutte en gestion de la douleur n'a rien à voir avec ce que vivent ces enfants. J'ai participé au Great Cycle Challenge et j'ai commencé à rouler virtuellement pour sensibiliser les gens et recueillir des dons. »

« Ça m'a remonté le moral et j'ai trouvé plus de raisons de surmonter la douleur pendant ma réadaptation. »

Stephane Lemaire, Cst./gend.

EDMONTON, AB / ALB.

Raised by his father who was a regular Member and a mother who was a civilian Member of the RCMP, Stephane Lemaire knew from a young age that he would be a police officer. Early in his career, Stephane found himself excelling in high-risk situations and was approached with the opportunity of becoming a firearms instructor before being slated to become a full-time tactical training instructor.

Stephane has trained most of the Alberta RCMP Members at the K Division Tactical Training Centre and knows that the instruction he provides can make all the difference in a Member's career. He recalls working with a new Member who was having difficulties at their first posting. Stephane went out of his way to take them on the road for a shift, to work with him one on one. This day made all the difference in building the confidence the Member needed to start their career on the right foot.

Stephane is passionate about equipping his fellow Members with the skills and confidence it takes to be a good police officer. "A Member without proper training will lack confidence. It's a key element of policing. When you aren't confident, you are going to have responses that aren't appropriate." Because RCMP Members sometimes must work by themselves, it's crucial that they have the skills to de-escalate through communication and react appropriately to any situation.

Avec un père qui était membre régulier de la GRC et une mère, membre civile, Stéphane Lemaire a su très tôt qu'il serait policier. Au début de sa carrière, il a excellé dans des situations dangereuses et on lui a proposé d'être instructeur de tir avant de devenir instructeur tactique à temps plein.

Stéphane a formé la plupart des membres de la GRC de l'Alberta au Centre de formation tactique de la Division K et sait que l'instruction qu'il donne peut faire toute la différence dans la carrière d'un membre. Il se rappelle avoir travaillé avec un nouveau membre qui éprouvait des difficultés à sa première affectation. Stéphane a insisté pour que celui-ci l'accompagne et travaille avec lui pendant toute une journée. Cette expérience a été déterminante et a permis de renforcer la confiance dont la recrue avait besoin pour bien commencer sa carrière.

Stéphane a à cœur de doter ses collègues des compétences et de la confiance nécessaires pour être un bon policier. « Un membre qui n'a pas reçu la bonne formation manquera de confiance. C'est un élément clé des services de police. Sans confiance, les gens ont des réactions inappropriées. » Comme les membres de la GRC doivent parfois travailler seuls, il est essentiel qu'ils aient les compétences nécessaires pour désamorcer une situation par la communication et réagir adéquatement en tout temps.

Michael LeNoble, Cst. / gend.

SURREY, BC / C.-B.

Michael LeNoble is a Constable with Surrey RCMP's Criminal Collision Investigation Team, specialists in investigating serious collisions that involve life-altering or fatal injuries. Vehicle collisions are familiar for many people—almost everyone knows someone who has been in a major crash.

When the team gets involved in a case, they wear several hats, including managing the scene while Members from other units, such as the Integrated Collision Analysis Reconstruction Service, do forensic analysis, studying telltale clues like tire marks, gouges in the road, debris fields, and more. The Investigation Team also executes search warrants on vehicles, since many recent cars have onboard computers that track data such as when an airbag was deployed, how fast the vehicle was travelling, if the vehicle was rolling, or if the brakes were pressed.

"I like to explain my role as the detective," says Michael. "You have your initial response from General Duty or patrol officers responding to a 911 call, but once they identify the matter is serious enough, the Investigative Team gets called out and we take the investigation from there."

The outcome of these cases can also be unique and impactful. The criminal investigation team operates at the intersection of policing and policy, and their reports can bring change, such as the modification of intersection layouts and safety requirements for vehicles and drivers, at all levels of government.

Michael Lenoble est gendarme au sein de l'Équipe d'enquête sur les collisions criminelles (ÉECC) de la GRC à Surrey. Lui et ses collègues se spécialisent dans les collisions graves entraînant des blessures qui changent la vie d'une personne ou qui sont mortelles. Presque tout le monde connaît quelqu'un qui a un jour subi un accident majeur de la route.

Lorsque l'équipe intervient sur une scène d'accident, elle joue plusieurs rôles. Elle s'occupe notamment de gérer les lieux, tandis que les membres des autres unités, comme les Services intégrés d'analyse et de reconstitution des collisions, effectuent des analyses judiciaires, en étudiant entre autres les marques de pneus et les débris. L'Équipe d'enquête exécute également des mandats de perquisition portant sur les véhicules : en effet, de nombreuses voitures récentes sont maintenant dotées d'ordinateurs qui enregistrent des données comme la vitesse à laquelle le véhicule se déplaçait ou encore le moment où un coussin gonflable a été déployé et celui où les freins ont été actionnés.

« Je décrirais mon rôle comme celui d'un détective, explique Michael. Ce sont d'abord les patrouilleurs qui répondent à un appel au 911. S'ils déterminent que l'affaire est assez grave, c'est notre équipe qui est appelée à prendre la relève. »

Le résultat des enquêtes peut avoir des répercussions importantes. Comme L'Équipe d'enquête travaille au carrefour des services de police et des politiques publiques, ses rapports peuvent entraîner des changements. Par exemple, l'aménagement d'une intersection pourrait être modifiée ou encore des exigences gouvernementales en matière de sécurité pour les véhicules et les conducteurs pourrait être revues à la suite du rapport d'une enquête.

Ryan Lewis, Cpl. / cap.

FREDERICTON, NB / N.-B.

In 2013, **Ryan Lewis** was involved in a fatal shooting incident while tracking an armed individual. Though Ryan's actions were in self-defence and reasonable force was used to mitigate the risk to the public, it was the aftermath of the incident that took a significant emotional toll. The investigation, as well as the installation of alarms in his residence by the RCMP due to threats from the deceased's family and friends, caused immense stress on Ryan's entire family.

Ryan was also present when three of his friends and colleagues were shot and killed on June 4, 2014, while serving in Moncton, New Brunswick. "I remember exactly where I was when I got the phone call identifying the fallen Members while we were looking for the killer. Initially, we were unaware of who was down."

This was a devastating event for Ryan and his family, but the hardest part was the funeral. "We had to practice carrying an empty casket in the days leading up to it, as I was a pallbearer for my friend, Constable Dave Ross," says Ryan. "I barely remember the funeral itself."

The RCMP encouraged Ryan and his co-workers to go home and take some time to grieve. Members from across the country came to New Brunswick to cover his shifts. Not surprisingly, Ryan was diagnosed with PTSD, depression, and anxiety, and credits being able to remain operational to the support he received from the RCMP and especially his wife, Natasha Lewis, following both incidents.

En 2013, **Ryan Lewis** a été impliqué dans une fusillade mortelle alors qu'il suivait un individu armé. Malgré la légitime défense et le recours à la force raisonnable, les effets psychologiques ont été colossaux. L'enquête subséquente et l'installation d'un système d'alarme chez lui par la GRC, en raison de menaces provenant de la famille et des amis du défunt, ont causé un immense stress pour Ryan et toute sa famille.

Ryan était également présent lorsqu'une fusillade a coûté la vie à trois de ses amis et collègues le 4 juin 2014, alors qu'il servait à Moncton, au Nouveau-Brunswick. « Je me souviens exactement où j'étais lorsque j'ai reçu l'appel identifiant les membres tués. On était à la recherche du tueur. Au début, on ne savait pas qui avait été touché. »

Cet événement fut dévastateur pour Ryan et sa famille, mais le moment le plus difficile a été les funérailles. « On a dû s'exercer à porter un cercueil vide dans les jours précédant les funérailles. J'ai été l'un des porteurs pour mon ami, le gendarme Dave Ross, dit Ryan. Je m'en souviens à peine. »

La GRC a encouragé Ryan et ses collègues à rentrer chez eux et à prendre le temps de faire leur deuil. D'autres membres se sont rendus au Nouveau-Brunswick pour couvrir leurs quarts de travail. Puis, Ryan a reçu un diagnostic de TSPT, de dépression et d'anxiété. Malgré les deux incidents, il est reconnaissant du soutien de la GRC et de sa femme, Natasha Lewis.

Scott Linklater, Sgt. / serg.

WINNIPEGOSIS, MB / MAN.

While driving a transit bus in Winnipeg 20 years ago, Scott Linklater found himself chatting with a passenger who told him he was in RCMP training. Like Scott, the man was in his early 30s and had no policing background, but he had always been interested in joining the service.

That conversation changed Scott's life: it inspired him to become an RCMP officer too. "I grew up in rural Manitoba, so I was familiar with the RCMP, and I always thought those police officers were a special breed of person—the type I wanted to be like," says Scott, who graduated from Depot and became a Member of the RCMP in 2003, at age 32.

He spent the first several years working in small towns across Manitoba, then three and a half years in Chase, British Columbia, before being posted to Winnipegosis. He was promoted to Sergeant in the fall of 2022. "What I really enjoy about my job right now is developing our younger members—helping them grow into the job and become part of the community," he says.

One skill he was able to help them develop was responding to forest fires, which Scott had experienced first-hand during his time in British Columbia. A fire had ripped through the Pine Creek First Nation just north of Winnipegosis in early 2020. "It's not something members here are used to," Scott says. His experience and work with partner agencies and local Indigenous leaders helped evacuate residents and get the fires extinguished without loss of life.

Il y a vingt ans, Scott Linklater conduisait un autobus à Winnipeg, lorsqu'il s'est mis à bavarder avec un passager en formation à la GRC. L'homme, au début de la trentaine comme Scott, n'avait aucune expérience policière, mais le service l'avait toujours intéressé.

Cette conversation a changé la vie de Scott : il est devenu agent de la GRC. « Ayant grandi dans une région rurale du Manitoba, je connaissais bien la GRC, dit-il, et j'ai toujours pensé que ces agents étaient d'une race à part. Je voulais en être ! » Scott a donc obtenu son diplôme de la Division Dépôt et est devenu membre de la GRC en 2003, à 32 ans.

Après avoir passé les premières années dans de petites villes du Manitoba, puis trois ans et demi à Chase en Colombie-Britannique, il a été affecté à Winnipegosis et promu sergent à l'automne 2022. « Ce que j'aime de mon travail actuel, c'est le perfectionnement de nos jeunes membres. J'aime les aider à parfaire leurs compétences et à s'intégrer à la collectivité. »

L'intervention en cas de feux de forêt est une des compétences acquises grâce à Scott. Il en a fait l'expérience en Colombie-Britannique. Au début de 2020, un incendie a ravagé la Première Nation de Pine Creek, au nord de Winnipegosis. « Ici, les membres ne sont pas habitués à ces situations », dit Scott. Grâce à son expérience et à son travail avec des organismes partenaires et des dirigeants autochtones locaux, les résidents ont été évacués et les incendies maîtrisés sans perte de vie.

Peggy MacConnell, Cst. / gend.

GEORGETOWN, PEI / Î.-P.-É.

When describing some of the characteristics of an RCMP officer, strength and resilience often come to mind. For Peggy MacConnell, these have been the defining qualities of her journey both personally and professionally.

After graduating from Depot in 2011, Peggy knew she wanted to serve on a reserve. As a First Nations Mi'kmaq herself, she wanted to experience the culture and traditions she had lost as a child due to colonization.

Peggy has since served on many reserves, with most of her time spent in the Flying Dust First Nation in Saskatchewan. In 2016, one week after her wedding, her husband was killed in a motorcycle accident there, leaving Peggy widowed with two children in an isolated community. During one of the worst times of her life, Peggy knew she had to continue her career as an RCMP officer and support her family.

Six years later, while stopping for lunch during a shift in Prince Edward Island, Peggy found herself 200 metres away from the scene of a motorcycle accident, the first one she had attended since the death of her husband. Despite the memories this triggered, her trauma training took over. Luckily, Peggy was carrying a tourniquet, and she immediately provided first aid, stabilizing the 81-year-old victim. She remained by his side until an ambulance arrived.

Today, the victim is alive due to her and another Member's acts of selfless bravery. Peggy's courage has earned her several awards, including an RCMP award of recognition.

Les membres de la GRC sont souvent décrits comme étant solides et résilients. Pour Peggy MacConnell, ces qualités sont fondamentales dans son parcours personnel et professionnel.

Après avoir obtenu son diplôme de la Division Dépôt en 2011, Peggy savait qu'elle voulait servir dans une réserve. En tant que Micmac et Autochtone, elle désirait découvrir la culture et les traditions qu'elle avait perdues dans son enfance en raison de la colonisation.

Depuis, Peggy a servi dans plusieurs réserves, principalement dans la Première nation de Flying Dust, en Saskatchewan. En 2016, une semaine après son mariage, son mari a perdu la vie dans un accident de moto, laissant Peggy veuve avec deux enfants dans cette collectivité isolée. Même s'il s'agissait de la pire période de sa vie, Peggy savait qu'elle devait poursuivre sa carrière dans la GRC et subvenir aux besoins de sa famille.

Six ans plus tard, en s'arrêtant pour manger pendant son quart de travail à l'Île-du-Prince-Édouard, Peggy a dû, pour la première fois depuis le décès de son mari, répondre à un appel concernant un accident de moto survenu à 200 mètres d'elle. Des souvenirs ont refait surface, mais Peggy s'est appuyée sur sa formation en traumatismes et a utilisé un garrot pour stabiliser une victime de 81 ans. Elle est restée à ses côtés jusqu'à l'arrivée de l'ambulance.

Cette personne a survécu grâce à la bravoure de Peggy et d'un autre membre. Ce geste a valu à Peggy plusieurs prix, dont un prix de reconnaissance de la GRC.

Dan MacDonald, Cst. / gend.

In his 30th year with the RCMP, while posted in Pictou County, Nova Scotia, Dan MacDonald had an opportunity he'll never forget to connect with his community. Pictou County District has a population of more than 43,000 people, including Pictou Landing First Nation, a Mi'kmaq community with a population of approximately 650.

Dan enjoys working alongside the residents of his community and is an avid outdoorsman. In September 2021, he was asked if he would be interested in assisting with the annual First Nations Moose Hunt, an honour for Dan and a great opportunity for any RCMP Member. Dan travelled to Chéticamp, Cape Breton, where he escorted a party to Hunter Mountain and surrounding areas for three days. Two moose were successfully harvested and processed for distribution to band members. Dan had the privilege of learning many of the Mi'kmaq traditional ways, and enjoyed meals and entertainment each evening, forming friendships with several of the participants.

"This was done on my own vacation time," Dan says. "It fostered a great learning opportunity, cultivated positive interaction, and especially helped illustrate that RCMP Members are not just police officers but also active participants in the communities they serve."

Jamais Dan MacDonald n'oubliera les liens qu'il a tissés avec sa collectivité quand il était affecté dans le comté de Pictou, en Nouvelle-Écosse, après 30 ans passés à la GRC. Le district du comté de Pictou compte une population de plus de 43 000 personnes, dont la Première Nation de Pictou Landing, une communauté micmaque regroupant environ 650 personnes.

Dan aime travailler avec les résidents de sa collectivité et il est un fervent amateur de plein air. En septembre 2021, on lui a offert de participer à la chasse à l'orignal annuelle des Premières Nations, un honneur pour Dan et une excellente occasion pour tout membre de la GRC. Dan s'est rendu à Chéticamp, au Cap-Breton, où il a accompagné un groupe pendant trois jours à Hunter Mountain et dans les environs. Deux orignaux ont été chassés puis transformés pour être distribués aux membres de la bande. Dan a eu le privilège d'apprendre de nombreuses coutumes micmaques et, chaque soir, il a participé à des repas et à des divertissements, ce qui lui a permis de nouer des liens d'amitié avec plusieurs participants.

« C'était pendant mes vacances, explique Dan. Ce fut une excellente occasion d'apprentissage qui a favorisé des interactions positives. Et ça a surtout aidé à montrer que les membres de la GRC ne sont pas seulement des policiers, mais aussi des participants actifs dans les collectivités qu'ils servent. »

Royce MacRae, S/Sgt. / s.é.-m.

DARTMOUTH, NS / N.-É.

Royce MacRae has worked in crisis negotiations for more than 22 years and assisted on more than 300 crises, including hostage situations and people in mental distress. Now the Crisis Negotiation Team lead, he works alongside four to five other RCMP Members. Teamwork is crucial to a positive outcome in every call.

It is important for Royce to establish trust with the subject from the beginning of any situation by being respectful and honest. He recalls a time when a woman had barricaded herself and was threatening the responding Members with a knife. Royce and his team spent more than 12 hours talking to the woman before she put down her weapon and stepped outside. He was respectful, offered her a cigarette, and talked with her before sending her to hospital.

When possible and when the person is willing, Royce debriefs the people he helps, asking what worked or didn't in their negotiation, to be able to improve in the future. "There is a misconception that crisis situations are all kicking in doors and fighting people," he says. "We actually spend a lot of time just talking to people." Royce is passionate about making sure that the person in crisis is safe and that responding Members can go home at the end of the day.

Pendant plus de vingt-deux ans, Royce MacRae a participé aux négociations dans plus de trois cents situations de crise, dont des prises d'otages et des cas de détresse mentale. Maintenant chef de l'équipe de négociation en situation de crise, il travaille avec quatre ou cinq autres membres de la GRC. Le travail d'équipe est essentiel pour obtenir un résultat positif à chaque intervention.

Dans une situation de crise, Royce trouve important de nouer dès le départ une relation de confiance avec le sujet en se montrant respectueux et honnête. Il se souvient d'un incident où une femme s'était barricadée et menaçait d'un couteau les membres envoyés sur place. Royce et son équipe ont passé plus de douze heures à parler avec cette femme avant qu'elle accepte de déposer son arme et de sortir. Il a alors fait preuve de respect envers elle, lui a offert une cigarette et lui a parlé avant de la faire conduire à l'hôpital.

Lorsque les gens qu'il aide acceptent de collaborer, Royce fait le point avec eux pour comprendre ce qui a bien ou mal fonctionné dans la négociation, afin de pouvoir s'améliorer. « On croit à tort que, dans les situations de crise, il faut toujours défoncer les portes et se battre, dit-il. En fait, nous passons plutôt beaucoup de temps à simplement parler aux gens. » Royce a à cœur de s'assurer que la personne en crise est en sécurité et que les membres qui interviennent pourront rentrer chez eux à la fin de la journée.

The RCMP Police Dog Service Training Centre

Centre de dressage des chiens de police de la GRC

INNISFAIL, AB /ALB.

The RCMP's police dogs are among the many resources used to protect the public. Police Service Dogs (PSDs) and their handlers are commonly referenced as the "tip of the spear," as they are often the first ones called to various situations requiring a search or detection. These canine companions bring their finely tuned senses of smell and hearing to the table, "observing" what humans can't. They are often critical to finding a lost child or uncovering a major drug operation.

Breeding

Police dogs have been employed by the RCMP since 1935, but it was only in 1998 that the RCMP started its own Police Dog Breeding Program at the RCMP Police Dog Service Training Centre, in Innisfail, Alberta. Many different breeds were tested in the beginning, including Rottweilers, Belgian Malinois, and Dobermans. It quickly became clear that German shepherds were the best breed for the RCMP's police work, as their double coat gives them the advantage of excelling in Canada's diverse climate.

Breeding police dogs is a science because the RCMP's program aims to breed for health and performance. Today, the program counts 16 to 18 females who give birth to around a hundred puppies a year. Breeding females are selected from an early age—seven weeks, the imprinting stage—when they demonstrate the desired traits and optimal health criteria. They are later impregnated through artificial insemination and average about six puppies per litter. About one in three puppies will become a breeding female or Police Service Dog with the RCMP or another agency. Those unfit for police work become loving companions in a good home.

Socialization

Staff are hands-on with the puppies right from birth. The puppies are weighed every day for the first 14 days and are handled from head to toe to learn not to be reactive to being touched by a person. They learn how to interact with humans and each other. The puppies are encouraged to bite and chase everything to help develop the courage needed to be working police dogs.

The puppies go through aptitude tests at seven weeks. A staff member they have never seen before tests them to evaluate temperament, looking for dogs with high energy, courage, boldness, and nerve stability. These are the puppies with the heart of a police dog.

Imprinting

The imprinting process starts at seven weeks. The imprinter is a Member of the RCMP who aspires to be a Police Service Dog handler. Their role is to socialize and familiarize the young dogs with everything they can think of. They focus on heights, slippery surfaces, jumping up and down stairs, and other elements they could come across on the job. By the time the dogs reach the training program at 18 months, nothing should be new or concerning to them. The imprinter helps build the dog's confidence so that if they are asked to do something, they can trust that their handler will be there to support them.

The imprinter and the dog go through regular evaluations to assess and see if they are ready to move forward to the next step of the process: formal PSD training.

Training

There are over 165 RCMP Police Service Dog teams across Canada, and all the dogs and their handlers have successfully completed the RCMP's Police Dog Service Training Centre program. The four-and-a-half-month program trains potential handlers and their dogs in three different areas: criminal apprehension, tracking, and detection.

To teach the German shepherds how to defend their handler or a member of the public from a subject, trainers engage the dogs' natural desire to bite and play. They use a burlap sack or towel as a shield and work on different scenarios to get the dog to bite while also building their courage and confidence. It is equally important that the dog understands when to let go, pause, or come back. A police dog should always be listening to their handler, not only acting on what they think they should be doing.

Tracking is one of the most difficult parts of training for police dogs, as scent trails are faint and the dog needs to sort out the one scent from everything else in its path, all while guiding a handler behind them. Dogs will take the first scent that is presented to them, which is why Members stress the importance of preserving a crime scene to avoid mixing in the scent of investigating Members. After all, a dog's nose is much more effective than a human's. The dog will follow the invisible line of the scent until the conclusion of the trail. During training, they are exposed to fresh tracks that get increasingly older and more difficult as training progresses.

Every dog team is trained on a unique search profile: narcotics, explosives, or human remains. The RCMP Police Dog Service Training Centre is equipped with a Detection Room, which has plastic walls filled with holes for the instructors to hide different scents, in which poppers are located to release the dog's toy as a reward for showing the correct behaviour. As training progresses, different elements are added to increase difficulty, like distractions or platforms to climb over and under.

Once out of the training program, dog teams are tested every year for their tracking skills, control of the dog, and being able to complete their search profile. Training is never truly over, and it is the Member's responsibility to ensure that they and their dog are continuously working on sharpening their skills.

The graduation of a dog team is a proud moment for everyone involved in the PSD's and handler's journey. Handlers are given a certificate and sent off to continue their learning in the real world. The bond created at the training centre lasts throughout the PSD's working life and the handler/PSD relationship is unlike any other. These dynamic duos are proud to serve Canadians every day, from coast to coast to coast.

Les chiens policiers de la GRC sont l'une des nombreuses ressources utilisées pour protéger le public. Les chiens policiers et leur maître sont toujours en première ligne, car ils sont souvent les premiers appelés dans diverses situations nécessitant une fouille ou la détection de quelque chose. Grâce à leurs excellents sens de l'odorat et de l'ouïe, ces compagnons canins détectent ce que les humains ne peuvent déceler. Ils jouent souvent un rôle essentiel, par exemple pour retrouver un enfant perdu ou mettre au jour une opération de drogue majeure.

Élevage

La GRC utilise des chiens policiers depuis 1935, mais ce n'est qu'en 1998 qu'elle a lancé son propre programme d'élevage au Centre de dressage des chiens de police de la GRC, à Innisfail, en Alberta. De nombreuses races avaient initialement été testées, y compris les rottweilers, les malinois et les dobermans, mais il est rapidement devenu évident que les bergers allemands étaient les chiens les plus adaptés pour la GRC, car leur double fourrure leur permet d'exceller dans le climat diversifié du Canada.

L'élevage de chiens policiers est une science, car le programme de la GRC vise à favoriser la santé et le rendement des animaux. Aujourd'hui, le programme compte de 16 à 18 femelles reproductrices qui donnent naissance à une centaine de chiots par année. Les futures femelles reproductrices sont sélectionnées lorsqu'elles n'ont que sept semaines, soit au stade de l'intégration, si elles démontrent les caractéristiques souhaitées et qu'elles sont en bonne santé. Elles seront ensuite fécondées par insémination artificielle et auront en moyenne six chiots par portée. Environ un chiot sur trois sera sélectionné pour la reproduction ou deviendra un chien policier auprès de la GRC ou d'un autre organisme. Les chiots non retenus se font adopter et deviennent d'adorables compagnons dans un bon foyer.

Socialisation

Le personnel travaille directement avec les chiots dès leur naissance. Ceux-ci sont pesés quotidiennement les 14 premiers jours et sont touchés, de la tête aux pattes, pour apprendre à ne pas réagir lorsqu'une personne les touche. Ils apprennent également à interagir avec les humains et entre eux. Les chiots sont encouragés à mordre et à pourchasser tout ce qu'ils peuvent pour développer le courage nécessaire afin de devenir des chiens policiers.

Les chiots passent ensuite des tests d'aptitude à la septième semaine. Un membre du personnel qu'ils n'ont jamais vu auparavant les teste pour évaluer leur tempérament. L'objectif est de trouver les chiots qui ont beaucoup d'énergie, de courage et d'audace, ainsi qu'un bon caractère stable. Les chiots qui démontrent toutes ces qualités sont ceux ayant le cœur d'un chien policier.

Intégration

Le processus d'intégration commence à la septième semaine. Les personnes qui apprendront aux chiens à s'intégrer sont des membres de la GRC qui aspirent à devenir maîtres-chiens. Leur rôle est de socialiser les chiots et de les familiariser avec tout ce à quoi ils peuvent penser. L'accent est mis sur les hauteurs, les surfaces glissantes, les montées et descentes d'escaliers et d'autres éléments qui pourraient survenir au travail. Lorsqu'un chien finit le programme de dressage à 18 mois, rien ne devrait être nouveau pour lui ni l'inquiéter. Le maître aide son chien à gagner en confiance; ainsi, lorsqu'on demandera au chien de faire quelque chose, il saura que son maître sera là pour le soutenir.

Les chiens et leur maître sont fréquemment évalués pour déterminer s'ils sont prêts à passer à la prochaine étape du processus, soit le programme officiel de dressage de chien policier.

Dressage

La GRC compte plus de 165 équipes canines partout au pays. Tous les chiens et leur maître ont terminé avec succès le programme du Centre de dressage des chiens de police de la GRC. Ce programme de quatre mois et demi forme les maîtres-chiens potentiels et leur chien dans trois domaines différents : l'arrestation de criminels, le pistage et la détection.

Pour enseigner à un berger allemand comment défendre son maître ou un membre du public contre un sujet, les dresseurs font appel au désir naturel du chien de mordre et de jouer. Ils utilisent une serviette ou un sac de jute comme bouclier et travaillent sur différentes situations pour inciter le chien à mordre, tout en lui permettant de développer son courage et sa confiance. Il est tout aussi important que le chien comprenne quand lâcher prise, s'arrêter ou revenir. Un chien policier doit toujours écouter son maître et ne pas uniquement se fier à son instinct.

Le pistage est l'un des aspects les plus difficiles dans le dressage des chiens policiers. En effet, les odeurs peuvent se dissiper et les chiens doivent pouvoir les distinguer et les suivre tout en guidant leur maître. Les chiens enregistrent la première odeur qui leur est présentée; c'est pourquoi les membres soulignent l'importance de préserver une scène de crime pour éviter que les enquêteurs mélangent les odeurs. Après tout, un chien a un nez beaucoup plus efficace que celui d'un humain, ce qui lui permet de suivre une piste olfactive invisible jusqu'à la ligne d'arrivée. À mesure qu'ils progressent dans leur parcours de dressage, les chiens sont exposés à des pistes de plus en plus vieilles et difficiles à suivre.

La formation de chaque équipe canine est axée selon un profil de recherche unique : narcotiques, explosifs ou restes humains. Le Centre de dressage des chiens de police de la GRC comprend une salle de détection équipée de murs en plastique remplis de trous et de boutons-pression. Les dresseurs peuvent y cacher différentes odeurs. Le jouet du chien est libéré du trou en guise de récompense pour avoir montré le bon comportement. À mesure que le dressage progresse, différents éléments s'ajoutent pour accroître la difficulté, comme des distractions ou des plates-formes à franchir.

Une fois qu'une équipe canine a terminé le programme de dressage, celle-ci est testée chaque année pour ses techniques de pistage, le contrôle du maître sur son chien et la capacité à réussir le profil de recherche. La formation n'est jamais vraiment terminée, et il incombe au maître de s'assurer que son chien et lui travaillent continuellement à perfectionner leurs compétences.

La remise des diplômes d'une équipe canine est un moment de fierté pour tous ceux qui ont pris part au parcours du chien et de son maître, qui reçoit un certificat. Le duo peut ensuite évoluer dans le monde réel. Le lien unique créé au centre de dressage entre un maître et son chien policier dure tout au long de la vie professionnelle de ce dernier. Ces duos dynamiques sont fiers de servir les Canadiens chaque jour, d'un océan à l'autre.

Sarah Marchildon-White, Cst./gend.

EDMONTON, AB/ALB.

It was while working as a summer student in the RCMP's Financial Crimes Unit in Ottawa that Sarah Marchildon-White first considered a full-time profession in the police service. This was an unexpected career path for the then criminology student, given she comes from a family of lawyers and judges. "I am more of a hands-on, social person," says Sarah, who joined the RCMP in 2013.

Sarah was also attracted to the variety of work that comes with being an RCMP officer. "Not many people can say that they've worked for one employer during their career and got to do 10 or more different roles."

Now a Constable in the Alberta RCMP's Serious Crimes Branch, General Investigations Section, Sarah often travels to remote communities to investigate serious crimes. "I love the adrenaline of learning facts that support the evidence in an investigation," she says. "It's like a puzzle, and nothing beats that feeling you get once it gets solved."

The job is extremely challenging but allows Sarah to follow her passion for working with and helping people. "Being the voice for victims and families is super, super rewarding."

Sarah has also found time to give back to communities in Alberta in other ways. She helped rescue more than 200 dogs during her posting in Maskwacis. She has also volunteered with the Saving Grace Animal Society, which rescues and rehabilitates dogs, cats, and other animals in need.

C'est en travaillant l'été comme étudiante à l'unité des crimes financiers de la GRC à Ottawa que Sarah Marchildon-White a commencé à envisager une profession à temps plein dans le service de police. Un cheminement de carrière inattendu pour l'ancienne étudiante en criminologie, car elle vient d'une famille d'avocats et de juges. « Je suis une personne pratique, sociable », explique Sarah qui s'est jointe à la GRC en 2013.

La diversité du travail d'un agent de la GRC l'attirait. « Peu de gens peuvent dire qu'ils n'ont eu qu'un seul employeur au cours de leur carrière et assumé plus de dix rôles différents. »

Aujourd'hui gendarme aux enquêtes générales, service des crimes graves de la GRC en Alberta, Sarah va souvent enquêter sur des crimes graves dans des collectivités éloignées. « J'adore la poussée d'adrénaline déclenchée par les faits à l'appui des preuves dans une enquête, dit-elle. C'est comme une énigme! Rien ne vaut le sentiment qu'on éprouve lorsqu'elle est résolue. »

Les tâches sont exigeantes, mais Sarah trouve passionnant de travailler avec les gens et de les aider. « Être la voix des victimes et des familles est très, très gratifiant. »

Sarah prend aussi le temps de redonner autrement aux collectivités de l'Alberta. Elle a aidé à sauver plus de 200 chiens pendant son affectation à Maskwacis. Elle est également bénévole auprès de la Saving Grace Animal Society, qui vient en aide aux chiens, aux chats et aux autres animaux dans le besoin.

Heidi Marshall, Cst. / gend.

WARMAN, SK / SASK.

As an RCMP forensic artist, Heidi Marshall has done hundreds of sketches of crime suspects over the years, many of which have led to arrests. There's one sketch she found particularly rewarding, given that the suspect's crimes happened nearly 20 years earlier.

In 2015, Heidi was contacted by the Repeat Offender Parole Squad in London, Ontario, to sketch a woman with a Canada-wide warrant for a series of crimes including fraud, uttering threats, and parole violations. The police had information that the suspect was still in southwestern Ontario and asked Heidi to draw what she would look like at age 55—nearly two decades since she had last been seen. Heidi's sketch was released to the public, including on billboards, and was accurate enough that it led the suspect to give herself up. "The caveat was that she would turn herself in if they would take down the billboards," Heidi recalls.

Heidi enjoys working with witnesses and victims to develop suspect drawings. "I get a lot of satisfaction speaking with them and then being able to put their memories on paper," she says. They're often amazed by how close the likeness is to the suspect.

Heidi also does clay-on-skull facial reconstruction work and hopes to do more of this artistry in the future, alongside her regular police duties.

Heidi Marshall est artiste judiciaire. Au fil des ans, elle a dessiné des centaines de croquis de suspects, dont plusieurs ont mené à des arrestations. Elle est d'ailleurs particulièrement fière d'un croquis lié à un dossier dont les crimes allégués avaient été commis par le suspect près de vingt ans plus tôt.

En 2015, la Brigade de recherche des fugitifs de London, en Ontario, a demandé à Heidi de réaliser le croquis d'une femme faisant l'objet d'un mandat pan-canadien pour une série de crimes : fraude, menaces et violation de conditions de libération conditionnelle. La suspecte n'avait pas été revue depuis vingt ans, mais la police avait des renseignements selon lesquels elle se trouvait toujours dans le sud-ouest de l'Ontario. Heidi a donc dessiné ce à quoi cette femme ressemblerait à ce moment, à 55 ans. Le croquis de Heidi a été rendu public et mis sur des panneaux d'affichage. Il était si précis que la suspecte s'est rendue d'elle-même. « Elle s'est rendue à condition qu'on retire le croquis des panneaux ! »

Heidi aime collaborer avec des témoins et des victimes pour faire le portrait d'un suspect. « J'ai beaucoup de satisfaction à parler avec eux et à mettre leurs souvenirs sur papier. » Les gens sont souvent étonnés de voir à quel point ses croquis ressemblent aux suspects.

Heidi fait également de la reconstruction faciale avec de l'argile à partir de crânes. Elle espère pouvoir utiliser davantage ses compétences d'artiste, en plus d'exercer ses fonctions habituelles de policière.

Carrie McCabe, Cst. / gend.

HALIFAX, NS / N.-É.

Learning is a lifelong commitment in the RCMP. In addition to extensive cadet training of new recruits, all Members go through a mandatory recertification process that includes Operational Skills Training. In Nova Scotia, recertification is required every two years.

Carrie McCabe recently became a full-time Police and Public Safety Instructor (PPSI) at the Halifax regional office. In addition to firearms instruction, she teaches and facilitates courses on defensive tactics, such as judgmental use of force training and de-escalation, using various techniques to resolve incidents peacefully.

Carrie knows how quickly a situation can escalate. In addition to instructing, she is a volunteer scribe, taking notes during critical incidents such as a hostage-taking or an armed intruder, so there is a fulsome record if the incident ends up in court.

Member training is also available to meet specific needs. For instance, a Member who's been on leave or involved in a critical incident can receive "reintegration training." Carrie says this support is invaluable for someone involved in a shooting or serious incident who now must return to work.

"Our Members want to do the best they can," she says. "They often have just seconds to do something that impacts someone's life, or their own. If we ever stop providing training and support, we are failing ourselves and our community."

L'apprentissage est un engagement permanent au sein de la GRC. En plus de la formation approfondie de cadets pour les nouvelles recrues, tous les membres doivent renouveler leur certification en suivant une formation en compétences opérationnelles. En Nouvelle-Écosse, ce renouvellement est exigé tous les deux ans.

Carrie McCabe est récemment devenue instructrice à temps plein pour la police et la sécurité publique au bureau régional de Halifax. En plus de l'instruction de tir, elle donne des cours sur les tactiques défensives, comme la formation sur le recours à la force et la désescalade, en utilisant diverses techniques pour résoudre les incidents de façon pacifique.

Carrie sait qu'une situation peut dégénérer rapidement. Elle est aussi secrétaire bénévole et prend des notes lors d'incidents critiques, comme une prise d'otage ou une intrusion armée, afin de présenter un dossier complet au tribunal, le cas échéant.

La formation des membres est également offerte pour répondre à des besoins précis. Ainsi, un membre qui a été en congé ou impliqué dans un incident critique peut recevoir une « formation de réintégration ». Carrie affirme que ce soutien est inestimable pour une personne qui retourne au travail après avoir vécu une fusillade ou un incident grave.

« Nos membres veulent faire de leur mieux, dit-elle. Ils n'ont souvent que quelques secondes pour agir et influer sur la vie de quelqu'un ou la leur. Si nous cessons d'offrir formation et soutien, nous manquons à notre devoir envers nous-mêmes et notre collectivité. »

Derrick McKee, Cst./gend.

ESKASONI, NS / N.-É.

At his high school in Parrsboro, Nova Scotia, Derrick McKee was in the first class to be offered a Mi'kmaq studies course. What he learned didn't seem to have much relevance to him at the time, but it sure does now. Derrick became a Member of the RCMP in February 2021 and his first posting was to the Eskasoni First Nation, the most populous community in the Mi'kmaq Nation.

The Eskasoni Nation has its own fishery and school board, which runs a Mi'kmaq immersion program. Derrick has been able to meet people through his participation in the school, giving him various perspectives from within the community. He is inspired seeing how younger people are embracing traditional Mi'kmaq culture, learning from older generations.

In May 2021, Derrick and his partner were invited to join in the band's sunrise march to recognize the 215 unmarked graves recently discovered in British Columbia. A large crowd gathered for the ceremony, and sang the Mi'kmaq Honour Song, accompanied by Elders drumming. They then said a prayer together and walked along the main road up to the town's residential school memorial, just across the street from the Catholic church.

Derrick participated in a police car while his partner marched, helping hold up the big banner at the front of the crowd. "It was a neat experience," Derrick says, "being involved in reconciliation up close, hearing the singing, seeing how many people showed up and shared that historic and special moment together. It's amazing to see."

À Parrsboro, en Nouvelle-Écosse, Derrick McKee a fait partie de la première cohorte d'élèves à se voir offrir un cours d'études mi'kmaq. À l'époque, ce qu'il apprenait ne lui semblait pas très pertinent, mais il a changé d'avis depuis. En février 2021, il a intégré la GRC et a été affecté à la Première Nation d'Eskasoni, la communauté la plus populeuse de la nation mi'kmaq.

La Première Nation d'Eskasoni a son propre Conseil scolaire et des pêches, qui gère un programme d'immersion mi'kmaq. En s'impliquant à l'école locale, Derrick a rencontré de nombreuses personnes, ce qui lui a permis de voir différents points de vue. Pour lui, la façon dont les jeunes adoptent la culture mi'kmaq traditionnelle et apprennent des générations précédentes est très inspirante.

En mai 2021, Derrick et son partenaire ont été invités à la marche du lever du soleil organisée par la bande pour reconnaître solennellement les 215 tombes anonymes récemment découvertes en Colombie-Britannique. Une foule nombreuse s'est rassemblée et a interprété le chant d'honneur mi'kmaq, au son des tambours battus par les Aînés. Elle a ensuite récité une prière et marché jusqu'au monument commémoratif des pensionnats de la ville, en face de l'église catholique.

Derrick a accompagné la marche, dans une voiture de police, pendant que son partenaire aidait à tenir la grande bannière. « Ce fut une expérience extraordinaire de participer de près à la réconciliation, dit-il, d'entendre les chants, de voir tout ce monde partager un moment historique. »

Candice McMackin,
Reservist / réserviste

ONANOLE, MB / MAN.

For her last posting before she retired and became a reservist, Candice McMackin went to Ukraine to train the country's police. She was pleased to discover how much Ukrainians admire the RCMP and want to mirror what we have here: a professional, ethical, modern police service.

"They are really passionate about breaking away from the old Soviet, military-style policing and becoming more aligned with the rest of Europe and North America," Candice says. "It was eye-opening to see how responsive they were to what we brought."

Part of a team that grew to 35 RCMP officers at its peak, Candice focused on teaching leadership, mostly to higher-ranking patrol officers. Many had been brought up in a very regimented system where they obeyed orders and never asked why. Now they were learning that they would get more buy-in if they explained their tactics and decisions, and were also trained in skills like active listening, clear communication, and conflict management.

Some of the more senior officers were set in their ways, but others were really interested in these new approaches. The younger generation was university educated and more open-minded, especially when it came to subjects like domestic violence, which Ukrainians are only just beginning to recognize as a crime.

Candice found the whole experience deeply humbling. "I'm not used to constantly being thanked," she says with a laugh. "As a police officer, you're not used to people showing so much gratitude; it almost makes you feel awkward! I have never felt so appreciated."

Pour sa dernière affectation avant de prendre sa retraite et de devenir réserviste, Candice McMackin s'est rendue en Ukraine pour former la police du pays. Elle était heureuse de découvrir que les Ukrainiens admirent tellement la GRC qu'ils veulent reproduire ce que nous avons—un service policier professionnel, éthique et moderne.

« Ils ont à cœur de renoncer au militarisme des services policiers de l'ex-Union soviétique et de s'aligner davantage sur le reste de l'Europe et l'Amérique du Nord, dit Candice. Leur réceptivité à ce que nous apportions a été révélatrice. »

Membre d'une équipe comptant trente-cinq agents de la GRC à son apogée, Candice s'est concentrée sur l'enseignement du leadership, principalement aux patrouilleurs hauts gradés. Bon nombre avaient été élevés dans un système très réglementé et obéissaient aux ordres sans discuter. Ils ont appris que leurs tactiques et leurs décisions seraient mieux reçues s'ils les expliquaient et ils ont suivi une formation en écoute active, communications claires et gestion des conflits.

Certains agents supérieurs tenaient à leurs habitudes, mais d'autres s'intéressaient aux nouvelles approches. Ayant une formation universitaire, la jeune génération était plus ouverte d'esprit, surtout lorsqu'il s'agissait de sujets tels que la violence conjugale, que les Ukrainiens commencent seulement à reconnaître comme un crime.

Candice a été remplie d'humilité par l'expérience. « Je n'ai pas l'habitude d'être constamment remerciée, dit-elle en riant. Nous, agents de police, ne sommes pas habitués à recevoir autant de gratitude. On en est presque mal à l'aise! Je ne me suis jamais sentie aussi appréciée. »

Marcel Midlane, Cst. / gend.

NANAIMO, BC / C.-B.

"Police on boats" is how Marcel Midlane describes West Coast Marine Services, his posting for the last six years. He's one of a team of 25 Members policing the rugged coast of British Columbia, living and working out of 60-foot catamarans for days at a time.

Marcel is an Indigenous Member; his mother is Heiltsuk from Bella Bella. Most of his crew works in Indigenous communities like hers. "We go anywhere from Washington State to Alaska and everything in between, get into all the nooks and crannies," Marcel says. "The places we get to see are incredible."

Sometimes he and his crewmates look at each other and marvel: "We get paid to do this?" He often looks outside and thinks, "Wow, that's amazing." There are brutal days too—heavy swells and rain, when everyone else is indoors but the team is on the boat. Every day they see wildlife: dolphins and porpoises racing the prow, whales, grizzlies, brown bears, wolves.

The crew deals with many federal statutes, like the *Canada Shipping Act*, inspecting vessels of all sizes. When an emergency call comes in, all plans go out the window. "Anything that's life or limb, we go," says Marcel. The most intense are vessel sinkings. Last February, for instance, a tugboat pulling a barge sank near Kitimat in stormy weather. They pulled three sailors out of the water, only one of whom survived. Afterward, they conducted the investigation.

"It's all very similar to policing on land," Marcel says. "We just do it on the water, in boats."

« **La police en bateau.** » Voilà comment Marcel Midlane, gendarme, décrit les Services maritimes de la côte Ouest, son affectation depuis six ans. Lui et 25 autres policiers vivent et travaillent sur des catamarans de 60 pieds pour patrouiller sur la côte accidentée de la Colombie-Britannique.

Marcel est autochtone : sa mère vient de la bande des Heiltsuks de Bella Bella. Son équipe travaille surtout auprès de communautés autochtones comme la sienne. « On patrouille partout, de l'État de Washington à l'Alaska. Certains endroits sont magnifiques. »

Marcel et ses coéquipiers se demandent parfois : « On est payés pour faire cela ? » Il trouve souvent les paysages incroyables, mais les jours pluvieux avec de fortes vagues peuvent être éprouvants, surtout s'il pense à ceux sur terre. Chaque jour, l'équipe voit des animaux : dauphins et marsouins qui font la course avec le bateau, baleines, grizzlis, ours bruns, loups.

L'équipe fait appliquer diverses lois fédérales, dont la *Loi sur la marine marchande du Canada*, inspectant des bâtiments nautiques de toutes tailles. Lorsqu'un appel d'urgence est reçu, tout s'arrête. « Si une vie est en jeu, on y va. » Les interventions les plus intenses sont les naufrages. En février dernier, un remorqueur tirant un chaland a coulé près de Kitimat par un temps orageux. Ils ont extirpé trois marins, mais un seul a survécu. Ils ont ensuite mené l'enquête.

« On pratique le même métier que nos collègues sur terre, mais on est sur l'eau, en bateau. »

Marcel (left) and two colleagues
Marcel, à gauche, et deux collègues >

Jeff Monkman, Sgt. / serg.

POWERVIEW–PINE FALLS, MB / MAN.

Most Canadians only read about the scars from residential schools. Those like Jeff Monkman who work in drug enforcement and harm reduction witness the results of intergenerational trauma every day.

Raised in Winnipeg, Jeff played junior hockey while doing a degree in criminology and Native studies. At 19, he joined the RCMP Aboriginal Cadet Development Program. It was then that he began to understand the impact of drugs on society, and the legacy left by the residential school system for First Nation survivors and their families.

In his 25th year in the RCMP, Jeff remains committed to his work with First Nation communities and at-risk youth. The drug strategy he put in place at Powerview–Pine Falls, for example, is making a difference.

For years, RCMP detachments at Powerview–Pine Falls and nearby Bloodvein have fought against drug trafficking and misuse. Crystal meth made the work even more challenging. Recently, however, Jeff's team is seeing positive results in drug seizures and charges. And the harm reduction part of the strategy is bringing much-needed help with addiction to families and former students who attended residential schools at nearby Sagkeeng (Fort Alexander) and Cranberry Portage.

As Peguis First Nation, Jeff feels personally connected. "It really gets to me, realizing the injustices that Indigenous people have endured through our history," he says. "It gives me the drive to serve our communities well."

La plupart des Canadiens ne font que lire au sujet des cicatrices causées par les pensionnats, mais les gens comme Jeff Monkman, qui luttent contre la drogue et ses méfaits, sont quotidiennement témoins des traumatismes intergénérationnels.

Originaire de Winnipeg, Jeff a joué au hockey junior tout en poursuivant des études en criminologie et des études autochtones. À 19 ans, il s'est joint au Programme de formation des précadets autochtones. C'est alors qu'il a commencé à comprendre les répercussions de la drogue sur la société et les séquelles qu'ont laissées les pensionnats aux survivants autochtones et à leurs familles.

Après vingt-cinq ans au sein de la GRC, Jeff demeure déterminé à travailler auprès des Premières Nations et des jeunes à risque. La stratégie antidrogue qu'il a mise en place à Powerview-Pine Falls change la donne.

Depuis des années, les détachements de la GRC à Powerview-Pine Falls et à Bloodvein luttent contre le trafic et la consommation de drogues. La méthamphétamine a complexifié la tâche. Malgré tout, l'équipe de Jeff a constaté récemment des résultats positifs du côté des saisies de drogue et des accusations. La réduction des méfaits permet d'offrir une aide nécessaire en matière de toxicomanie aux familles et aux survivants des pensionnats de Sagkeeng (Fort Alexander) et de Cranberry Portage.

En tant que membre de la Première Nation de Peguis, Jeff se sent concerné personnellement. « Ça me touche. Je constate les injustices subies par les Autochtones dans l'histoire. Ça me donne la motivation nécessaire pour bien servir nos collectivités. »

James Moore, Cpl. / cap.

REVELSTOKE, BC / C.-B.

It was the last day of the summer holidays, and Griffin Lake was as calm as could be. James Moore and his son Emmett were fishing when they saw the canoe of the only other occupants of the lake flip over. The father-son duo sprang into action and paddled with all their might to reach the capsized canoe. They immediately saw that the two men could not swim, were not wearing lifejackets, and all colour was draining from their faces. James knew that this was a glacier-fed lake, and the water would be freezing, increasing the risk of shock and hypothermia.

James had a decision to make: he could jump into the water, flip the men's canoe, and help them back in, or he could somehow tow their boat back to shore. He could not risk anything happening to him and leaving his 11-year-old son stranded alone in their canoe, so he opted for the latter. They retrieved the lifejackets floating nearby and helped each man get one arm through their jacket for support, and clipped a rope to the men's canoe. Then James paddled the small flotilla nearly 500 metres to shore.

"There have been a few people who have perished in that lake during my service, and I remember thinking that had we not been there, these gentlemen could have become an underwater recovery."

James and Emmett were awarded a Silver Medal of Merit from the Lifesaving Society in recognition of their heroic actions that day.

C'était le dernier jour des vacances d'été et Griffin Lake était très calme. James Moore et son fils Emmett pêchaient lorsqu'ils ont vu le canot des seuls autres occupants du lac se renverser. Le duo père-fils a rapidement réagi et pagayé de toutes ses forces pour atteindre le canot chaviré. Ils ont constaté que les deux hommes ne pouvaient pas nager, ne portaient pas de gilet de sauvetage et que leurs visages perdaient toute couleur. James savait que ce lac était alimenté par les glaciers et que l'eau glacée augmentait le risque de choc et d'hypothermie.

James devait prendre une décision : sauter à l'eau, retourner le canot et aider les hommes à remonter ou ramener l'embarcation à la rive. La dernière solution s'imposait, pour éviter de mettre sa vie en danger ou de laisser son fils de onze ans seul dans leur canot. Les gilets de sauvetage qu'il avait récupérés servant de soutien, les hommes ont pu y passer un bras et James a attaché le canot avec une corde avant de parcourir les 500 mètres qui les séparaient de la rive.

« Quelques personnes avaient péri dans ce lac pendant mon service. Je pense que, si nous n'avions pas été là, on aurait récupéré ces hommes sous l'eau. »

James et Emmett ont reçu la Médaille d'argent du mérite de la Société de sauvetage en reconnaissance de leurs actions héroïques de ce jour-là.

Ryan Moore, Cst. / gend.

SURREY, BC / C.-B.

A Status Indian from the Old Masset Band in Haida Gwaii, Ryan Moore grew up in North Vancouver, overcoming incredible odds after his mother succumbed to drug addiction while he was still a child. Ryan's father enlisted him in the Navy League Cadets at age nine and Ryan flourished in the Sea Cadet program, achieving the highest rank as a Chief Petty Officer 1st Class.

Ryan has spent thousands of hours volunteering with the Sea Cadets, teaching hundreds of cadets over the last 11 years and holding various roles even throughout his RCMP training and posting to the Surrey RCMP. He is the first person in the Sea Cadets' 64-year history to go through the program as a cadet, graduate, and return as a volunteer, ultimately becoming the Commanding Officer of the Wallace Corps in North Vancouver. Ryan is currently in his 22nd consecutive volunteer year with the corps.

Many other Members volunteer for the program to share the positive aspects of working in the RCMP with the cadets. This creates learning opportunities across numerous RCMP specialties, including West Coast Marine Services, the Emergency Response Team, Police Dog Services, General Duty policing, and more. Many cadets develop a deep interest in policing because the Wallace Corps has the largest contingency of RCMP officers volunteering with any Navy League Cadet Corps in Canada.

Fellow RCMP Members who have supported the Wallace Corps include Constable Carlos Rockhill, Constable Nadine Geddert, Corporal (Retired) David Reese, Constable Khanh Phuong Tran, and Auxillary Constable Shaygen Salehi.

Ryan Moore est un Autochtone de la bande d'Old Masset à Haïda Gwaïi. Il a grandi à North Vancouver où il a surmonté d'incroyables obstacles après le décès de sa mère, toxicomane. Il avait neuf ans quand son père l'a enrôlé dans les cadets de la Ligue navale, où il a pu évoluer jusqu'à atteindre le plus haut grade, Premier maître de première classe.

Ryan a consacré bénévolement des milliers d'heures auprès des cadets de la Marine, enseignant notamment à des centaines de cadets durant onze ans, même pendant sa formation à la GRC et son affectation à Surrey. En soixante-quatre ans d'histoire des cadets de la Marine, il a été le premier à suivre le programme des cadets et à obtenir son diplôme, pour ensuite revenir comme bénévole et devenir commandant du corps Wallace à North Vancouver. Ryan en est à sa 22e année consécutive de bénévolat.

Le corps Wallace compte le plus grand nombre d'agents de la GRC s'impliquant bénévolement auprès des cadets de la Ligue navale. Plusieurs d'entre eux rencontrent des cadets pour leur parler des aspects positifs de la GRC et leur faire découvrir différentes spécialités, dont les services maritimes de la côte Ouest, l'équipe d'intervention d'urgence, les services de chiens policiers, les services de police généraux, etc. Plusieurs cadets manifestent beaucoup d'intérêt pour la police.

D'autres membres de la GRC ont appuyé le corps Wallace : Carlos Rockhill, gendarme, Nadine Geddert, gendarme, David Reese, caporal retraité, Khanh Phuong Tran, gendarme, et Shaygen Salehi, gendarme auxiliaire.

Chris Mousseau, Cst. / gend.

COMOX, BC / C.-B.

A Member for 21 years—18 of those on the Emergency Response Team (ERT)—Chris Mousseau has seen a lot of violent incidents. In June 2021, the Vancouver Island ERT responded to 84 callouts; in June 2022, they assisted Saanich municipal police when six officers were shot during an armed bank robbery.

Looking back on that incident, Chris says he often marvels at the destruction humans can create as a species: "Think of the cascading effects that has on so many people—the first responders, the people inside the bank, all their families. It's going to impact all of them."

The flip side of that is the camaraderie. "That's the shining beacon in everything I've done in the RCMP," he says. "Would I do it again? I would! I'd do anything for my teammates, my brothers."

Chris is not a religious man, but he recalls a quote from the Bible (Isaiah 6:8): "Then I heard the voice of the Lord saying, 'Whom shall I send? And who will go for us?' And I said, 'Here am I. Send me!'"

"Time and time again," Chris says, "when everyone else is running, we are fighting to go the other way, into danger. To protect people. That's all we're thinking about." He meets ERT Members from across the country, and they are all cut from the same cloth; they're a different kind of people.

"It's such a selfless service. It's a very rare and special thing; I don't know if you really find that anywhere else."

Après 21 années ans au sein de la GRC, dont 18 dans le Groupe tactique d'intervention (GTI), Chris Mousseau a été témoin de nombreux incidents violents. En 2021, le GTI de l'île de Vancouver a répondu à 84 appels et, en juin 2022, il a aidé la police municipale de Saanich lorsque six agents ont été blessés par balles au cours d'un vol de banque à main armée.

En repensant à cet incident, Chris s'étonne de la nature destructrice des humains : « Pensez aux effets en cascade sur les premiers intervenants, sur les gens qui étaient dans la banque et leur famille. Tous ces gens sont touchés. »

Malgré tout, il y a la camaraderie. « C'est ce qui illumine tout ce que j'ai fait à la GRC. Est-ce que je recommencerais? Oui! Je ferais n'importe quoi pour mes coéquipiers. »

Chris n'est pas religieux, mais il se souvient d'un passage de la Bible (Ésaïe 6:8) : « J'entendis la voix du Seigneur, disant : "Qui enverrai-je, et qui marchera pour nous?" Je répondis : "Me voici, envoie-moi." »

« Chaque fois que les gens s'enfuient, on va dans l'autre direction, vers le danger. On pense seulement à protéger les gens. » Il a rencontré des membres du GTI de partout au pays, et tous sont taillés dans la même étoffe.

« C'est un service qui demande de l'altruisme. C'est très rare et spécial, je ne sais pas si on peut retrouver une telle chose ailleurs. »

Ariane Muirhead, Cst. / gend.

MELVILLE, SK / SASK.

While recovering from post-traumatic stress disorder (PTSD), Ariane Muirhead designed her first commemorative coin to help others suffering from the same condition. She sold 1,000 of them quickly and donated the money to the Ken Barker Memorial Fund set up in memory of the retired RCMP Corporal who died by suicide after struggling with PTSD.

Her next design was a peacemaker coin to raise funds for a colleague with a rare disease who needed out-of-country medical care. "It just took off from there," says Ariane, who designed 30 coins between 2019 and 2021 that helped raise about $140,000 for a range of causes on behalf of the RCMP.

Ariane's most popular design was the Wonder Woman coin series, released in 2019 for the 45th anniversary of the swearing-in of the first women in the RCMP. It raised about $25,000. She also designed a COVID-19 coin in 2020 and donated the coins to the staff at her local hospital to thank them for their work during the pandemic.

In 2021, Ariane did several online coin fundraisers and raised $53,000 toward the development of the Constable Shelby Patton Memorial Park in Indian Head, Saskatchewan. The park is named after the RCMP Constable killed in 2021 by a stolen truck during an attempted traffic stop.

Many police officers and first responders collect commemorative coins. Ariane has about 100 in her collection and knows colleagues with many more. "It's just something that connects people," she says.

Pendant sa convalescence, Ariane Muirhead a conçu sa première pièce commémorative pour aider des personnes atteintes, comme elle, d'un trouble de stress post-traumatique (TSPT). À sa grande surprise, elle en a tout de suite vendu 1 000 et elle a remis l'argent au Ken Barker Memorial Fund, créé en mémoire du caporal retraité de la GRC qui s'est suicidé après avoir lutté contre le TSPT.

Ariane a ensuite créé une pièce de pacification pour amasser des fonds afin d'aider un collègue atteint d'une maladie rare qui avait besoin de soins médicaux hors du pays. « Tout est parti de là », affirme-t-elle. Entre 2019 et 2021, elle a conçu trente pièces et recueilli environ 140 000 $ pour diverses causes au nom de la GRC.

Lancée en 2019 pour le quarante-cinquième anniversaire de l'assermentation des premières femmes à la GRC, la série Wonder Woman a été la plus populaire. La collecte a atteint environ 25 000 $. En 2020, Ariane a créé une pièce COVID-19 et en a fait don au personnel de l'hôpital local en remerciement de son travail pendant la pandémie.

En 2021, Ariane a organisé plusieurs collectes de fonds en ligne, recueillant ainsi 53 000 $ pour l'aménagement du parc commémoratif Shelby Patton à Indian Head (Saskatchewan). Le parc porte le nom du gendarme de la GRC tué en 2021 par un camion volé, lors d'un contrôle routier.

De nombreux policiers et premiers intervenants collectionnent des pièces commémoratives. Ariane en a une centaine et connaît des collègues qui en ont beaucoup plus. « C'est un passe-temps qui unit les gens », dit-elle.

Brock Munro, Cst. / gend.

WINNIPEGOSIS, MB / MAN.

When it comes to physically constraining a crime suspect, Brock Munro is perhaps more confident than most RCMP officers. Born and raised in Manitoba and Saskatchewan, Brock studied at the University of Winnipeg on a wrestling scholarship and was on Canada's national team for a while before joining the RCMP in early 2021.

His dad is an RCMP officer in Prince Albert, Saskatchewan, so joining the force was a natural move for Brock. Wrestling has always been a side interest, a way to improve his physical and mental strength. It also happens to come in handy on the job. "When we do have to get hands-on with someone to keep them or others safe, I'm not really worried that they're going to get hurt from me grabbing and holding them," he says.

Competitive wrestling has also helped Brock deal with people from different backgrounds in the communities he patrols, and his Indigenous heritage helps him connect with people in the local First Nations communities. He likes to talk to Indigenous youth about the potential of becoming an RCMP officer or first responder when they grow up. "I try to get them thinking of the different careers they can pursue— whether in law enforcement, EMS, or even in sports— to show them all the different options they have for their futures."

Brock Munro a passé sa jeunesse au Manitoba et en Saskatchewan. Il a étudié à l'Université de Winnipeg où il a bénéficié d'une bourse d'études sportives en lutte. Il a d'ailleurs fait partie de l'équipe nationale du Canada comme lutteur, avant de se joindre à la GRC au début de 2021. C'est peut-être pourquoi, lorsque vient le temps de contraindre physiquement un suspect, Brock Munro est plus confiant que la plupart des agents de la GRC.

Son père étant agent de la GRC à Prince Albert, en Saskatchewan, il était donc tout naturel pour Brock de se joindre, lui aussi, à la GRC. La lutte a toujours été un passe-temps et une façon d'améliorer sa force physique et mentale, mais elle lui est très utile dans son travail. « Quand on doit intervenir auprès d'une personne pour assurer sa sécurité ou celle des autres, je ne crains pas de la blesser pendant la manœuvre. »

La lutte compétitive a également aidé Brock à traiter avec des gens aux parcours variés des communautés dans lesquelles il patrouille. De plus, ses origines autochtones l'aident à tisser des liens avec les gens des communautés locales des Premières Nations. Il aime parler aux jeunes Autochtones de la possibilité de devenir agent de la GRC ou premier intervenant. « J'essaie de les amener à penser aux différentes carrières qui s'offrent à eux, comme au sein de la police ou des services médicaux d'urgence, ou même dans le sport. Je veux leur montrer toutes les options qu'ils ont pour leur avenir. »

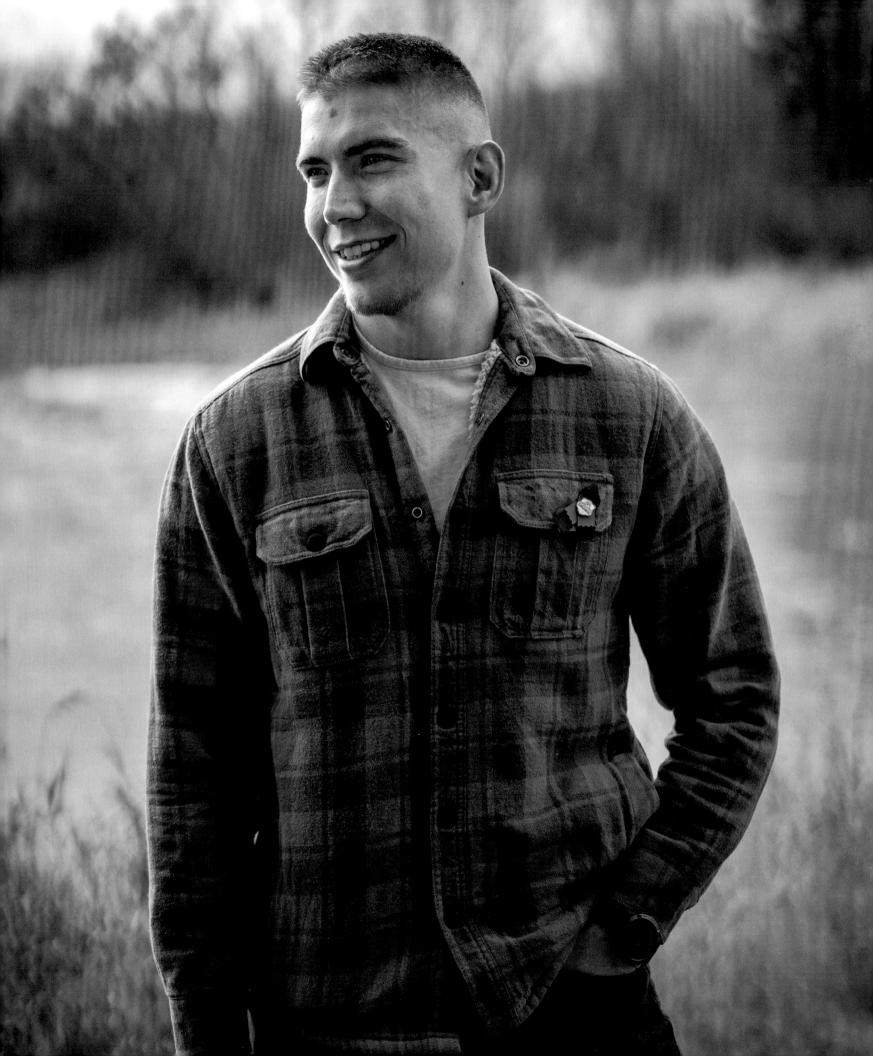

Alberto Neumann, S/Sgt. / s.é.-m.

LONDON, ON / ONT.

Around the world, RCMP Members take part in a variety of operations where their Canadian expertise in policing and criminal investigations is requested. In 2015, for example, the RCMP and other police officers were deployed to Ukraine to help reform the country's police service. Alberto Neumann joined the mission in August 2021. After 26 years of policing experience in areas like major crimes and drug investigation units, he wanted to serve his country internationally.

The Canadian Police Mission in Ukraine (CPMU) was a capacity-building and training operation. The objective was to provide training and guidance to "transform the force into a modern, accountable and transparent police service founded on internationally recognized standards and best practices, which included respect for human rights."

By fall 2021, Alberto and the rest of the world were watching the escalation of military operations by Russia.

As war looked imminent, the CPMU was instructed to leave Kyiv in early January and relocate to Lviv. Most staff were sent home by mid-February. The few who remained—including Alberto—relocated to Warsaw, Poland, driving in trucks across the border. When war began on February 24, 2022, the decision was made to return the remaining officers to Canada. Back in London, Alberto took on a new role in charge of training at the Ontario RCMP headquarters.

"We left so many people behind whom we worked with, such as drivers, interpreters, and friends," says Alberto. "It was very difficult." He hopes the people he met on his deployment stay safe. He thinks of them often and still texts with some every day.

La GRC participe à diverses opérations à l'étranger où son expertise policière et en enquêtes criminelles est requise. En 2015, la GRC et d'autres services policiers ont lancé la Mission de police canadienne en Ukraine (MPCU) pour aider à réformer le service de police ukrainien. Alberto Neumann s'y est joint en août 2021. Après 26 ans à enquêter sur les crimes majeurs et les stupéfiants, il voulait servir son pays sur la scène internationale.

L'objectif était de fournir des conseils pour transformer la police ukrainienne en « un service de police moderne, responsable et transparent fondé sur des normes internationales reconnues et des pratiques exemplaires, ce qui comprend le respect des droits de la personne ».

À l'automne 2021, Alberto et le reste de la planète regardaient l'escalade des opérations militaires de la Russie.

La guerre semblait imminente et, en janvier, la MPCU a reçu l'ordre de quitter Kyiv pour déménager à Lviv. La majorité du personnel a été rapatriée à la mi-février. Quelques personnes, dont Alberto, sont restées et se sont réinstallées à Varsovie, en Pologne. Lorsque la guerre a commencé, le 24 février 2022, le personnel restant a été rapatrié. À son retour, Alberto a repris son rôle de responsable de la formation, au QG de la GRC en Ontario.

« On a laissé tant de gens, dont des chauffeurs, des interprètes, etc. Ce fut difficile. » Il espère qu'ils sont tous en sécurité. Il pense souvent à eux et envoie quotidiennement des messages à certains d'entre eux.

Doug Nordick, Sgt. / serg.

SASKATOON, SK / SASK.

Driven by a persistent call to help others and make the world a better place, Doug Nordick left his career as an elementary school teacher in 2001 and joined the RCMP. Since 2006, he's worked with the F Division Major Crimes Unit, which responds to all new homicides, attempted murders, suspicious deaths, various other serious investigations, and occasionally kidnappings within RCMP jurisdiction in Saskatchewan.

Approximately 25 to 30 homicides take place in the province each year, with 2022 having seen upward of 40 because of the drug trade, increased gang violence, and the tragic mass murders that took place on James Smith Cree Nation from September 4 to 6. Besides these senseless stabbings, Doug's unit has also investigated high-profile cases such as the La Loche shootings on January 22, 2016, and the Humboldt Broncos bus crash on April 6, 2018. One of Doug's stand-out career files involved successfully charging a suspect in 2016 for the disappearance of a man who had been missing since 2008.

"It does get trying over time; numerous files remain on my mind and I constantly think about them," Doug says. "My biggest goal is to get answers for the families left behind and the public, and to make them feel safe by finding those responsible for these horrific acts and bringing them to justice."

Doug credits his wife and two-year-old son, as well as a positive atmosphere at home, for helping him disconnect and feel supported when the difficult nature of his work takes a toll on him emotionally.

Poussé par un grand désir d'aider les autres et d'améliorer le monde, Doug Nordick a quitté sa carrière d'enseignant au primaire en 2001 pour se joindre à la GRC. Depuis 2006, il travaille avec le Groupe des crimes majeurs de la Division F, qui s'occupe de tous les nouveaux homicides, des tentatives de meurtre, des décès suspects, de diverses autres enquêtes graves et, à l'occasion, des enlèvements sur le territoire de la GRC en Saskatchewan.

Chaque année, en moyenne 25 à 30 homicides surviennent dans la province. Cependant, en 2022, il y en a eu plus de 40, en raison du commerce de la drogue, de l'augmentation de la violence des gangs et de la tuerie tragique qui a eu lieu dans la Nation crie de James Smith, du 4 au 6 septembre. En plus de ces attaques au couteau insensées, le Groupe des crimes majeurs de la Division F a enquêté sur d'autres dossiers très médiatisés, dont la fusillade de La Loche le 22 janvier 2016 et l'accident d'autobus des Broncos de Humboldt le 6 avril 2018, ainsi que sur d'innombrables crimes graves. L'un des événements les plus marquants de la carrière de Doug a été la mise en accusation en 2016, avec succès, d'un suspect lié à un dossier de disparition remontant à 2008.

« Ça peut devenir difficile au fil du temps. Il y a certains dossiers que je ne peux oublier et auxquels je pense constamment. Mon principal objectif est d'obtenir des réponses pour les familles endeuillées et aussi pour le public, afin de leur permettre de se sentir en sécurité. C'est pourquoi on doit trouver les responsables de ces actes horribles et les traduire en justice. »

Selon Doug, c'est grâce à son épouse, à son fils de deux ans, ainsi qu'à une atmosphère positive à la maison qu'il réussit à se déconnecter. Il se sent soutenu lorsque la nature difficile de son travail a des répercussions sur ses émotions.

Andrew Norris, Cpl. / cap.

LOWER MAINLAND, BC / C.-B.

The 2010 Winter Olympics in Vancouver–Whistler had many memorable moments for Canadians, but there's one that Andrew Norris will remember forever. Providing security for the world's best athletes as part of the tactical team for the Lower Mainland was already quite an experience for Andrew. He was even stationed outside Rogers Arena when Canada won the gold medal game against the US in men's hockey. He will never forget the surreal moment when, using a portable radio to listen in on the game with his team, they heard Canada score the winning goal in overtime and the explosion of cheering from the arena and the city beyond.

That winning moment, although powerful, wasn't the one that stuck with him the most. While stationed on Granville Street, the entertainment district in Vancouver, Andrew recalls an incredibly positive crowd and atmosphere. "Lots of people approached us to take photos and talk about how much they love Mounties. That's not something common in policing. A lot of us worked long hours during the Olympics; most of us were away from our homes and our families, but we were happy to do it."

"It was a once-in-a-lifetime experience, and it was great to see the respect people from around the world had for the RCMP."

Les Jeux olympiques d'hiver de 2010 à Vancouver-Whistler sont remplis de moments mémorables pour les Canadiens, mais il y en a un qu'Andrew Norris n'oubliera jamais. C'était déjà toute une expérience pour lui d'assurer la sécurité des meilleurs athlètes du monde au sein de l'équipe tactique du Lower Mainland. Il était même posté à l'extérieur de l'aréna Rogers lorsque le Canada a remporté la médaille d'or contre les États-Unis au hockey masculin. Andrew n'oubliera jamais le moment surréel où lui et son équipe, écoutant le match sur une radio portable, ont entendu le tonnerre d'applaudissements qui résonna au-delà de l'aréna et de la ville après le but gagnant du Canada en prolongation.

Mais ce moment de victoire, bien qu'émouvant, n'est pas celui qui l'a le plus marqué. Andrew se souvient d'une foule et d'une atmosphère remarquablement chaleureuses, alors qu'il était en poste sur la rue Granville, haut lieu de divertissement de Vancouver. « Plusieurs personnes nous ont approchés pour prendre des photos et parler de leur amour pour la GRC. On ne voit pas cela souvent dans les services de police. Beaucoup d'entre nous ont travaillé de longues heures pendant les Jeux olympiques, pour la plupart loin de nos familles, mais nous l'avons fait avec plaisir. »

« C'était une expérience unique et c'était formidable de voir le respect que les gens du monde entier ont pour la GRC. »

Kwabby Oppong, Cpl. / cap.

DARTMOUTH, NS / N.-É.

Playing rugby at Dalhousie University in Halifax and working part-time as a doorman at a local bar was what gave Kwabby (Kwabena) Oppong the idea of joining the RCMP. He had toyed with using his biology degree to get into dentistry but through his extracurricular activities realized he was a people person with a knack for diffusing tense situations.

"I applied to the RCMP because friends that were Members said, 'We're hiring, the job enables you to do lots of different, interesting things, and we think you'd be a good fit.'"

Upon graduation in 1997, Kwabby was posted in Tantallon, Nova Scotia, and then North Preston, the oldest and largest Indigenous Black community in Nova Scotia—and Canada. He also spent a few years in Windsor and Enfield, Nova Scotia.

His service to date has been in uniform and as a plain-clothes officer in various units, including Financial Crimes, Major Crimes, General Investigative Services, and federal policing. He was a member of the tactical troop for 16 years and recently became a crisis negotiator.

Kwabby says all his roles have been challenging and interesting, as was promised when he originally joined. He also gets to demonstrate his strong people skills daily.

"We don't usually see people when they're having a great day," he says. "But when you can help people navigate a difficult situation as best as possible—that keeps me going."

C'est en jouant au rugby à l'Université Dalhousie à Halifax et en travaillant à temps partiel comme portier dans un bar local que Kwabby (Kwabena) Oppong a eu l'idée de se joindre à la GRC. Jusqu'alors, il songeait à se lancer en dentisterie avec son diplôme en biologie, mais ses activités parascolaires lui ont permis de se rendre compte qu'il avait le don de désamorcer des situations tendues.

« J'ai posé ma candidature à la GRC, car des amis qui étaient membres m'ont dit qu'ils embauchaient et que le travail permettait de faire plusieurs choses différentes et intéressantes. Mes amis pensaient que j'étais un bon candidat. »

Après avoir obtenu son diplôme en 1997, Kwabby a été affecté en Nouvelle-Écosse, entre autres à Tantallon, et ensuite à North Preston, la plus ancienne et la plus importante communauté noire autochtone du Canada, pour ensuite passer quelques années à Windsor et à Enfield.

Il a travaillé en uniforme et en tenue civile dans diverses unités, y compris les services de crimes financiers, le groupe des crimes majeurs, la section des enquêtes générales et au service de la police fédérale. Il a fait partie de l'équipe antiémeute pendant 16 ans et est récemment devenu négociateur en situation de crise.

Kwabby affirme que tous ses rôles ont été stimulants et intéressants, comme on le lui avait promis lorsqu'il avait rejoint les rangs de la GRC. Il a aussi l'occasion d'utiliser quotidiennement ses solides compétences interpersonnelles.

« Habituellement, lorsqu'on voit une personne, elle ne passe pas une excellente journée. Mais on peut l'aider à mieux composer avec une situation difficile. C'est ce qui me permet de continuer. »

Kerri Parish, Cst. / gend.

LAKE COUNTRY, BC / C.-B.

A police officer's heroics don't just happen when they're on the clock. This is certainly the case for Kerri Parish, who saved a life while enjoying a day off with her family on the sunny beaches of the Interior of British Columbia.

The day started out like any other day at the beach. Children and their families and friends were playing, running around, and having fun. Instinctively, Kerri scanned the crowded beach and noticed a family of six in the water, laughing and shouting among themselves. As she relaxed, Kerri noticed the tone of the yelling had changed—now it was tinged with fear and panic. Kerri leapt into action and focused on the family; instead of having casual fun, they were grasping for a woman in their group who had become separated from her float tube and was struggling to come to the surface.

Kerri grabbed her paddleboard and paddled out into the water. She got there in the nick of time, reaching down into the water to pull the woman up onto her board and bring her safely back to shore. The woman was still conscious, hadn't taken in water, and was able to recover while reunited with a grateful family.

The ability to have situational awareness is critical for police officers who, even off duty, can help keep the communities they serve safe.

Les membres de la GRC n'ont pas besoin d'être en service pour faire preuve d'héroïsme. Ce fut le cas pour Kerri Parish, qui a sauvé une vie alors qu'elle profitait d'une journée ensoleillée à la plage avec sa famille en Colombie-Britannique.

La journée avait commencé comme toutes les autres. Des enfants, des familles et des amis jouaient, couraient et s'amusaient. Instinctivement, Kerri a balayé du regard la plage bondée et a remarqué une famille de six dans l'eau, riant et criant entre eux. Tandis qu'elle se détendait, Kerri s'est rendu compte que le ton des cris avait changé : ils étaient maintenant teintés de peur et de panique. Kerri s'est immédiatement concentrée sur la famille. Au lieu de s'amuser, quelques personnes tentaient d'agripper une femme de leur groupe qui avait perdu son flotteur et qui avait du mal à rester à la surface.

Kerri s'est emparée de sa planche à rame et s'est précipitée dans l'eau. Elle est arrivée juste à temps et a réussi à hisser la femme sur sa planche pour la ramener sur le rivage en toute sécurité. La femme était encore consciente et n'avait pas aspiré d'eau. Elle a donc pu se rétablir avec sa famille, qui était reconnaissante.

Il est essentiel pour les policiers d'être conscients de leur environnement, même en dehors du travail. Cela contribue à assurer la sécurité des collectivités.

Bruce Pelletier, Cst. / gend.

CAP-PELÉ, NB / N.-B.

In March 2022, Bruce Pelletier learned of a youth in Cap-Pelé, New Brunswick, who had been diagnosed with cancer. Beyond the emotional toll of the tragic news, the boy's parents were having a difficult time financially because they had to take time off work to bring him to his treatment appointments.

The story pulled on Bruce's heartstrings after he was approached by a resident and asked if he could organize a fundraiser. A few days later, Bruce met with the boy's father to let him know that a hockey game was being planned to raise money for his son.

"Working in a small community as an RCMP officer, people know you personally and approach you with many issues. They're not scared to reach out," says Bruce. He also made use of his strong relationships with the town's locals to organize a subsequent fundraising effort. He spoke to small-business owners, people in the community, and anyone he came across to spread the word about supporting the family. To his surprise, $27,000 was raised in just 10 days, with all proceeds being donated directly to the family.

Throughout the boy's treatment, Bruce sent him messages of encouragement to stay motivated and keep going. On August 18, 2022, the young man had his last cancer treatment. He still keeps in touch with Bruce, who has maintained a strong relationship with the family.

En mars 2022, Bruce Pelletier a appris qu'un jeune de Cap-Pelé, au Nouveau-Brunswick, avait reçu un diagnostic de cancer. Outre les séquelles émotionnelles, les parents du garçon éprouvaient des difficultés financières parce qu'ils devaient s'absenter du travail pour l'amener à ses traitements.

L'histoire a touché Bruce lorsqu'un résident lui a demandé s'il pouvait organiser une activité de financement. Quelques jours plus tard, Bruce a rencontré le père du garçon pour lui annoncer qu'un match de hockey avait été organisé pour recueillir des fonds pour son fils.

« Quand on est agent de la GRC dans une petite collectivité, les gens vous connaissent personnellement et vous abordent avec de nombreux problèmes. Ils n'hésitent pas à s'adresser à vous », déclare Bruce. Bruce a également mis à profit ses solides relations avec les habitants de la ville pour organiser une campagne de financement. Il a parlé à de petits entrepreneurs, à des citoyens et à tous ceux qu'il a rencontrés pour faire passer son message de soutien. À sa grande surprise, une somme de 27 000 $ a été amassée en seulement 10 jours. Tous les profits ont été versés directement à la famille.

Durant les soins donnés au garçon, Bruce lui a envoyé des messages pour l'encourager à rester motivé et à continuer. Le 18 août 2022, le jeune homme a reçu son dernier traitement contre le cancer. Il reste en contact avec Bruce, qui a maintenu des liens cordiaux avec la famille.

Joshua Penton, Cst. / gend.

PICTOU, NS / N.-É.

One Sunday morning while driving with his family, Joshua Penton heard an ad on the radio that would change his life: the RCMP were recruiting. Joshua applied and successfully graduated.

For the past nine years, Joshua has been posted in Pictou County, Nova Scotia. In the fall of 2022, Hurricane Fiona decimated the entire county. Fallen debris completely isolated communities, blocking roads and leaving thousands without power.

The morning after the brunt of the storm, Joshua was at home with his family when he heard the news of a four-year-old boy, Grady MacKinnon, who had gone missing in the woods in nearby Springville.

Although he was not on duty at the time, Joshua answered the call without hesitation. While searching for Grady, he took a moment to put himself in the boy's shoes by turning off his flashlight. Standing in complete darkness in the freezing cold, surrounded by water, Joshua could hardly imagine how scared and helpless Grady was feeling.

As the night went on, Joshua and a colleague, Constable Taylor Coulombe, coordinated the search and supported the MacKinnon family. More than 15 hours after his disappearance, Grady was found alive by his grandfather a short distance from his grandfather's home. It is estimated that to get there, Grady had walked 15 kilometres throughout the night.

Joshua says that in 13 years of policing, this is the most amazing moment he has ever witnessed. "This little boy brought back all the joy of why I became a police officer. It's easy to get disheartened, there could be a hundred bad days and stories, but this little boy made it all worth it."

Un dimanche, Joshua Penton a entendu à la radio une annonce qui allait changer sa vie. La GRC faisait du recrutement. Joshua a présenté sa candidature et a obtenu son diplôme.

Depuis neuf ans, Joshua est en poste dans le comté de Pictou, en Nouvelle-Écosse. À l'automne 2022, l'ouragan Fiona a décimé tout le comté. Des débris sont tombés sur des collectivités isolées, bloquant des routes et coupant l'électricité.

Le lendemain, Joshua a appris la disparition d'un garçon de quatre ans, Grady MacKinnon, dans le bois à proximité de Springville.

Même s'il n'était pas en service, Joshua a répondu à l'appel. Pendant qu'il cherchait Grady, il s'est mis à la place du garçon en éteignant sa lampe de poche. Debout dans l'obscurité, dans le froid, entouré d'eau, Joshua pouvait imaginer à quel point Grady avait peur et se sentait impuissant.

Dans la soirée, Joshua et le gendarme Taylor Coulombe ont coordonné la recherche et soutenu la famille MacKinnon. Plus de quinze heures après sa disparition, Grady a été retrouvé vivant par son grand-père à une courte distance de la maison de celui-ci. Pour s'y rendre, Grady avait marché 15 kilomètres.

Joshua affirme qu'en 13 ans de service de police, c'est le moment le plus formidable qu'il ait jamais vu. « Ce petit garçon m'a rappelé pourquoi j'ai voulu devenir policier. C'est facile de se décourager, on vit de mauvaises journées et des histoires tristes. Mais ce petit garçon m'a prouvé que le jeu en valait la chandelle. »

Vanessa Philpott, Sgt. / serg.

WHITEHORSE, YT / YN

In her 17 years in forensics, the last seven-and-a-half in the Yukon as one of two Members of the Whitehorse Forensic Identification Section, Vanessa Philpott has seen a lot of changes. She was in the first class to transition from film to digital photography, for instance, a move that revolutionized crime-scene processing.

One thing hasn't changed though: forensics is still slow, painstaking work. "You don't solve a crime in an hour, like on TV," Vanessa says with a chuckle. "I have cold cases I am working on from the '90s and early 2000s. It doesn't happen overnight—it's very detail oriented, and you only get one chance to get it right. You can't go back to the scene—once it's released, it's gone."

During one of the most challenging cases Vanessa has ever worked, she developed a new technique using the backs of hands, rather than fingerprints, to help identify a suspect. This involved research, talking to subject matter experts, and a few days' training with the FBI in Virginia.

Vanessa also specializes in fire death investigations. One of her first cases in the Yukon was a fire death in an extremely remote location. She had to fly in by plane and then helicopter to a secluded riverside spot, where she slept in a wall tent while completing her investigation. "That was a unique test," she says. "You have to be really resourceful when working in remote areas—you are quite limited in what you can bring."

Vanessa Philpott a vu beaucoup de changements au cours de ses dix-sept années dans la Section des sciences judiciaires et de l'identité, dont sept ans dans un duo à Whitehorse, au Yukon. Elle a notamment fait partie de la première cohorte à adopter la photographie numérique, ce qui a révolutionné le traitement des scènes de crime.

Toutefois, les sciences judiciaires demeurent un travail lent et laborieux. « On ne résout pas un crime en une heure comme à la télé, dit Vanessa en riant. J'ai des dossiers non résolus qui remontent aux années 1990 et 2000. Ça ne se fait pas du jour au lendemain. Notre travail exige beaucoup de minutie. Et on n'a qu'une chance de bien faire les choses. Dès que les restrictions d'accès à une scène de crime sont levées, on ne peut plus revenir sur place. »

Dans l'une de ses enquêtes les plus difficiles, Vanessa a élaboré une nouvelle technique visant le dos des mains plutôt que les empreintes pour identifier un suspect. Elle a dû effectuer des recherches, discuter avec des experts et suivre une formation de quelques jours auprès du FBI, en Virginie.

Vanessa se spécialise dans les décès par incendie. Une de ses premières enquêtes fut au Yukon, dans un endroit extrêmement éloigné. Pour s'y rendre, elle a dû prendre un avion, puis un hélicoptère au bord d'une rivière isolée, en plus de dormir dans une tente pendant l'enquête. « Ce fut tout un test! Il faut beaucoup d'ingéniosité dans les régions éloignées. On ne peut apporter qu'un nombre de choses très limité. »

Cheryl Ponee, Cst. / gend.

KINGSTON, NS / N.-É.

In April 2020, Cheryl Ponee, who works out of Middleton Detachment, Nova Scotia, but also owns and operates a fitness business, was set to attend a fitness trip to Varadero, Cuba, that she had planned. She invited close friend and long-time colleague Constable Heidi Stevenson and her family to join.

The tragic mass casualty events of April 18 and 19, 2020, changed everything: Cheryl learned that Heidi had been killed on duty. The fitness week was cancelled, and COVID-19 health restrictions prevented the trip from being rescheduled for the next two years. Finally, in May 2022, the Constable Heidi Stevenson Memorial Trip was held at the planned resort, bringing together over 70 family members, colleagues, and friends from across the country to honour Heidi in a peaceful setting. The most poignant and healing moment of the week came when all the participants gathered for a group photo on the beach wearing their red "Nova Scotia Strong" shirts.

Prior to the memorial, an online Mountie Monday Fitness Class fundraiser in 2021 had raised $4,200 to support Heidi's children in their future endeavours, and Cheryl presented them with the cheque during the trip.

Heidi's on-duty death is another reminder of the risks all RCMP Members face every day.

The trip was so impactful that Heidi's family asked Cheryl to plan it again for the following year. And wouldn't you know it—there's already a waiting list.

Cheryl Ponee travaille au détachement de Middleton, en Nouvelle-Écosse. Elle possède également une entreprise de conditionnement physique. En avril 2020, elle avait planifié un voyage de conditionnement physique à Varadero, à Cuba. Elle avait invité son amie et collègue de longue date, la gendarme Heidi Stevenson, et sa famille à se joindre à elle.

Les événements tragiques des 18 et 19 avril 2020 ont tout changé : Heidi a été tuée en service. Le voyage a été annulé et repoussé de deux ans, à cause des restrictions sanitaires liées à la COVID-19. En mai 2022, le voyage commémoratif en l'honneur de la gendarme Heidi Stevenson a enfin eu lieu, réunissant dans un endroit paisible plus de soixante-dix proches, collègues et amis de partout au pays. Le moment le plus touchant fut lorsque tous les participants, portant leur chandail rouge « Nova Scotia Strong », se sont rassemblés pour une photo de groupe sur la plage.

En 2021, une activité de financement en ligne, soit une classe de conditionnement physique les lundis pour les membres de la GRC, avait permis de recueillir 4 200 $ pour les enfants de Heidi. Cheryl leur a remis le chèque pendant le voyage.

Le décès en service de Heidi est un autre rappel des risques auxquels tous les membres de la GRC font face chaque jour.

Le succès du voyage a été tel, que la famille de Heidi a demandé à Cheryl d'en planifier un nouveau pour l'année suivante. Et il y a déjà une liste d'attente!

Holly Porterfield, Cpl. / cap.

MASKWACIS, AB / ALB.

Holly Porterfield is the supervisor of a community policing unit that has become an example of how the RCMP can support reconciliation and make a meaningful difference. The five-person unit based in Maskwacis serves four Cree Nations. They won a 2022 Imperial Order Daughters of the Empire (IODE) RCMP Community Service award for their contribution to these communities.

The team is involved in numerous initiatives and cultural events, many of which take place while Members are off duty. A video of the officers dancing at the Ermineskin powwow recently went viral. As part of the Red Dress movement to honour missing and murdered Indigenous women and girls, the team hung red dresses on the willow tree in front of the detachment and helped organize an awareness event. When local youth created a walk to remember residential school victims, the team provided security and supplied water and transportation to the Elders.

The Members spent a weekend at a sun dance in Louis Bull Tribe. They helped construct the lodge and participated in prayers and ceremonies. Several Members were gifted with traditional Cree names from Elders.

The team has also embraced restorative justice, with the aim of resolving criminal offences without going through the courts. They work with Indigenous leaders and crown prosecutors to refer criminal allegations to First Nations' committees, then remain committed to these as the process unfolds.

"This team isn't afraid to put themselves out there and think outside the box for ways to better connect with our community," Holly says. "Because of that, we have made amazing connections and had amazing experiences."

"*Hai hai*," she adds: *thanks* in Cree.

Holly Porterfield supervise l'unité de police communautaire de cinq personnes de Maskwacis. L'équipe, qui dessert quatre nations cries, est devenue un modèle de la façon dont la GRC appuie la réconciliation et change la donne. Elle a également remporté un prix de service communautaire de l'IODE en 2022 pour sa contribution aux collectivités.

L'équipe participe à de nombreuses initiatives et activités culturelles. Une vidéo d'agents dansant au pow-wow d'Ermineskin est récemment devenue virale. Dans le cadre du mouvement de la robe rouge, dédié aux femmes et aux filles autochtones disparues et assassinées, l'équipe a accroché des robes rouges sur le saule devant le détachement et a aidé à organiser une activité de sensibilisation. Lorsque des jeunes de la région ont organisé une marche commémorant les victimes des pensionnats, l'équipe a assuré la sécurité et fourni de l'eau et des moyens de transport aux Aînés.

Les membres ont assisté à une danse du soleil dans la tribu de Louis Bull. Au cours de cette fin de semaine, ils ont aidé à construire le pavillon et participé aux prières et aux cérémonies. Certains ont même reçu des noms traditionnels de la part des Aînés.

L'équipe a aussi adopté la justice réparatrice en collaborant avec les chefs autochtones et les procureurs pour renvoyer des affaires criminelles aux comités des Premières Nations et éviter les tribunaux.

« L'équipe sort des sentiers battus et tisse des liens incroyables avec la collectivité. Elle vit des expériences extraordinaires. »

« *Hai hai* », ajoute Holly, soit « merci » en cri.

The Lord Chamberlain is
commanded by Her Majesty to invite

Constable Deepak Prasad

to The Prince of Wales's 70th Birthday Patronage Celebration
in the gardens of Buckingham Palace
on Tuesday, 22nd May, 2018 at 4.00 p.m.

Deepak Prasad, Cpl. / cap.

DARTMOUTH, NS / N.-É.

Along with five RCMP Members and employees, Deepak Prasad was honoured to be invited in 2018 to the 70th birthday celebration of the Prince of Wales (now His Majesty King Charles III). As one of 6,000 people from 386 of then Prince Charles's patronages and 20 of his military associations, Deepak was selected for his outstanding community involvement and volunteering. He had the opportunity to have a conversation with Prince Charles, who talked about his trip with the Duchess of Cornwall to Nova Scotia, where Deepak has served throughout his entire RCMP career. Prince Charles also shared that he is honoured to be the Honorary Commissioner of the RCMP alongside Her Majesty Queen Elizabeth II, who then held the honorary title of Commissioner-in-Chief until her death.

Representing the Government of Canada, the RCMP, and all Canadians was a milestone experience for Deepak. Guests noticed the level of diversity on the force, noting that the five RCMP representatives included a female Member, an Indigenous Member, a Member who is a person of colour, and an Indigenous woman who is a Commanding Officer. They were also quick to recognize the iconic Red Serge—photos with the Mounties were in high demand. This amount of recognition and excitement proved to Deepak that the Mounties are a big deal. "We are just a regular symbol in Canada. To others around the world, we are bigger than what we imagined."

Deepak Prasad et cinq membres et employés de la GRC ont eu l'honneur d'être invités aux célébrations du 70ᵉ anniversaire du prince de Galles (aujourd'hui Sa majesté le roi Charles III) en 2018. Parmi les 6 000 personnes des 386 patronages et 20 associations militaires du prince Charles, à cette époque, Deepak a été sélectionné pour son engagement communautaire et son bénévolat exceptionnels. Il a eu l'occasion de discuter avec le prince Charles, qui a parlé de son voyage en Nouvelle-Écosse avec la duchesse de Cornouailles, où Deepak a servi toute sa carrière à la GRC. Le prince Charles a également indiqué qu'il était flatté de détenir le titre de commissaire honoraire de la GRC, aux côtés de Sa Majesté la reine Elizabeth II, qui détenait le titre de commissaire en chef honoraire jusqu'a sa mort.

Représenter le gouvernement du Canada, la GRC et tous les Canadiens a été une expérience marquante pour Deepak. Les invités ont remarqué la diversité au sein de la GRC, notant que les cinq représentants comprenaient une femme, un Autochtone, une personne de couleur et une commandante autochtone. Ils n'ont pas tardé à reconnaître l'emblématique tunique rouge; plusieurs voulaient prendre des photos avec eux. Cette reconnaissance et cet enthousiasme ont prouvé à Deepak l'importance des agents de la GRC. « Au Canada, on n'est qu'un symbole ordinaire, mais ailleurs dans le monde, on est perçus comme plus grands que nature. »

Joy Prince, Sgt./ serg.

Joy Prince grew up in Newfoundland but has spent all 26 years of her RCMP career in Saskatchewan. In addition to her regular duties, she was a negotiator for 13 years and is now the Saskatchewan Coordinator for the Peer-to-Peer Program. When she told her brother about this new role, he laughed: "They're paying you to talk to people? Sounds like a dream job for an East Coaster!"

To Joy, it is. She loves her work because it involves talking to Members who have been impacted by situations on the job or in their personal lives and need information on available supports.

Joy has seen huge changes in the way the RCMP deals with mental health in the last few years. "When we responded to a bad call in the old days, they told you to 'suck it up,'" she says. Now she reaches out to people, asks them how they are doing, then gives them information on the resources they can access.

"I'm just a cop, not a psychologist," Joy says modestly. "I love to connect with people, have a conversation with them. That's why I liked negotiating and love my Peer-to-Peer role: if you need to talk, let's talk! I'll stay on the phone all day."

Asking for help makes people feel vulnerable. That's why Joy puts time into building trust. "I try to make people comfortable, so they feel more open to asking for help," she says.

"When you have a really tough conversation with someone and they connect with you and feel a little better about the time you spent talking together, you hang up and think, I made a difference for someone today. That makes it all worthwhile."

Joy Prince a grandi à Terre-Neuve, mais elle a passé les 26 années de sa carrière à la GRC en Saskatchewan. Après avoir été négociatrice pendant 13 ans, elle est maintenant coordonnatrice du Programme de soutien par les pairs en Saskatchewan. Lorsqu'elle a parlé de son nouveau rôle à son frère, celui-ci a dit en riant : « Tu es payée pour parler aux gens? C'est idéal pour ceux de la côte est! »

Joy adore son travail : elle parle à des membres qui vivent des situations difficiles au travail ou dans leur vie personnelle et qui cherchent des renseignements sur les ressources de soutien.

Au fil des ans, Joy a vu d'énormes changements dans le traitement des problèmes de santé mentale. « Avant, quand les choses tournaient mal, il fallait endurer. » Aujourd'hui, elle communique avec les gens, prend de leurs nouvelles et leur donne des renseignements sur différentes ressources.

« Je ne suis pas psychologue, seulement policière. J'aime interagir avec les gens. C'est pour cette raison que j'aimais la négociation et que j'adore mon rôle actuel. Si quelqu'un a besoin de parler, je peux rester au téléphone toute la journée. »

Les gens se sentent vulnérables lorsqu'ils demandent de l'aide. C'est pourquoi Joy consacre beaucoup de temps à bâtir un lien de confiance avec eux. « J'essaie de mettre les gens à l'aise pour qu'ils soient plus enclins à demander de l'aide. »

« Lorsqu'on a une conversation difficile et que l'autre se sent mieux par la suite, on voit qu'on a fait une différence. Ça en vaut la peine. »

Derek Quilley, Sgt. / serg.

OTTAWA, ON / ONT.

Growing up in Red Deer, Alberta, and not having any experience with horses, Derek Quilley could never have guessed how the RCMP Musical Ride would shape his life, or that one day he would be performing on horseback for Her Majesty Queen Elizabeth II at the Diamond Jubilee.

Following in his uncle's and grandfather's footsteps, Derek joined the RCMP in 2008. He immediately wanted to join the Musical Ride but didn't think he could. To his surprise, following a five-week tryout in 2010, he was one of 15 Members selected for the team. Three tours later, including a trip to London for the Diamond Jubilee and several encounters with members of the Royal family, Derek went back to general duty policing in Powell River, British Columbia.

Missing the thrill of the ride, Derek joined the tour again in 2018 and in 2021 was promoted to Sergeant, taking on the role of trainer for the ride.

In September 2022, Derek was given the once-in-a-lifetime opportunity to be one of four Members to represent the RCMP and Canada on the world stage at Her Majesty Queen Elizabeth II's funeral. He describes it as a "somber, but overwhelming moment." His memory of meeting the Queen at the Diamond Jubilee and having someone "larger than life" smiling from ear to ear while recognizing the RCMP made the moment indescribably special.

Today, it's hard for Derek to remember life before the Musical Ride. One of his favourite parts is working with the horses, who he notes are very therapeutic animals: "I get to take care of the horses, and they take care of me—it's the best job in the world."

Enfant de Red Deer, en Alberta, sans expérience avec les chevaux, Derek Quilley ne pouvait deviner que le Carrousel de la GRC allait façonner sa vie ni qu'il défilerait un jour devant Sa majesté Elizabeth II lors de son jubilé de diamant.

Comme son oncle et son grand-père auparavant, Derek s'est joint à la GRC en 2008. Il a immédiatement voulu se joindre au Carrousel, mais ne pensait pas pouvoir le faire. Avec surprise, après un essai de cinq semaines en 2010, on l'a choisi parmi les 15 membres de l'équipe. Après trois tournées, notamment lors d'un voyage à Londres pour le jubilé ponctué de rencontres avec la royauté, Derek a repris le service général à Powell River, en Colombie-Britannique.

Comme le Carrousel lui manquait, Derek l'a rejoint en 2018 et, en 2021, il a été promu au poste de sergent et formateur.

En septembre 2022, Derek a été l'un des quatre membres à représenter la GRC et le Canada sur la scène mondiale aux funérailles de la reine. Il dit avoir vécu une expérience « sombre, mais bouleversante ». Son souvenir de la reine, « plus grande que nature » avec son grand sourire qui s'illuminait à la vue de la GRC, a rendu ce moment spécial.

Aujourd'hui, Derek peine à se rappeler la vie avant le Carrousel. Il adore travailler avec les chevaux, des animaux très thérapeutiques : « J'ai la chance de prendre soin des chevaux, et ils prennent soin de moi. C'est un travail merveilleux. »

< Derek, on foot, with fellow Members and
their horses at the Diamond Jubilee
Derek, à pied, avec d'autres membres et
leurs chevaux lors du jubilé de diamant

Charles Reddick, Cst. / gend.

OTTAWA, ON / ONT.

Charles Reddick takes genuine pride in being a Member of the RCMP, and three international postings have given him broader opportunities to give back.

Montreal-born but Nova Scotia-raised, Charles joined the RCMP in 1999 after spending a decade with the Canadian Armed Forces. Uniforms always attracted him, but he was up for a new challenge.

After Depot, he served in Newfoundland and Labrador and then Nova Scotia, and in those small posts, he learned and honed his policing skills.

In 2007, a year-long training mission in Afghanistan caught Charles's attention. The mission's goal was to help develop the country, which included training, mentoring, and developing the Afghan National Police. Today's Afghanistan unfortunately doesn't always reflect that mission, despite the professionalism and contribution of Members like Charles.

Back in Canada, Charles joined the Prime Minister's Protection Detail in 2009 and from there transferred to the National Division Training Unit, where he's been since 2018. Once he got the mission "bug," he found it tough to shake (his first was in Somalia, with the CAF). A mission to Ukraine in 2021 offered a new opportunity to bring the skills and lessons he'd learned to a new country and culture. Unfortunately, that mission was cut short in early 2022 due to Russia's invasion.

Over his career, one that often blended the personal and professional, the mantra of "do no harm" has guided Charles, because he believes he should always leave any place he visits better than when he found it.

Charles Reddick est fier d'être membre de la GRC et de ses trois affectations internationales, qui lui ont permis de redonner aux collectivités.

Charles est né à Montréal, mais a grandi en Nouvelle-Écosse. Il s'est joint à la GRC en 1999 après 10 ans dans les Forces armées canadiennes. Les uniformes l'ont toujours attiré, mais un nouveau défi l'intéressait.

Après son passage à la Division Dépôt, il a servi à Terre-Neuve-et-Labrador et en Nouvelle-Écosse. Ces petites affectations lui ont permis de perfectionner ses compétences policières.

En 2007, une mission de formation d'un an en Afghanistan a retenu son attention. L'objectif était de contribuer au développement du pays en formant et en encadrant sa police nationale, mais ce pays ne récolte malheureusement plus les fruits des efforts déployés par les membres comme Charles.

Charles s'est ensuite joint au Peloton de protection du premier ministre en 2009, puis à l'unité de formation de la Division nationale en 2018. Il a rapidement eu la « piqûre » des missions; sa première était en Somalie avec les FAC. En 2021, une mission en Ukraine lui a offert l'occasion d'utiliser ses compétences, mais celle-ci a été annulée au début de 2022 en raison de l'invasion russe.

Dans sa carrière, qui a souvent mélangé sa vie personnelle à sa vie professionnelle, Charles a toujours eu comme devise « ne pas faire de mal ». Il croit qu'il devrait toujours laisser un endroit en meilleur état qu'à son arrivée.

Susan Richter, Cpl. / cap.

COCHRANE, AB /ALB.

Not long after the pandemic started, Susan Richter, a Watch Commander in Cochrane, Alberta, got a call from a woman who wanted to celebrate a birthday despite the lockdown. Would the RCMP drive by with their lights and sirens on? They did, and the reaction overwhelmed everyone—people up and down the street came out and clapped and cheered. In no time, these "siren parades" became regular events all over Cochrane.

"It was just something to uplift people's spirits," Susan says.

The parades quickly evolved into charitable events, with residents donating items for the local food bank. "We went with the fire department as well," Susan says. "People were standing out in their yards, banging pots and pans. Soon we had to bring three police trucks to carry all the donations we were getting!"

Interactions like that restored Susan's faith in humanity. Police officers often see people on their worst days, but they also see how people come together to help each other out when disaster strikes.

"A lot of people were really suffering then," Susan recalls. "There were job losses, illness, social isolation. And yet they were donating anything they had. Sometimes even a few cans in your cupboard can make a big difference."

"For me, it's times like that, when we're going through the worst of times, that we also see the best in people."

Peu après le début de la pandémie, Susan Richter, chef de veille à Cochrane, en Alberta, a reçu l'appel d'une femme qui souhaitait célébrer un anniversaire malgré le confinement. Et comment la GRC a-t-elle réagi? En passant devant la maison, toutes sirènes et tous feux allumés! Des gens ébahis sont même sortis pour applaudir. En un rien de temps, ces « défilés de sirènes » sont devenus des événements courants partout à Cochrane.

« Nous ne voulions qu'égayer les gens », affirme Susan.

Rapidement, les défilés se sont transformés en activités de bienfaisance permettant aux résidents de donner des articles à la banque alimentaire. « Nous avons aussi sollicité le service de lutte contre les incendies, poursuit Susan. Des gens se tenaient debout sur leur terrain, cognant sur des casseroles. Très vite, nous avons dû utiliser trois camions de police pour transporter tous les dons! »

Ces gestes ont redonné à Susan sa foi en l'humanité. Les policiers sont souvent témoins du pire, mais ils sont aussi aux premières loges pour voir des gens s'entraider quand une catastrophe frappe.

« Avec les pertes d'emploi, la maladie, l'isolement social, beaucoup de gens souffraient, se rappelle Susan. Pourtant, ils donnaient tout ce qu'ils pouvaient. Parfois, même quelques conserves peuvent changer une vie. »

« C'est dans des moments comme ça, alors que nous vivons le pire, que nous voyons tout ce qu'il y a de meilleur chez les gens. »

Jason Roy, Cpl. / cap.

MONCTON, NB / N.-B.

When you work in a job with a lot of negativity, it's important to have something that motivates you. Jason Roy is grateful that no matter where he is working in Canada, his fellow Members make it exciting to go into work every day. In a previous position in the training section, Jason was inspired by the countless Members from across the country committed to the cause and the excellence of the RCMP. Even after 14 years, he is still amazed that thousands of unique Members share the same values. "That's why you can walk into any place or go on a call where you don't know the Member you are paired with and guarantee they will do everything they can to have your back. They will fight until their last breath to save you if you are in trouble. That's pretty powerful."

The personal bonds created in the RCMP last a lifetime, and those formed at Depot are particularly special. Jason had a troopmate with whom he went through every challenge of Depot. He was posted to his home province, New Brunswick, while Jason was posted to Nova Scotia, and they've kept in touch over the years. As chance would have it, Jason was then posted to Moncton and found himself sitting across from his old troopmate and friend. "Fourteen years later, we are tied to the hip again."

Quand on occupe un emploi où il y a beaucoup de négativité, il est important que quelque chose vous motive. Jason Roy est reconnaissant que, peu importe où il travaille au Canada, ses collègues rendent chaque jour le travail passionnant. Dans un poste antérieur qu'il occupait à la section de la formation, Jason a été inspiré par les innombrables membres de partout au pays qui étaient engagés envers la cause et l'excellence de la GRC. Après 14 ans, il est toujours étonné que des milliers de membres partagent les mêmes valeurs. « C'est pourquoi on peut participer à une intervention avec un membre qu'on ne connaît pas et avec qui on est jumelé, et être certain que cette personne fera tout ce qu'elle peut pour vous soutenir. Elle se battra jusqu'à son dernier souffle pour vous sauver si vous êtes en difficulté. C'est assez puissant. »

Les liens personnels créés au sein de la GRC durent toute une vie, et ceux qui se forment à la Division Dépôt sont particulièrement spéciaux. Jason avait un camarade avec qui il a relevé tous les défis de la Division Dépôt. Il a été affecté dans sa province d'origine, le Nouveau-Brunswick, tandis que Jason a été affecté en Nouvelle-Écosse, et ils ont gardé le contact au fil des ans. Puis, par hasard, Jason a été affecté à Moncton et s'est retrouvé assis en face de ce même camarade. « Quatorze ans plus tard, nous sommes de nouveau inséparables. »

Nancy Saggar, Sgt./serg.

VICTORIA, BC / C.-B.

Admitting to post-traumatic stress disorder (PTSD) too often comes with stigma and fear for police officers. Many believe a diagnosis ends a career. Forced to deal with her own mental health several years ago, Nancy Saggar wants to change this perception.

She describes her experience with PTSD as being exactly the opposite. "Dealing with it allowed me not just to survive, but also to evolve, thrive, and do my job better than before."

After six years as a frontline officer in the city of Fort St. John, Nancy began suffering from anxiety and panic attacks, racing thoughts, and an overwhelming feeling of doom. At one point, she couldn't sleep without the lights on. After seeking help from a psychologist, she received a diagnosis. Extreme traumatic events over the past years—including several haunting investigations into child sexual abuse as well as suicides, car accidents, and crimes against persons—were impacting her mind and body.

Her psychologist suggested eye movement desensitization and reprocessing (EMDR) therapy, which reduces symptoms of trauma by changing how memories are stored in the brain. "It was a miracle," says Nancy. "I was able to sleep again."

Nancy continues to be an advocate for destigmatizing mental health. "RCMP Members need to speak up when they need help. Given the number of traumatic events they face, they have to understand that what they see is not normal."

Pour les policiers, reconnaître souffrir de stress post-traumatique (SPT) est trop souvent synonyme de stigmatisation et de crainte. Beaucoup croient qu'un diagnostic met fin à une carrière. Ayant dû composer avec des problèmes de santé mentale il y a plusieurs années, Nancy Saggar veut changer cette perception.

Son expérience du SPT est tout le contraire. « Y faire face m'a permis de survivre, mais aussi d'évoluer, de m'épanouir et de faire mon travail mieux qu'auparavant. »

Après six ans comme agente de première ligne à Fort St. John, Nancy a commencé à souffrir d'anxiété et de crises de panique, de tachypsychie et d'un sentiment de malheur imminent. Au point qu'elle ne pouvait dormir qu'avec la lumière allumée. Après avoir consulté un psychologue, elle a reçu un diagnostic. Des événements extrêmement traumatisants au cours des dernières années – enquêtes obsédantes sur des agressions sexuelles d'enfants, suicides, accidents de voiture, crimes contre la personne – ont fragilisé son corps et son esprit.

Son psychologue a proposé l'intégration neuro-émotionnelle par les mouvements oculaires (EMDR) qui réduit les symptômes du traumatisme en modifiant la façon dont les souvenirs sont stockés dans le cerveau. « C'était miraculeux, affirme Nancy. J'ai pu dormir de nouveau. »

Nancy continue de prôner la déstigmatisation de la santé mentale. « Les membres de la GRC doivent s'exprimer lorsqu'ils ont besoin d'aide. Vu le nombre d'événements traumatisants auxquels ils font face, ils doivent comprendre que ce dont ils sont témoins n'est pas normal. »

Jason Sammoun, Cst. / gend.

LADYSMITH, BC / C.-B.

Jason Sammoun had been a police officer for only seven months when a suspect on the run deliberately drove his truck into Jason's police car. That was nine years ago, and Jason has been struggling with the physical and mental injuries he suffered ever since.

Two years after the incident, Jason experienced a breakdown and found himself lying on the floor in the fetal position, crying uncontrollably. "In that moment, there was this box of black, negative thoughts closing in on me," he recalls. "I grabbed my gun and loaded it, racked a bullet. I was ready to shoot myself."

Luckily, his wife, a fellow Member, heard the noise and called out to ask if he was okay. He put the gun away and pretended he was playing a video game.

It's been a long journey back, but thanks to support, counselling, and a lot of willpower, Jason is back on the job and fully operational. And his struggles have given him a deep understanding of mental health issues, so he can relate to others facing these demons in a way he never could before. "I understand them; it gave me more tools," he says.

As well as his police work, Jason runs a challenge coin group and shares short videos of his rope-skipping talents. He is always the first to raise his hand when someone is in crisis and works to motivate his fellow Members to want to do more every day to make the world a little better for everyone.

Jason Sammoun était policier depuis peu lorsqu'un suspect en fuite a délibérément heurté sa voiture de police avec son camion. C'était il y a neuf ans et, depuis, Jason tente de se remettre de ses blessures physiques et mentales.

Deux ans après l'incident, Jason s'est effondré, pleurant sans pouvoir s'arrêter, couché sur le sol. « À ce moment-là, une boîte de pensées noires se refermait sur moi, se souvient-il. J'ai saisi mon arme et je l'ai chargée. J'étais prêt à en finir. »

Heureusement, son épouse, elle aussi membre de la GRC, a entendu le bruit et a crié pour lui demander si tout allait bien. Il a rangé l'arme et fait semblant qu'il jouait à un jeu vidéo.

Le parcours a été long, mais grâce à des services psychologiques et à beaucoup de volonté, Jason a pu reprendre ses tâches normales au travail. Toutes les difficultés qu'il a surmontées l'ont rendu sensible à ce que vivent les personnes souffrant de problèmes de santé mentale. « Ce que j'ai vécu m'a outillé pour les comprendre. »

En plus de son travail de policier, Jason s'occupe d'un groupe d'amateurs de jetons de collection et il publie des vidéos de ses exploits de saut à la corde. Il est toujours là, prêt à aider quelqu'un qui est en crise. Et, chaque jour, il pousse ses collègues à en faire plus afin de rendre le monde un peu meilleur pour tous.

Janelle Samoila, Cpl. / cap.

PRINCE ALBERT, SK / SASK.

It was in the small northern community of Dillon, Saskatchewan, that Janelle Samoila discovered her passion for solving crimes. When the Forensic Identification Services (FIS) and Major Crimes Unit arrived to investigate a homicide, Janelle, a four-year General Duty Member at the time, was assigned to the team documenting and seizing exhibits. Janelle observed these specialized Members working through their investigation with incredible attention to detail and discovered the satisfaction of being able to contribute to solving major crimes. This case ignited the interest that ultimately led her to put her name forward for an FIS position in 2006.

Five months after finishing her training and becoming a forensic identification specialist, Janelle suffered a stroke. She found herself in rehab, needing to relearn how to walk and talk. Being so new to FIS, she was extremely determined to get back to work. She worked hard through her recovery and gradually resumed her full-time duties approximately a year and a half after her stroke.

"This made me realize that I can do anything I set my mind to. It sounds cliché, but I couldn't even walk or speak properly. I would tell others who are going through something similar to take the time to heal, but work hard and get back to where you want to be."

C'est dans la collectivité de Dillon, en Saskatchewan, que Janelle Samoila a découvert sa passion pour la résolution de crimes. Lorsque les Services des sciences judiciaires et de l'identité (SSJ&I) et le Groupe des crimes majeurs sont arrivés pour enquêter sur un homicide, Janelle, alors membre des services généraux, a été affectée à l'équipe chargée de documenter et de saisir les pièces à conviction. Janelle a observé que ces membres faisaient enquête avec un souci du détail incroyable et a découvert la satisfaction de contribuer à la résolution de crimes graves. Cette affaire a suscité l'intérêt qui l'a finalement amenée à se porter candidate à un poste au sein des SSJ&I en 2006.

Cinq mois après être devenue spécialiste de l'identification médico-légale, Janelle a subi un accident vasculaire cérébral. Elle s'est retrouvée en réadaptation et a dû réapprendre à marcher et à parler. Arrivée depuis si peu au sein des SSJ&I, elle était extrêmement déterminée à retourner au travail. Elle a travaillé fort tout au long de son rétablissement et a graduellement repris ses fonctions à temps plein environ un an et demi après son accident vasculaire cérébral.

« Cela m'a fait constater que je pouvais faire tout ce que je voulais. Ça peut sembler cliché, mais je ne pouvais même pas marcher ni parler correctement. Je dirais aux personnes qui vivent une situation semblable de prendre le temps de guérir, mais de travailler fort pour retourner là où elles veulent être. »

The National Police Federation Honour Roll

Tableau d'honneur de la Fédération de la police nationale

RCMP Members put their lives on the line for Canadians every shift as they work to make Canada a safer place. We remember and honour those who gave their lives serving their country and communities over the last 150 years. These selfless and heroic Members will never be forgotten.

To learn more about these heroes, please visit npf-fpn.com/rcmp-memorial.

To support the families of fallen on-duty, off-duty, and serving NPF Members, the National Police Federation Benevolent Foundation (NPFBF) was launched in 2020. The Foundation provides immediate financial and other supports to the family following the death of a serving Member and manages public and Member contributions to support fallen NPF Member families, as well as providing post-secondary funding for students studying public safety. To support the Foundation, please visit npf-fpn.com/benevolent-foundation.

Les membres de la GRC mettent leur vie en danger pour les Canadiens à chaque quart de travail afin de faire du Canada un endroit plus sécuritaire. Nous nous souvenons et rendons hommage à ceux qui ont perdu la vie au service de leur pays et de leur communauté au cours des 150 dernières années. Ces membres altruistes et héroïques ne seront jamais oubliés.

Pour en savoir plus sur ces héros, veuillez visiter npf-fpn.com/fr/memorial-de-la-grc.

La Fondation de bienfaisance de la Fédération de la police nationale (FBFPN) a été lancée en 2020 pour soutenir les familles des membres actifs de la FPN décédés en service ou hors service. La Fondation fournit un soutien financier immédiat et d'autres formes d'appui à la famille après le décès d'un membre en service, gère les contributions du public et des membres pour aider les familles des membres de la FPN décédés, et assure un financement postsecondaire aux étudiants qui étudient en sécurité publique. Pour soutenir la Fondation, veuillez visiter npf-fpn.com/fr/fondation-de-bienfaisance.

Shaelyn (Tzu-Hsin) Yang, Cst./gend. 18/10/2022
Shelby Chance Patton, Cst./gend. 12/06/2021
Heidi Jill Stevenson, Cst./gend. 19/04/2020
Allan Douglas Poapst, Cst./gend. 13/12/2019
Francis Bertrand Deschênes, Cst./gend. 12/09/2017
Richer Dubuc, Cst./gend. 06/03/2017
Sarah Anne Beckett, Cst./gend. 05/04/2016
David Matthew Wynn, Cst./gend. 21/01/2015
Fabrice Georges Gevaudan, Cst./gend. 04/06/2014
Douglas James Larche, Cst./gend. 04/06/2014
Dave Joseph Ross, Cst./gend. 04/06/2014
Adrian Johann Oliver, Cst./gend. 13/11/2012
Derek William Henry Pineo, Cst./gend. 20/07/2012
Michael Bernard Potvin, Cst./gend. 13/07/2010
Chelsey Alice Robinson, Cst./gend. 21/06/2010
Douglas Edward Coates,
     C/Supt./surint. pr. 16/01/2010
Mark Charles Gallagher, Sgt./serg. 12/01/2010
James Lloyd Lundblad, Cst./gend. 05/05/2009
Douglas Allen Scott, Cst./gend. 05/11/2007
Christopher John Worden, Cst./gend. 06/10/2007
Marc Joseph Denis Bourdages,
     Cst./gend. 16/07/2006
Robin Lynelle Cameron, Cst./gend. 15/07/2006
José Manuel Agostinho, Cst./gend. 04/07/2005
Joseph Martial Maurice Jean Minguy,
     Cst./gend. 03/06/2005
Anthony Fitzgerald Orion Gordon,
     Cst./gend. 03/03/2005
Lionide (Leo) Nicholas Johnston,
     Cst./gend. 03/03/2005
Brock Warren Myrol, Cst./gend. 03/03/2005
Peter Christopher Schiemann, Cst./gend. 03/03/2005
Glen Gregory Evely, A/Cst./g.a. 13/11/2004
James Wilbert Gregson Galloway,
     Cpl./cap. 28/02/2004
Joseph Léo Ghislain Maurice, Cst./gend. 10/06/2003

Dennis Edward Massey, Supt./surint. 18/12/2002
Jimmy Ng, Cst./gend. 15/09/2002
Wael Toufic Audi, Cst./gend. 29/03/2002
Christine Elizabeth Diotte, Cst./gend. 12/03/2002
Dennis Douglas Strongquill, Cst./gend. 21/12/2001
Peter Magdic, Cst./gend. 18/11/2001
Jurgen Siegfried Seewald, Cst./gend. 5/03/2001
Edwin Michael Mobley, Sgt./serg. 15/08/2000
Timothy James Nicholson, S/Cst./g.s. 15/08/2000
Joseph Ernest Jean-Guy Daniel Bourdon,
     Cst./gend. 07/05/1999
Graeme Charles Cumming, Cpl./cap. 12/08/1998
Gerald Fortis, Cst./gend. 25/12/1997
Joseph Luc François Carrière, Cst./gend. 30/11/1997
Leo Tyler Francis, Cst./gend. 05/07/1996
Derek Cameron Burkholder, Sgt./serg. 14/06/1996
Joseph Ernest André Claude Gagné,
     Cst./gend. 06/09/1995
Norman Harry Atkins, Cst./gend. 08/07/1995
Brent Harold Veefkind, Cst./gend. 11/03/1993
Joseph Ernest (Sam) Balmer, A/Cst./g.a. 28/08/1992
Christopher Colin Riglar, Cst./gend. 28/09/1991
Brian John Hutchinson, Cst./gend. 16/08/1991
Gerald Vernon Maurice Breese,
     Cst./gend. 24/10/1990
Nancy Marie Puttkemery, S/Cst./g.s. 09/12/1989
Vincent Norman Timms, S/Cst./g.s. 09/12/1989
Della Sonya Beyak, Cst./gend. 15/03/1989
Derek John Flanagan, Cpl./cap. 20/02/1989
Gordon Zigmund Kowalczyk, S/Cst./g.s. 26/01/1987
Scott Gordon Berry, Cst./gend. 29/06/1986
Frederick Allan Abel, A/Cst./g.a. 04/04/1986
Budd Maurice Johanson, Cpl./cap. 04/04/1986
Robert William Cochrane Thomas,
     S/Cst./g.s. 06/03/1986
Wayne Philip Boskill, S/Cst./g.s. 08/01/1986
James Frederick Wilson, S/Cst./g.s. 08/01/1986

Joseph Eddy Mario Tessier, Cst./gend. 27/12/1985
Michael Joseph Buday, Cst./gend. 19/03/1985
Allen Garry Giesbrecht, Cst./gend. 13/01/1985
Robert Charles Anderson, Cst./gend. 04/05/1984
Francis Eugene Jones, Cpl./cap. 14/12/1983
Wayne Graham Myers, S/Cst./g.s. 14/12/1983
Daniel Lincoln Keough, Cst./gend. 27/10/1983
Richard Allan Bourgoin, Cst./gend. 31/08/1983
Douglas Ambrose Mark Butler, Cst./gend. 16/10/1982
Barry Flynn McKinnon, Cst./gend. 16/12/1981
James Franklin Thomas, Cst./gend. 31/08/1981
Ole Roust Larsen, Cpl./cap. 11/08/1981
Thomas James Agar, Cst./gend. 19/09/1980
Richard John Sedgwick, Cst./gend. 16/08/1980
Dennis Lenard Fraser, A/Cst./g.a. 04/06/1980
Roy John William Karwaski, Cst./gend. 24/05/1980
Gordon Alfred Brooks, Cst./gend. 12/11/1979
Ningeoseak Etidloi, S/Cst./g.s. 12/11/1979
Joseph Léon Michel Doucet, Cst./gend. 18/08/1979
Mark Percy McLachlan, Cst./gend. 02/02/1979
Lindberg Bruce Davis, Cst./gend. 08/01/1979
Thomas Brian King, Cst./gend. 25/04/1978
William Iraneus Seward, Cst./gend. 15/02/1978
Dennis Anthony Onofrey, Cst./gend. 23/01/1978
Joseph Perry Brophy, Cst./gend. 06/01/1978
Barry Warren Lidstone, Cpl./cap. 06/01/1978
George David Foster, S/Cst./g.s. 04/09/1977
Dennis Modest Nicklos Shwaykowski,
    Cst./gend. 06/04/1977
John Brian Baldwinson, Cst./gend. 28/10/1975
John Terrance Draginda, Cst./gend. 29/09/1974
Joseph Michel Benoit Létourneau,
    Cst./gend. 02/04/1974
Joseph Henri Clément Tremblay,
    Cst./gend. 02/04/1974
Roger Emile Pierlet, Cst./gend. 29/03/1974
Michael Robert Mason, Cst./gend. 26/11/1971

Harold Stanley Seigel, Cst./gend. 26/09/1971
Derek Thomas Ivany, Cst./gend. 25/06/1971
James Aldridge O'Malley, Sgt./serg. 28/10/1970
Douglas Bernard Anson, Cst./gend. 09/10/1970
Robert James Schrader, Sgt./serg. 09/10/1970
William Joseph Green, Cst./gend. 04/10/1970
Terry Gerrard Williams, Cpl./cap. 08/06/1969
James Alexander Kerr,
    2/Cst./gend. 2e classe 11/12/1968
George Ronald Hawkins,
    Cpl./cap. 06/06/1968
Robert William Varney,
    3/Cst./gend. 3e classe 17/08/1967
Donald Archibald Harvey, Cpl./cap. 23/06/1967
Terry Eugene Tomfohr,
    3/Cst./gend. 3e classe 03/06/1967
Gordon Donald Pearson, Cst./gend. 22/11/1966
Philip John Francis Tidman,
    3/Cst./gend. 3e classe 20/04/1966
Thomas Percy Carroll, Cst./gend. 11/02/1966
Kenneth Kornelson, Cst./gend. 17/05/1965
Neil McArthur Bruce, Cst./gend. 14/04/1965
David Brian Robinson, Cst./gend. 02/02/1965
Reginald Wayne Williams,
    3/Cst./gend. 3e classe 19/12/1964
Robert Weston Amey, Cst./gend. 17/12/1964
Ervin Jack Giesbrecht, Cpl./cap. 20/06/1964
Joseph Pierre François Dubois, Cst./gend. 03/01/1964
William John David Annand, Cst./gend. 13/07/1963
Robert William Asbil, Cpl./cap. 13/07/1963
Proctor Laurence Anthony Malcolm,
    Cst./gend. 13/07/1963
Kenneth Morley Laughland, Sgt./serg. 13/07/1963
James Walter Foreman, Cst./gend. 24/04/1963
Archille Octave Maxime Lepine,
    Cst./gend. 19/07/1962
Elwood Joseph Keck, Cst./gend. 18/06/1962

Gordon Eric Pedersen, Cst./gend. 18/06/1962
Donald George Weisgerber, Cst./gend. 18/06/1962
Joseph Thor Thompson, Cst./gend. 18/12/1961
Wayne Sinclair, Cst./gend. 17/09/1961
Ronald Arthur Ekstrom, Cst./gend. 22/04/1961
Colin Eric Lelliott, Cst./gend. 12/01/1960
John Terrence Hoey, 3/Cst./gend. 3e classe
    07/11/1958
Joseph Edouard Raymond Cormier,
    S/Cst./g.s. 06/08/1958
Stanley Samuel Rothwell, S/Sgt./s.é.-m. 06/08/1958
Richard William Green, Cst./gend. 06/08/1958
Carl Lennart Sundell,
    Cst./gend. 14/07/1958
Glen Frederick Farough,
    2/Cst./gend. 2e classe 07/06/1958
Maurice Melnychuk,
    2/Cst./gend. 2e classe 07/06/1958
George Herbert Edward Ransom,
    2/Cst./gend. 2e classe 07/06/1958
David Melvyn Perry,
    2/Cst./gend. 2e classe 07/06/1958
Herbert Milton Smart, Cpl./cap. 07/06/1958
John Roland Cobley, Cst./gend. 05/01/1957
Henry Charles Allington Chandler, 2/Cst./gend.
    2e classe 15/06/1956
William Lawrence Melsom, Cst./gend. 08/02/1956
David James McCombe, Insp./insp. 12/12/1955
Charles William Reay, Cst./gend. 06/10/1955
Roy Eldon Laird, Cst./gend. 26/08/1955
Douglas Earl Ferguson, Cst./gend. 17/09/1954
Andrew Ooyoumut, S/Cst./g.s. 21/07/1954
Ronald Charles Bloomfield, Cst./gend. 09/07/1954
Joseph Kasimir Sander, Cst./gend. 09/07/1954
Stephen Kasper, Cst./gend. 11/05/1953
Herschel Taylor Wood, Cst./gend. 16/07/1950
Alexander Gamman, Cst./gend. 26/05/1950

Carl Frizzle Wilson, Cst./gend. 09/09/1948
James Boyd Henderson,
    2/Cst./gend. 2e classe 07/08/1948
Wilfred James Cobble, Cst./gend. 04/12/1946
Donald Gilbert Stackhouse, Cst./gend. 31/05/1944
John Francis Joseph Nelson, Cst./gend. 22/05/1944
Kenneth Laurence d'Albenas, Cst./gend. 15/05/1944
Gordon Evan Bondurant, Cst./gend. 08/01/1944
Edison Alexander Cameron, Cst./gend. 28/12/1943
David Charles Gardner Moon, Cst./gend. 28/12/1943
Terence Graham Newcomen Watts,
    Cst./gend. 28/12/1943
Maurice Powers, Surgeon/chirurgien 20/10/1943
James Harvard Delamere Bedlington,
    Cst./gend. 30/04/1943
Laurance Percival Ryder, Cpl./cap. 20/01/1943
John Willard Bonner,
    Master/commandant de navire 11/09/1942
Peter Seddon Oliver, Cst./gend. 19/08/1942
Albert Joseph Chartrand, Cst./gend. 13/02/1942
Patrick Reginald Fairburn Milthorp,
    1st Officer/premier lieutenant 10/02/1942
Charles Floyd Patterson, Cst./gend. 25/11/1941
Joseph Henry Kent, S/Cst./g.s. 05/11/1941
Louis Roméo Dubuc, Sgt./serg. 27/09/1941
Henry Clare Jarvis, S/Cst./g.s. 15/07/1941
Charles James Johnstone, Cst./gend. 01/05/1941
Daniel Everett Gillis,
    Eng. 3rd Class/ing. 3e classe 26/03/1941
Harry G. Rapeer, Cst./gend. 23/05/1940
Frederick Gordon Frank Counsell,
    Cst./gend. 22/05/1940
Arthur Julian Barker, Sgt./serg. 16/03/1940
Norman Alfred Gleadow, Cst./gend. 11/10/1939
Willis Edward Rhodeniser, Cst./gend. 26/08/1939
William George Boorman, Cst./gend. 26/05/1937
George Edward Horan, Cst./gend. 10/03/1937

Daniel Miller, Cst./gend. 14/10/1935
George Campbell Harrison, Cst./gend. 08/10/1935
Thomas Sellar Wallace, Sgt./serg. 08/10/1935
John George Shaw, Cst./gend. 05/10/1935
Michael Moriarty, Cpl./cap. 26/04/1935
Lorne James Sampson, Insp./insp. 08/05/1933
John Lorne Halliday, Cpl./cap. 14/10/1932
Leonard Victor Ralls, Cpl./cap. 05/07/1932
Edgar Millen, Cst./gend. 30/01/1932
Donald Ross Macdonell, Cst./gend. 19/04/1931
Norman Massan, S/Cst./g.s. 19/04/1931
Richard Henry Nicholson, Sgt./serg. 31/12/1928
Frederick Rhodes, Cst./gend. 06/12/1926
Leo Francis Cox, Cst./gend. 26/06/1925
Ian M. Macdonald, Cst./gend. 18/08/1924
William Andrew Doak, Cpl./cap. 01/04/1922
Arthur George Searle, Sgt./serg. 15/05/1921
Ernest Usher, Cpl./cap. 07/08/1920
Donald Forbes, Sgt./serg. 17/07/1920
George Henry Leopold Bossange,
    S/Sgt./s.é.-m. 21/06/1919
Alexander Lamont, Cst./gend. 16/02/1918
Michael James Fitzgerald, Cst./gend. 27/08/1913
Maxwell George Bailey, Cpl./cap. 23/04/1913
Francis Walter Davies, Cst./gend. 03/06/1912
Samuel Carter, S/Cst./g.s. 14/02/1911
Francis Joseph Fitzgerald, Insp./insp. 14/02/1911
George Frances Kinney, Cst./gend. 14/02/1911
Richard O'Hara Taylor, Cst./gend. 14/02/1911
Ralph Morton L. Donaldson, Sgt./serg. 14/08/1908
George Ernest Willmett, Cst./gend. 12/04/1908
Walter Stafford Flood,
    Assistant Surgeon/aide-chirurgien 29/11/1906
Alexander Gardner Haddock, Cpl./cap. 14/06/1906
Thomas Robert Jackson, Cst./gend. 08/06/1906
Joseph Russell, Cst./gend. 05/07/1905
Arthur F.M. Brooke, S/Sgt./s.é.-m. 26/09/1903

Stick Sam, S/Cst./g.s. 29/07/1903
Norman Malcolm Campbell, Cst./gend. 26/12/1901
Spencer Gilbert Heathcote, Cst./gend. 26/12/1901
Charles Horne Stirling Hockin, Cpl./cap. 29/05/1897
John Randolph Kerr, Cst./gend. 28/05/1897
William Brock Wilde, Sgt./serg. 10/11/1896
Oscar Alexander Kern, Cst./gend. 27/04/1896
Colin Campbell Colebrook, Sgt./serg. 29/10/1895
James Herron, Cst./gend. 02/03/1891
William Tyrrell Reading, Cst./gend. 14/12/1890
Harry Oliver Morphy, Cpl./cap. 09/09/1890
George Quiqueran Rene Saveuse DeBeaujeu,
    Cst./gend. 08/09/1890
Albert Ernest Garland Montgomery,
    Sgt./serg. 10/08/1890
Alfred Perry, Cst./gend. 08/06/1889
Frank Orlando Elliott, Cst./gend. 14/05/1885
William Hay Talbot Lowry, Cpl./cap. 03/05/1885
Patrick Burke, Cst./gend. 03/05/1885
Ralph Bateman Sleigh, Cpl./cap. 02/05/1885
David Latimer Cowan, Cst./gend. 15/04/1885
George Pearce Arnold, Cst./gend. 27/03/1885
George Knox Garrett, Cst./gend. 27/03/1885
Thomas James Gibson, Cst./gend. 26/03/1885
Adam Wahl, Cst./gend. 25/05/1882
George Hamilton Johnston, Cst./gend. 23/05/1882
Claudius S. Hooley, Cst./gend. 24/07/1880
Marmaduke Graburn, Cst./gend. 17/11/1879
George Mahoney, Sub. Cst./sous-const. 19/06/1877
John Nash, Sub. Cst./sous-const. 11/03/1876

Tania Saunders, Cst. / gend.

COQUITLAM, BC / C.-B.

For police officers like Tania Saunders, riding a motorcycle for personal use and riding one for the RCMP are two very different experiences. One main difference is that RCMP motorcycles are bigger, heavier, and more difficult to manoeuvre than most recreational bikes. Motorcycle officers must also be more alert than those riding for fun, since they're constantly looking around for safety hazards or traffic violations.

Still, Tania prefers the RCMP motorcycle over the classic cruiser; it's more comfortable, especially when she's in full uniform. Being on two wheels gives officers like her more flexibility to do their job.

"There's more accessibility—if something comes up, you can weave in and out of traffic more easily to get to a scene," says Tania, the only female motorcycle Member with the RCMP in Coquitlam and one of only a few in Canada.

While Tania has been riding motorcycles since she was a kid in Alberta, she didn't start her quest to become a motorcycle officer until 2015, more than a decade after joining the RCMP. The training was tough but a challenge she welcomed, given her love for travelling on two wheels. She completed it in 2021.

"I love the freedom of being on the bike and outdoors," says Tania. People also tend to be friendlier when she's in uniform on the bike. "Families come up with their kids and ask, 'Can we take a look at your bike?' It's pretty cool."

Pour des agents comme Tania Saunders, conduire une moto à des fins personnelles et en conduire une pour la GRC sont deux expériences très différentes. Les motos de la GRC sont plus grosses, plus lourdes et plus difficiles à manœuvrer que la plupart des modèles récréatifs. Les agents à moto doivent aussi être plus vigilants que les autres motocyclistes puisqu'ils sont constamment à l'affût de dangers ou d'infractions routières.

Malgré tout, Tania préfère les motos de la GRC aux voitures de patrouille. Elle les trouve plus confortables, surtout lorsqu'elle est en uniforme. De plus, les agents sur deux roues ont plus de souplesse pour accomplir leur travail.

« On a plus de possibilités. Si quelque chose survient, on peut se faufiler plus facilement dans la circulation », explique Tania, la seule femme à moto de la GRC à Coquitlam et l'une des rares au Canada.

Tania aime la moto depuis son enfance, en Alberta. Mais ce n'est qu'en 2015, soit une décennie après son arrivée à la GRC, qu'elle a désiré devenir agente à moto. L'entraînement a été difficile, mais elle a relevé le défi avec joie, car elle adore se déplacer sur deux roues. Elle a terminé sa formation en 2021.

« J'aime la liberté d'être à moto et à l'extérieur. » Les gens ont tendance à être plus sympathiques lorsqu'elle est en uniforme sur sa moto. « Les familles viennent me voir et me demandent si les enfants peuvent regarder ma moto. C'est plutôt génial. »

Ray (centre), along with other Members from
the RCMP Reintegration Program
Ray (au centre), avec d'autres membres du
Programme de réintégration sociale de la GRC

272

Ray Savage, S/Sgt. / s.é.-m.

EDMONTON, AB /ALB.

Being an RCMP officer means being exposed to stressful, scary, and violent situations that can impact the Members involved both physically and mentally. Ray Savage, a Staff Sergeant in Alberta, is no stranger to this in his capacity as the National Coordinator for the Reintegration Program, a Member-led program that has emerged as the standard for peer support care in the RCMP. Reintegrations are interactive sessions with Members who have been involved in critical incidents or on an extended absence from operational duties. They help Members regain confidence in their skills in a safe and respectful manner.

The non-evaluative program takes many different forms, each one tailored to the needs of the Member. Sessions could involve reacquainting the Member with their intervention options by slowly introducing them to a firearms range or recreating scenarios they experienced to identify potential stressors, all while being supported by facilitators on the reintegration team.

The program works at the Member's pace and progresses when they feel comfortable. The process could be completed in one day or over several sessions. More than 300 RCMP Members have gone through the process, and Ray has seen first-hand the success it brings and the gaps it fills for their well-being, which has been incredibly rewarding for him.

Les agents de la GRC sont souvent exposés à des situations stressantes, effrayantes et violentes qui peuvent avoir des répercussions physiques et mentales sur eux. Ray Savage, sergent d'état-major en Alberta, connaît bien cette réalité. Il est coordonnateur national du programme de réintégration, qui est dirigé par les membres et est devenu la norme en matière de soutien par les pairs à la GRC.

Le programme de réintégration s'adresse à des membres qui ont été impliqués dans de graves incidents ou à la suite d'une absence prolongée au travail. Ces séances interactives aident ces membres à reprendre confiance en leurs compétences, de façon sécuritaire et respectueuse.

Le programme peut prendre de nombreuses formes et il est adapté aux besoins de chaque membre. Les séances peuvent réapprendre à un membre ses options d'intervention, par exemple en le réintroduisant lentement à un champ de tir ou en recréant une situation vécue. Il s'agit de cerner les facteurs de stress potentiels, tout en offrant l'appui des facilitateurs de l'équipe de réintégration.

Le programme s'adapte au rythme du membre et progresse au fur et à mesure de son évolution, jusqu'à ce qu'il se sente à l'aise. Le processus peut durer une journée comme il peut s'étaler sur plusieurs séances. Plus de trois cents membres de la GRC ont eu recours au programme. Ray a pu constater son succès et les bienfaits qu'il apporte aux membres. Pour lui, c'est incroyablement gratifiant.

Robert Sayer, Cpl. /cap.

SURREY, BC / C.-B.

When a colleague needed help with a powerful cause, Robert Sayer, with the Integrated Forensic Identification Services, was able to do just that by reviving historical photos from the 1950s.

Robert's colleague, Sergeant Elenore Sturko, needed help bringing an important story to life. The story was about her uncle, Sergeant Dave Van Norman, a gay RCMP Member who was forced to resign in 1964 as part of the LGBT Purge in Canada. When Elenore brought Robert the photo journal from the 1950s, he was immediately captivated by the incredible work Van Norman had done as a Member serving in Pond Inlet, Nunavut, all those years ago. His photo journal held many pictures, but they were brittle, starting to crack, and needed to be digitized. Robert restored 40 to 50 photos, colourizing and digitizing them using his Photoshop skills and forensic background, all during his time off.

"They did everything back then," Robert says. "They were police, dentists, doctors, worked at trading posts, and more. It was a very different world from what we know today in policing. The best part about that story was that despite the difficulties he faced as a gay RCMP Member, he was still a Mountie and wanted to do the best job he could, just like the rest of us."

Since Dave Van Norman's forced resignation from the RCMP, the government has publicly apologized for the LGBT Purge, and a book about his life, *Paanialuk: The Tall One—Remembering Sergeant Dave Van Norman*, has received an incredible amount of praise from the media after being published in December 2021.

Lorsqu'une collègue a eu besoin d'aide pour une grande cause, Robert Sayer, du Service intégré de l'identité judiciaire, lui a donné un coup de main en restaurant des photos historiques des années 1950.

Cette collègue, la sergente Elenore Sturko, voulait redonner vie à une histoire importante. Celle de son oncle, le sergent Dave Van Norman, un membre gai de la GRC forcé de démissionner en 1964, lors de la purge LGBT au Canada. Lorsqu'Elenore lui a apporté ces photos de l'époque, Robert a été captivé par le travail formidable que Van Norman avait accompli pendant son affectation à Pond Inlet au Nunavut. Les photos étaient fragiles, commençaient à craqueler et devaient être numérisées. Grâce à sa maîtrise de Photoshop et à ses compétences en sciences judiciaires, Robert a numérisé et colorisé de 40 à 50 photos pour les restaurer dans ses temps libres.

« Ils faisaient tout à l'époque, dit Robert. Ils étaient policiers, dentistes, médecins, travaillaient dans des postes de traite, etc. Les services de police étaient différents de ce qu'ils sont aujourd'hui. Le plus beau dans cette histoire, c'est que, malgré ses difficultés en tant que membre de la GRC homosexuel, il était fier d'être de la police montée et voulait faire de son mieux, comme nous tous. »

Depuis la démission de Dave Van Norman, le gouvernement a présenté des excuses publiques pour la purge LGBT. Publié en décembre 2021, un livre sur sa vie, *Paanialuk : The Tall One: Remembering Sergeant Dave Van Norman*, a reçu les éloges des médias.

Carmela Schneider, Sgt. / serg.

PRINCE ALBERT, SK / SASK.

When the RCMP comes to mind, most think of uniformed officers. Behind the uniform, however, are Members overseeing inspections, operations, and services. Their role is to ensure frontline Members have the equipment, resources, and support needed to deal with everything from daily needs to major events and high-priority calls.

This is all in a day's work for Carmela Schneider and her seven-member team. After 26 years in uniformed policing, she now serves as Advisory Non-Commissioned Officer to the North District Management Team. Carmela has 32 detachments under her care. Her team, for example, was involved in investigating the Humboldt Broncos bus crash, the Dene High School shooting in La Loche, and the 2015 northern wildfires.

A self-described "Ukrainian farm girl from Saskatchewan," Carmela is known for her kindness, compassion, and hard work. An advocate for proactive community services, she was the first RCMP officer selected to The Hub, Saskatchewan's flagship model for community safety, designed to provide an integrated response to at-risk populations.

Carmela can't say enough about today's frontline officers. The social issues and levels of violence are much more extreme than they were 20 years ago, and the work can be overwhelming.

"The best part of my job," she says, "is getting out in the field to connect with the Members and let them know someone has their back. I'm so proud of the work they do each day."

Quand on pense à la GRC, on pense surtout aux agents en uniforme. Derrière l'uniforme toutefois, il y a des membres qui supervisent les inspections, les opérations et les services. Ils s'assurent que les membres de première ligne ont l'équipement, les ressources et le soutien nécessaires pour répondre à tous, des besoins quotidiens aux événements majeurs et aux appels hautement prioritaires.

C'est le travail normal pour Carmela Schneider et les sept membres de son équipe. Police en uniforme pendant vingt-six ans, elle est maintenant sous-officière-conseil auprès de l'équipe de gestion du district du Nord et responsable de trois détachements. Son équipe a enquêté sur l'accident d'autocar des Broncos de Humboldt, la fusillade de La Loche et les feux de forêt de 2015 dans le Nord.

Se qualifiant de « fille ukrainienne élevée dans une ferme de la Saskatchewan », Carmela est reconnue pour sa gentillesse, sa compassion et son excellent travail. Défenseure des services communautaires proactifs, c'est la première agente de la GRC à avoir été choisie pour appliquer le MIRC, modèle phare de sécurité communautaire en Saskatchewan qui fournit une intervention intégrée aux populations à risque.

Carmela ne tarit pas d'éloges sur les agents de première ligne d'aujourd'hui. Les problèmes sociaux et la violence sont plus extrêmes qu'il y a vingt ans, et le travail peut être accablant.

« Le plus satisfaisant dans mon travail, dit-elle, c'est d'aller sur le terrain pour rencontrer les membres et leur dire qu'on les appuie. Je suis très fière du travail qu'ils font chaque jour. »

Scotty Schumann, Cpl. / cap.

SURREY, BC / C.-B.

A trailblazing program developed for the RCMP in Surrey has become a gold standard on how police and community partners can work together to support our most vulnerable citizens. Police across the province routinely seek advice from the Police Mental Health Outreach Team's (PMHOT) Members for setting up similar units in their communities. Scotty Schumann has been a member of that team since 2018.

The unit's work exemplifies an evolution in policing over the past decade, providing outreach and support rather than enforcement for those struggling due to a lack of social supports. For example, when the unit's "Car 67" receives a call, a uniformed RCMP Member and a clinical nurse specializing in mental health work together to de-escalate situations, provide crisis intervention, and connect people to community services and supports.

"We can't arrest ourselves out of homelessness, addiction, and mental health," says Scotty. "But we can support people by being one spoke in a network of services." For the PMHOT, that network includes 20 partner agencies. "Our work is 24/7 because the issues don't go away," says Scotty. In 2020, the unit received 7,633 calls. That same year, Scotty received an RCMP Veterans' Award for his exemplary service.

A 21-year Member of the RCMP, Scotty has found his niche in policing. "The small ways we help those who are marginalized can be very impactful," he says. "It's the most satisfying work I've ever had."

Un programme avant-gardiste de la GRC à Surrey est devenu une référence en matière de collaboration entre la police et les partenaires communautaires pour soutenir nos citoyens les plus vulnérables. Depuis 2018, Scotty Schumann fait partie de l'Équipe policière de sensibilisation en santé mentale (EPSSM), qui donne régulièrement des conseils aux services de police de toute la province qui cherchent à établir des unités semblables dans leurs collectivités.

L'unité illustre bien l'évolution des services de police de la dernière décennie; elle offre de l'aide à ceux qui éprouvent des difficultés en raison d'un manque de soutien social. Dès que la voiture 67 de l'unité reçoit un appel, un membre de la GRC en uniforme et une infirmière clinicienne spécialisée en santé mentale collaborent pour désamorcer les situations, intervenir en situation de crise et aiguiller les gens vers des ressources communautaires.

« On ne peut arrêter une personne pour l'empêcher d'avoir des problèmes d'itinérance, de toxicomanie ou de santé mentale, mais on peut l'appuyer grâce à notre réseau de services. » Ce réseau comprend 20 organismes partenaires. « On travaille sans cesse, car les problèmes ne disparaissent pas. » En 2020, l'unité a reçu 7 633 appels. La même année, Scotty a reçu un prix des vétérans de la GRC pour son service exemplaire.

Membre de la GRC depuis 21 ans, Scotty a trouvé son créneau. « Les petites façons dont on aide les personnes marginalisées peuvent avoir une grande incidence. C'est le travail le plus satisfaisant que j'ai fait jusqu'à maintenant. »

Devin Scramstad, Cpl. / cap.

OXFORD HOUSE, MB / MAN.

After six years as an RCMP officer, Devin Scramstad got his dream posting: homicide investigator. Based out of Brandon, Manitoba, with Major Crimes, he was sent almost everywhere in Manitoba. "We go in and assist units with complex cases," Devin explains. "I spent a lot of time travelling, in hotels or on another Member's couch."

It's team-oriented, high-pressure work. "Eighteen-hour days, then sleeping on a cot next to someone who snores—it's not for everyone," says Devin.

In 10 years with Major Crimes, Devin investigated about 100 homicides. Only four or five really stand out, two of them brutal killings. He thinks it's vital that officers talk about the stresses that come with this work, and has always practiced this himself.

"There's still a bit of a stigma—people are afraid it'll end your career," he says. "But the mental health effects are no different from breaking an ankle jumping over a fence chasing a bad guy. We're exposed to things no one should be exposed to, again and again. I see a doctor for that, to help with cognitive processes. It's not because I'm weak; I received an injury on the job."

Devin says he doesn't get treatment to be a better police officer—he does it because he wants to live a healthier life afterward. "So many police officers get to the end and there's no gas in the tank. I want to enjoy the fruits of my work—sit at the lake and fish!"

Après six ans comme agent de la GRC, Devin Scramstad a obtenu son affectation de rêve : enquêteur aux homicides. Basé à Brandon, au Manitoba, au sein du Groupe des crimes majeurs, il a visité chaque recoin de la province. « On aide dans les dossiers complexes. Je passe beaucoup de temps à voyager et à dormir à l'hôtel ou sur le canapé d'autres membres. »

Il s'agit d'un travail d'équipe à haute pression. « Ce n'est pas tout le monde qui peut travailler dix-huit heures par jour, puis dormir sur un lit pliant à côté de quelqu'un qui ronfle. »

En dix ans au sein du Groupe des crimes majeurs, Devin a enquêté sur une centaine d'homicides. Seulement quatre ou cinq dossiers se démarquent, dont deux meurtres brutaux. Il croit qu'il est essentiel de parler du stress lié au travail, ce qu'il a toujours fait.

« Il y a encore de la stigmatisation. Les gens craignent que ça leur nuise, mais une blessure mentale est comme une blessure physique. C'est comme lorsqu'on se fracture une cheville en poursuivant quelqu'un. On voit des choses que personne ne devrait voir. Je suis aidé par un médecin. Ce n'est pas un signe de faiblesse. C'est une blessure subie au travail. »

Pour Devin, ses traitements l'aideront à vivre une vie plus saine. « Tant de policiers sont complètement vidés, une fois à la retraite. Je veux pouvoir profiter des fruits de mon travail et m'asseoir au lac pour pêcher ! »

Lesley Scramstad, Cpl. / cap.

POPLAR RIVER, MB / MAN.

Having served in isolated First Nations communities for half of her 15-year career, Lesley Scramstad recalls learning more about her own culture as a First Nations Member by policing Indigenous communities and understanding trauma first-hand than she did in training courses.

"The positive relationships we have fostered over the course of my service have shown me that when you're open-minded enough to explore some of the opportunities you're given while serving others, you can have a rich experience in personal and professional growth."

Lesley developed many fears in her policing career, but while stationed in Poplar River First Nation, she made it a priority to reach out to local Elders, who blessed her with a spirit name through cultural sweat lodge ceremonies. This honour gave her a sense of pride and confidence, and made her feel included, accepted, and supported.

"My spirit name, Niizhin migiziwuk pimaywitamook, means 'two eagles soaring.' My name provides me with safety and assurance that I never walk alone; my spirit guide is always with me. When I was blessed with my name, I felt a sense of peace. If there is a particularly bad file I'm investigating, my spirit name gives me strength; it's an honour we take for granted in our common legal name. We forget the power we have within ourselves—to have a spirit name and have power in that is a healing place."

Lesley Scramstad a servi dans des communautés isolées des Premières Nations pendant la moitié de sa carrière de 15 ans. Étant elle-même membre des Premières Nations, elle affirme en avoir appris davantage sur sa propre culture en assurant le maintien de l'ordre dans les communautés autochtones et en comprenant les traumatismes qu'en suivant sa formation.

« Les relations positives établies tout au long de mes années de service m'ont montré que, quand on a l'esprit assez ouvert pour explorer les possibilités offertes, on peut avoir une riche expérience de croissance personnelle et professionnelle. »

Lesley a développé de nombreuses craintes au cours de sa carrière policière, mais pendant qu'elle était en poste dans la Première Nation de Poplar River, sa priorité était de communiquer avec les aînés locaux, qui lui ont donné un nom spirituel. Cet honneur lui a conféré un sentiment de fierté et de confiance : elle s'est sentie incluse, acceptée et appuyée.

« Mon nom spirituel, Niizhin migiziwuk pimaywitamook, signifie " deux aigles qui planent ". Il me donne la sécurité de savoir que je ne marche jamais seule; mon guide spirituel est toujours avec moi. Quand on me l'a attribué, j'ai ressenti un sentiment de paix. S'il y a un dossier difficile sur lequel je fais enquête, mon nom spirituel me donne de la force. Nous oublions le pouvoir que nous avons en nous-mêmes, mais un nom spirituel donne du pouvoir parce que c'est un lieu de guérison. »

Laura Seeley, Sgt. / serg.

DARTMOUTH, NS / N.-É.

It's a grim reality. The Internet has led to an explosion of child sexual exploitation offences. It's too easy for predators anywhere in the world to search and connect with vulnerable children and youth online.

Laura Seeley was a member of Nova Scotia's Internet Child Exploitation (ICE) unit for seven years, which investigates cases of child pornography and exploitation. The RCMP is part of a network of global partners that share information, best practices, and lessons learned combatting this worldwide law enforcement challenge. Since 2014, Laura and her team in Dartmouth have been meticulously locating and investigating offenders posting and downloading child pornography. When the investigations lead to seizing equipment, files must be reviewed to identify the victims and bring those who harm them to justice.

The ongoing exposure to traumatic content takes its toll, admits Laura, who left the unit in 2021 to take care of her mental health. Being able to rescue children and prevent predators from doing more harm made this the best job she has ever had. "That's how the work we do is changing the world," she says.

C'est une triste réalité. Internet a entraîné une explosion des infractions d'exploitation sexuelle des enfants. Il est trop facile pour les prédateurs du monde entier de trouver en ligne des enfants et des jeunes vulnérables et d'entrer en contact avec eux.

Laura Seeley était membre du Groupe de lutte contre l'exploitation d'enfants sur Internet de la Nouvelle-Écosse, qui enquête sur les cas de pornographie juvénile et d'exploitation d'enfants. La GRC fait partie d'un réseau mondial de partenaires qui échangent de l'information, des pratiques exemplaires et des leçons apprises pour lutter contre ce problème international d'application de la loi. Depuis 2014, Laura et son équipe à Dartmouth localisent les délinquants qui affichent et téléchargent de la pornographie juvénile, puis font enquête. Lorsque les enquêtes mènent à la saisie de matériel, les dossiers doivent être examinés pour identifier les victimes et traduire les agresseurs en justice.

L'exposition continue à du contenu traumatique a des conséquences néfastes, admet Laura, qui a dû quitter le service pour s'occuper de sa santé mentale. De retour aujourd'hui, elle retrouve son travail avec plaisir. Pouvoir sauver ne serait-ce qu'un enfant et empêcher un prédateur de faire plus de mal rend son métier extrêmement gratifiant. « C'est ainsi que notre travail change le monde », dit-elle.

Rhonda Seitz-Weatherald, Cpl. / cap.

BRANDON, MB / MAN.

Observing the camaraderie between RCMP officers while they enjoyed a meal at a local restaurant inspired Rhonda Seitz-Weatherald to join the RCMP. Today, as a Member of the Major Crimes Unit, she depends on that team spirit not only to solve murders but also to get through the tougher times.

When a call comes in, Rhonda and five others on her team are taken by police plane to wherever they need to be to conduct the investigation alongside local police. In areas without hotels or other amenities, the team bunks in with their hosts, sharing homes as well as the job and pressure of solving the case.

Although it may seem like a TV crime drama, in real life, the work is complex, and progress is slow, with lots of paperwork. Dealing with horrific murders also takes a toll on mental health. There are files and statements that stick in Rhonda's head, along with the reality that even if they solve the crime, they can't bring back the lost life. Having co-workers who understand is a big help. Rhonda also depends on her psychologist.

Now in her 25th year, Rhonda recalls that when she first took the RCMP exam, she failed. After completing a degree, she worked really hard to pass the second time and never looked back. "I just love the work," she says. "I'm a helper by nature and I like a good mystery."

C'est en voyant la camaraderie entre des agents de la GRC dans un restaurant local que Rhonda Seitz-Weatherald a voulu se joindre à la GRC. Aujourd'hui, elle est membre du Groupe des crimes majeurs. Elle y a retrouvé cet esprit d'équipe qui est nécessaire pour elle, tant pour résoudre des meurtres que pour traverser des périodes plus difficiles.

Lorsqu'un appel est reçu, Rhonda et cinq autres membres de son équipe prennent l'avion pour se rendre à destination et collaborer avec la police locale pour enquêter. Dans les régions sans hôtel, l'équipe s'entasse chez un hôte, partageant les commodités, le travail et la pression de résoudre le dossier.

Même si leur travail peut ressembler à ce qu'on voit à la télé, en réalité, il est complexe et lent, et il exige beaucoup de paperasse. Les dossiers de meurtres horribles ont aussi des répercussions sur la santé mentale; il y a des cas et des déclarations que Rhonda ne peut oublier. Même si un crime est résolu, il n'est jamais possible de ramener une vie perdue. Rhonda trouve beaucoup de soutien auprès de ses collègues, qui la comprennent, et de son psychologue.

Rhonda compte 25 ans de carrière. Elle se souvient qu'elle avait échoué à son premier examen d'entrée à la GRC. Mais elle a travaillé très fort et, après avoir obtenu son diplôme d'études, elle a tenté sa chance une seconde fois et elle a réussi. Depuis, elle n'a jamais regardé en arrière. « J'adore le travail. J'aime aider les gens, c'est dans ma nature. Et j'adore aussi les bons mystères! »

Cheri-Lee Smith, Cst. / gend.

LEDUC, AB / ALB.

Community policing involves building and nurturing strong relationships with the people a Member serves. As an officer in the Community Policing Unit in Leduc, Alberta, Cheri-Lee Smith has become an expert in forging connections between the police and the public.

Over her seven-year career with the RCMP, Cheri-Lee has championed several initiatives to help herself and her fellow officers forge relationships of trust and compassion within their community. These include organizing the detachment's annual participation in the Polar Plunge, where Members douse themselves with freezing water in support of Canada's Special Olympic athletes, and creating the "Read with the RCMP" literacy program in partnership with Leduc Public Library, which features in-person presentations or videos of RCMP Members reading a children's book to encourage and improve literacy among youth.

Organizing events like this has been a challenge, especially with the global pandemic limiting in-person interaction. That hasn't deterred Cheri-Lee, who has recorded several months' worth of children's books in a sound booth, using a green screen and working with Leduc Public Library to edit in the background.

"Community policing is more important now than ever to build constructive, positive relationships with community members," says Cheri-Lee. "I think it's important for people to see our human side."

Le rôle de la police communautaire est d'établir et d'entretenir des relations solides avec les membres de la collectivité. Cheri-Lee Smith est agente de l'unité de police communautaire de Leduc, en Alberta, et on peut dire qu'elle est passée maître dans l'art de tisser des liens entre la police et le public.

Membre de la GRC depuis sept ans, Cheri-Lee a piloté plusieurs projets pour aider ses collègues à établir des relations fondées sur la confiance et la compassion au sein de la communauté. Chaque année, elle organise la participation du détachement au Polar Plunge, où les membres plongent dans l'eau glacée pour appuyer les athlètes canadiens des Jeux olympiques spéciaux. Elle a également mis sur pied le programme d'alphabétisation « R.E.A.D. with the RCMP » dans les bibliothèques de la ville de Leduc.

Mener à bien de tels projets n'a pas été facile, surtout pendant la pandémie mondiale qui limitait les interactions en personne. Mais Cheri-Lee ne s'est pas découragée. Pendant près de six mois, elle a enregistré des livres pour enfants dans une cabine de son, assise devant un écran vert permettant d'insérer une photo de la bibliothèque en arrière-plan au moment du montage des vidéos.

« La police communautaire joue un rôle plus important que jamais pour établir des relations constructives et positives avec les membres de la collectivité, affirme Cheri-Lee. Je pense qu'il est essentiel que le public voie notre côté humain. »

Brahim Soussi, Sgt. / serg.

OTTAWA, ON / ONT.

The RCMP's National Security Program in Ottawa has the mandate of addressing a wide range of threats, including terrorism, foreign-influenced activity, espionage, and protection of critical infrastructure, with the imperative of keeping Canadians and Canadian interests secure at home and abroad. Brahim Soussi has been with the program for 14 years and worked on several investigations ranging from terrorism, to the kidnapping of Canadians by terrorist groups abroad, to tracking Canadian extremist travelers and preventing homegrown terrorism.

National Security investigations are complex and multi-jurisdictional and require a high level of cooperation between the RCMP in Ottawa, dedicated RCMP National Security Enforcement teams across Canada, and domestic and international intelligence and law enforcement partners. Brahim's team is responsible for ensuring governance and coordinating the sharing of information.

One of the most significant security events of 2022 in Canada was the "Freedom Convoy" protest, when thousands of protestors took up residence in the streets of Ottawa to oppose the federal government's COVID-19 measures. Brahim's team was responsible for collecting intelligence and organizing the RCMP's National Security response to the event, including the deployment of National Security Enforcement Members.

"For a long time, terrorism came from outside of Canada. The 'Freedom Convoy' protests were the most explicit manifestation of home-grown terrorism that we've witnessed in recent years, and it was shocking to see how polarized people could become domestically," Brahim says.

Le Programme de sécurité nationale de la GRC vise à répondre à une foule de menaces : terrorisme, ingérence étrangère, espionnage et protection des infrastructures essentielles. Sa priorité est d'assurer la sécurité des Canadiens et des intérêts canadiens au pays et à l'étranger. Brahim Soussi y travaille depuis 14 ans et a mené plusieurs enquêtes, allant du terrorisme à l'enlèvement de Canadiens par des terroristes à l'étranger, en passant par le suivi de voyageurs extrémistes canadiens et la prévention du terrorisme intérieur.

Ces enquêtes complexes relèvent de plusieurs administrations. Elles exigent une collaboration étroite entre la GRC, ses équipes intégrées de sécurité nationale partout au Canada et des partenaires nationaux et internationaux du renseignement et de l'application de la loi. L'équipe de Brahim veille à la gouvernance et à la coordination du partage de l'information.

Au Canada, l'un des plus importants événements en matière de sécurité en 2022 a été le « convoi de la liberté », où des milliers de manifestants ont occupé les rues d'Ottawa pour s'opposer aux mesures fédérales liées à la COVID-19. L'équipe de Brahim veillait à collecter l'information et à organiser l'intervention de l'équipe de sécurité nationale, notamment le déploiement de membres de la sécurité nationale chargés de l'application de la loi.

« Pendant longtemps, le terrorisme nous venait de l'extérieur. Ce convoi a été la plus explicite manifestation de terrorisme intérieur des dernières années. Il était troublant de mesurer toute cette polarisation au pays », dit Brahim.

Mohamed Soussi, Cpl. / cap.

SAINT-JEAN-SUR-RICHELIEU, QC / QC

Mohamed Soussi started with the Integrated Border Enforcement Team in 2017 and now supervises a team based in Saint-Jean-sur-Richelieu, south of Montreal, that patrols more than 200 kilometres of the US–Canada border. During Mohamed's tenure, Roxham Road (a few kilometres from the legal crossing at Saint-Bernard-de-Lacolle) has become one of the best-known illegal entry points into Canada. Mohamed's team greets and interviews asylum seekers there, while another part of his team patrols the rest of the border.

Several of Mohamed's key investigations over the years have led to the arrest of individuals facilitating illegal group border crossings in return for large sums of money. These individuals were bringing migrants wanting to reach the United States from Montreal, typically illegally, and dropping them off near wooded areas and farmland between the two countries. These passages can turn dramatic, with tragedies like severe frostbite leading to amputations due to a lack of appropriate clothing for the low temperatures.

Along with their colleagues from the United States Border Patrol, Mohamed and his team regularly conduct patrols to disrupt cross-border drug and firearms trafficking, prevent human trafficking, and protect Canada's borders.

C'est en 2017 que Mohamed Soussi a amorcé sa carrière au sein de l'Équipe intégrée de la police des frontières. À présent, il supervise une équipe établie à Saint-Jean-sur-Richelieu, sur la rive sud de Montréal, qui effectue des patrouilles sur plus de 200 km à la frontière canado-américaine. Pendant son affectation, le chemin Roxham, situé à quelques kilomètres du passage légal à Saint-Bernard-de-Lacolle, est devenu l'un des points d'entrée illégaux vers le Canada les plus connus. Une partie de l'équipe de Mohammed est responsable d'accueillir les demandeurs d'asile et de les interviewer, pendant que l'autre partie contrôle le reste de la frontière.

Au fil des ans, plusieurs des enquêtes principales que Mohammed a menées ont permis d'arrêter des individus qui aidaient des groupes à traverser illégalement la frontière en échange d'importantes sommes d'argent. Ces passeurs aidaient des gens à atteindre les États-Unis depuis Montréal, généralement de manière illégale, en déposant les groupes près de zones boisées et de terres agricoles entre les deux pays. Ces traversées peuvent prendre un tournant désastreux, menant notamment à des gelures graves causées par un manque de vêtements adaptés à la température et qui entraînent des amputations.

En collaboration avec leurs collègues de la patrouille frontalière des États-Unis, Mohammed et son équipe effectuent régulièrement des patrouilles afin de mettre un terme au trafic de drogue et d'armes à feu, de prévenir la traite des personnes et de protéger les frontières canadiennes.

Martin St-Onge, Cpl. / cap.

SAINT-JEAN-SUR-RICHELIEU, QC / QC

When Martin St-Onge arrived at his new Integrated Border Enforcement Team posting in late 2016, he had no idea what was waiting for him. The election of American president Donald Trump and his position on immigration set off a massive US–Canada migration wave. Fearing deportation, crowds of migrants headed for Roxham Road, a crossing between New York State and Quebec, with a record of more than 10,000 arriving in July and August 2017.

The Members posted there had to quickly install structure and set up accommodation to make the site viable for migrants and the Members assigned to police the crossing. This process required a quick turnaround, and Martin is very proud of his team's work to make it happen. Today, the temporary structure his team built continues to manage the growing influx of people who arrive at the border each day.

When migrants arrive at the Roxham Road crossing, they are subject to a search and an interview to ensure national security. While most of the migrants are seeking to start over in Canada with pure intentions, searches sometimes result in the seizure of illegal items. Once the searches are completed and the results are deemed satisfactory, migrants are directed to where they can apply for asylum. Every day, the Members at Roxham Road balance their mandate to enforce national security with compassion for the aspiring immigrants, despite the occasional unlawful attempts to enter Canada that they uncover.

À la fin de 2016, Martin St-Onge s'est joint à l'Équipe intégrée de la police des frontières. Il n'avait alors aucune idée de ce qui l'attendait. En effet, l'élection du président américain Donald Trump et sa position sur l'immigration ont engendré un raz de marée de gens tentant de traverser la frontière canado-américaine. Craignant d'être déportées, des milliers de personnes se sont ruées vers le chemin Roxham, un passage entre le Québec et l'État de New York. Au total, plus de dix mille migrants ont traversé la frontière à cet endroit en juillet et août 2017.

Les membres affectés au passage ont rapidement dû établir des installations pour rendre les lieux viables, tant pour les migrants que pour les membres sur place. Malgré les défis, Martin est très fier que son équipe ait réussi à rendre le tout possible, et en peu de temps. Aujourd'hui, ces installations temporaires continuent de prendre en charge un flux de migrants sans cesse croissant.

Afin d'assurer la sécurité nationale, les migrants qui se présentent au chemin Roxham sont assujettis à une fouille et à une entrevue. La plupart ont de bonnes intentions et veulent repartir à zéro au Canada, mais les fouilles donnent parfois lieu à des saisies d'articles illégaux. Toutefois, si la fouille s'avère satisfaisante, la personne est orientée de façon à ce qu'elle puisse faire une demande d'asile. Chaque jour, les membres affectés au chemin Roxham doivent jongler avec leur mandat d'assurer la sécurité nationale et la compassion pour les immigrants potentiels, et ce, malgré les tentatives d'entrée illégale au Canada.

Above left: John (left) and colleague Tony Eeftink (right)
Above right: Dylan Rinke
En haut à gauche : John (à gauche) et son collègue
Tony Eeftink (à droite). *En haut à droite :* Dylan Rinke

John Stringer, Cpl./cap.
Dylan Rinke, Cst./gend.

NANAIMO, BC / C.-B.

Cold-water immersion training can be vital to people living near water in Canada. Fortunately, John Stringer and Dylan Rinke, from the West Coast Marine Services, are trained in cold-water immersion, an area of safety education they apply frequently, and which they now instruct. The RCMP West Coast Marine Services (WCMS) are responsible for responding to water-related calls even in the middle of winter, when the waters are dangerous and icy.

Whether it's a tipped barge full of supplies or a sinking tugboat in the ocean, or driving jet boats on a flooded roadway, sometimes the WCMS have the only vessels that can respond safely and quickly in rough and freezing waters. John and Dylan and the rest of the team have the determination and training to be able to respond appropriately to whatever they're faced with.

Having cold-water immersion training instructors enables the WCMS to deliver training to not only Members of the RCMP working on the water but also communities in need. Recently, when visiting remote schools and Indigenous communities along the coast of British Columbia, they had the opportunity to teach community members about water survival and how to react if they get into cold-water emergencies. Taking community members out in secure training situations, in immersion suits that protect them from the freezing temperatures of the water, can be an intense but fun and life-saving experience for all involved.

La formation en immersion en eau froide peut être essentielle pour les personnes qui vivent près de l'eau au Canada. Heureusement, John Stringer et Dylan Rinke, des Services maritimes de la côte Ouest, ont reçu cette formation en sécurité qu'ils appliquent fréquemment et qu'ils enseignent maintenant. Les Services maritimes de la côte Ouest de la GRC répondent aux appels liés à l'eau, même en hiver, lorsque les eaux sont dangereuses et glacées.

Qu'il s'agisse d'un chaland plein de fournitures renversé ou d'un remorqueur qui coule, ou qu'ils doivent conduire un bateau sur une route inondée, il arrive que les Services maritimes disposent du seul navire capable d'intervenir rapidement et en toute sécurité dans des eaux agitées et glacées. John, Dylan et leur équipe ont la détermination et la formation nécessaires pour réagir aux situations auxquelles ils sont confrontés.

Les instructeurs en immersion en eau froide des Services maritimes forment des membres de la GRC qui doivent travailler sur l'eau, mais aussi des collectivités dans le besoin. Récemment, lorsqu'ils ont visité des écoles éloignées et des communautés autochtones le long de la côte de la Colombie-Britannique, ils ont montré aux membres de la communauté comment survivre et réagir en cas d'urgence en eau froide. Donner aux gens des formations dans des situations sécuritaires, dans des combinaisons d'immersion qui les protègent contre les températures glacées de l'eau, peut être une expérience intense, mais amusante et qui sauve des vies.

Jim Strowbridge, Sgt. / serg.

YELLOWKNIFE, NT / T.N.-O.

RCMP Members in the North are exposed to trauma far too frequently. A 25-year career spent in northern isolated posts and exposure to countless harrowing events have taken a toll on Jim Strowbridge. Jim was part of a generation of Mounties who did not have the tools to deal with trauma for a very long time, which left symptoms of mental illness unchecked. Although Jim, along with many other Members, was skeptical when the RCMP's Road to Mental Readiness workshop was rolled out, he quickly recognized himself in the lesson, and started on the path to a PTSD diagnosis and recovery.

Separately, Jim was on sick leave for 19 months as he battled brain cancer, with limited contact with his RCMP colleagues and family. Upon his return to work, he felt hope as he noticed a shift starting to happen. Today, Jim is the Acting Warrant Officer for G Division (Northwest Territories) and passionately advocates for the resilience and mental well-being of his colleagues. He does not shy away from talking about his mental health struggles, recognizing the signs of others struggling and urging them to acknowledge and address their own challenges.

These are difficult but necessary conversations to have. "Resilience and mental health cannot be taboo subjects anymore. We need plain and honest words with action. It will be a journey, but we must take it." Jim remains on this journey to recovery and is finally in a place where he is comfortable, managing his triggers and continuing to work on his mental well-being.

Dans le Nord, les membres de la GRC sont souvent exposés à des traumatismes. Jim Strowbridge a subi les contrecoups d'une carrière de 25 ans dans des postes isolés. Jim faisait partie d'une génération de membres de la GRC qui, pendant longtemps, n'avaient pas les outils nécessaires pour gérer les traumatismes, ce qui a entraîné des séquelles de la maladie mentale. Comme d'autres, Jim était sceptique lorsque l'atelier En route vers la préparation mentale de la GRC a été lancé. Mais il s'est reconnu dans les scénarios et s'est engagé sur la voie d'un diagnostic de TSPT et d'un rétablissement.

Jim a été en congé de maladie pendant 19 mois pour combattre un cancer du cerveau, et ses contacts avec ses collègues et sa famille étaient limités. À son retour au travail, il a ressenti de l'espoir quand un virage a commencé à s'exercer. Aujourd'hui, Jim est l'adjudant par intérim de la Division G, aux Territoires du Nord-Ouest et défend avec passion la résilience et le bien-être mental de ses collègues. Il n'hésite pas à parler de ses problèmes de santé mentale, à reconnaître les signes chez les autres et à les exhorter à relever leurs propres défis.

Ce sont des conversations difficiles, mais nécessaires. « La résilience et la santé mentale ne peuvent plus être des sujets tabous. Nous avons besoin de clarté, d'honnêteté et de concret. C'est un parcours qu'on doit faire. » Jim poursuit son cheminement vers le rétablissement et travaille à son bien-être mental.

Jill Swann, Sgt. / serg.

PARKSVILLE, BC / C.-B.

Having majored in fine arts in university, Jill Swann already had an interest in art, drawing, and sketching before she joined the RCMP. Six months after graduating from Depot, she was nominated to join a forensic sketch artist program and set off for training at the FBI Academy in Quantico, Virginia.

At the three-week course, Jill hit the ground running and learned about forensic sketching from day to night. Police sketch artists from the field were brought in to share their experiences, and Jill gained knowledge from real-life cases, sketches based on X-rays, clay modelling, and 3-D skull reconstruction. She was taught how to use cognitive interview techniques to help witnesses remember what they saw at a scene, and learned how to incorporate age enhancement techniques into her sketches to identify missing persons.

Jill remained in the forensic sketch artist program for more than 20 years while also working as a crisis negotiator on Vancouver Island. "There are so many uses for sketch artists in the RCMP—your work can help identify or eliminate suspects, reconstruct faces from unidentified skulls, perform age enhancement on missing persons, and trigger anyone's memory to recall what they saw at a scene," she says. Her important work has helped solve many violent crimes, murders, and cold cases over her two decades in the program.

Jill Swann s'intéresse depuis toujours à l'art et au dessin. Elle avait d'ailleurs déjà complété une majeure en beaux-arts avant de devenir membre de la GRC. Six mois après avoir obtenu son diplôme de la Division Dépôt, elle a été invitée à se joindre au programme d'art judiciaire et elle a reçu sa formation à l'Académie du FBI à Quantico, en Virginie.

Au cours de ce programme de trois semaines, Jill a rencontré des artistes judiciaires qui lui ont fait part de leur expérience. Elle a étudié des cas réels, appris à réaliser des croquis basés sur des rayons X, des modèles en argile et de la reconstruction 3D de crânes. On lui a aussi enseigné des techniques d'entrevue cognitive pour aider les témoins à se souvenir de ce qu'ils ont vu, ainsi que des techniques de vieillissement pour ses croquis afin d'identifier des personnes disparues.

Jill fait partie du programme d'art judiciaire, en plus de travailler comme négociatrice sur l'île de Vancouver. « Les artistes judiciaires de la GRC peuvent aider de diverses façons : identifier ou exclure des suspects, reconstituer le visage à partir de crânes non identifiés, vieillir le visage d'un disparu et même déclencher la mémoire d'une personne. » Depuis une vingtaine d'années, grâce à son travail essentiel, Jill a aidé à résoudre plusieurs crimes violents, meurtres et dossiers non résolus.

Wynette Tailfeathers, Cst. / gend.

MORINVILLE, AB / ALB.

After meeting a female RCMP officer who visited her elementary school, Wynette Tailfeathers thought to herself, "I could be like her someday." "It really encouraged me," Wynette recalls of that childhood encounter. "She was a strong woman and she was also friendly, laughing and joking with us. I thought, 'That's very cool.'"

Wynette's father and several family members have worked in law enforcement and in the criminal justice system. She would often hear of the work they did for their communities, which inspired her to take policing as her career path. She also wanted to do policing in a way that honoured her Blackfoot and Cree heritage.

Since becoming an RCMP officer in 2007, Wynette has been a positive role model in her community. Her work focuses on the inclusion of Reconciliation efforts and events, public education and building positive relations with Indigenous communities, particularly youth, and learning from Elders.

Wynette launched the Eagle Feather Ceremony (Protocol) for her detachment. The initiative ensures eagle feathers are distributed to all RCMP detachments in Alberta. This provides victims, witnesses, police officers, and clients with the option to swear legal oaths on an eagle feather, which is very sacred in Indigenous culture and symbolizes respect, honour, strength, and courage.

Wynette's goal is to continue promoting diversity and inclusion within the RCMP, while encouraging more women and Indigenous youth to pursue careers in law enforcement.

Après avoir fait la connaissance d'une policière de la GRC à l'école primaire, Wynette Tailfeathers s'est dit : « Je pourrais être comme elle un jour. » « Cette rencontre m'a vraiment marquée, se souvient Wynette. C'était une femme forte, mais amicale, qui riait et plaisantait avec nous. J'aimais son attitude. »

Le père de Wynette travaillait dans des milieux de justice réparatrice et elle entendait souvent dire à son sujet à quel point il aidait les gens de la communauté. « Je voulais faire comme lui », raconte-t-elle. Elle souhaitait aussi exercer son métier de policière d'une manière qui honore son héritage de Pieds-Noirs de la tribu des Blood/Káínai.

Depuis qu'elle a intégré la GRC en 2007, Wynette prêche par l'exemple. Elle a notamment organisé de nombreuses collectes de fonds pour les citoyens vulnérables, comme les personnes âgées.

Wynette a également joué un rôle important dans la mise en place du protocole de la plume d'aigle dans son détachement. L'initiative assure la distribution de plumes d'aigle à tous les détachements de la GRC en Alberta. Les victimes, témoins, clients et policiers ont maintenant la possibilité de prêter serment sur une plume d'aigle, qui symbolise le courage, la force et la sagesse dans la culture autochtone.

L'objectif de Wynette est de continuer à favoriser la diversité et l'inclusion dans sa communauté. Elle désire aussi sensibiliser les autres à sa culture et encourager un plus grand nombre de femmes à faire carrière dans les services policiers.

303

Donovan Tait, Sgt. / serg.

ANKARA, TURKEY / TURQUIE

One of 35 RCMP liaison officers worldwide, Donovan Tait is based at the Canadian Embassy in Ankara, Turkey. His police and diplomatic duties include transnational investigations and federal priorities involving Canadians or Canadian interests in Turkey and surrounding countries. He works closely with his embassy colleagues and other officials from our many allies in the region, as well as other police forces and fellow liaison officers in nearby cities like Amman, Jordan.

Every day, Donovan is reminded of how well Canada is viewed internationally, as a peaceful, moderate, fair, and welcoming country. "That's been really refreshing," he says. "We are automatically trusted. And almost everyone's got a cousin in Toronto or Montreal."

Donovan is the son of Jamaican immigrants and feels that being a police officer of colour in Turkey has some great benefits. "I realize that how I present to my colleagues in this part of the world, they don't naturally see 'Mountie' or 'Canada.' I get it. But people take notice, which leads into some interesting conversations around diversity and inclusion."

He recently got asked to wear his Red Serge for a commemoration at Gallipoli. Donning the coat and boots always makes him feel proud. "Here I am in the middle of eastern rural Turkey, and everyone knows you're a Mountie and what the uniform symbolizes— the Canadian brand. That still resonates with me, what the RCMP means to the world."

Donovan Tait est l'un des trente-cinq agents de liaison de la GRC dans le monde. Son bureau d'attache est l'ambassade du Canada à Ankara, en Turquie. Ses fonctions touchent des enquêtes transnationales et d'autres dossiers prioritaires concernant des Canadiens ou des intérêts canadiens en Turquie et ailleurs. Il travaille notamment avec ses collègues de l'ambassade et les représentants de nos alliés dans la région, ainsi qu'avec d'autres agents de liaison dans des villes avoisinantes comme Amman, en Jordanie.

Donovan se fait constamment rappeler que le Canada est perçu comme un pays pacifique, modéré, juste et accueillant. « C'est vraiment stimulant, dit-il. On nous fait automatiquement confiance. Et presque tout le monde a un cousin à Toronto ou à Montréal. »

Fils d'immigrants jamaïcains, Donovan estime qu'être un policier de couleur présente de grands avantages. « Je me rends compte que, quand mes collègues de cette région me voient, ils ne pensent pas naturellement "GRC" ou "Canada". Je le comprends. Mais les gens remarquent ma différence, ce qui mène à des conversations intéressantes sur la diversité et l'inclusion. »

Récemment, on lui a demandé de porter la tunique rouge pour une commémoration à Gallipoli. Arborer la veste et les bottes le rend toujours fier : « Je suis en pleine Turquie rurale, et tout le monde sait que je fais partie de la "police montée". L'uniforme est vraiment un symbole du Canada. Ce que la GRC représente dans le monde, ça me fascine toujours. »

Greg Toogood, Sgt. / serg.

REGINA, SK / SASK.

Greg Toogood was off duty—relaxing at home in Carrot River, Saskatchewan, with his pregnant wife, one-year-old son, and visiting friends—when he was shot in the arm by a high-power rifle at close range, resulting in an injury that forever changed his life.

It was 2006 when Greg, then a 28-year-old Constable, went to the door to see what his dog was barking at. Moments later, he heard a gunshot and felt a bullet strike his right forearm. He spent the next several months undergoing multiple surgeries and three and a half years in daily physiotherapy sessions to try to regain the use of his arm. In the meantime, his shooter had yet to be caught.

It wasn't until six years after the incident, while he was on vacation with his family, that Greg got the call that the suspect had been arrested following an intense undercover operation. The man, who couldn't be named because he was 15 years old when he had fired the shot, claimed he had been trying to scare Greg out of investigating him for an alleged crime at the time.

"I think it is important that everyone is reminded and understands that policing is dangerous, and while this isn't a common occurrence, it's possible," says Greg, adding that he and his family received a lot of support from the RCMP to get through the life-changing event. He also sees a counsellor for his mental health, which he describes as "lifesaving."

Spending time with his family and pursuing outdoor hobbies like hunting help Greg continue his healing journey to this day and he continues to serve by supporting newly graduated cadets.

Greg Toogood était en congé, se détendant avec sa femme enceinte, son fils de un an et des amis en visite chez lui, à Carrot River, en Saskatchewan, lorsqu'il a été touché au bras par un projectile de carabine de grande puissance. Cette blessure changea sa vie à jamais.

En 2006, Greg, un gendarme de 28 ans, se rend à la porte pour voir pourquoi son chien aboie. Il entend alors un coup de feu et prend une balle dans l'avant-bras droit. Il subit de nombreuses opérations au cours des mois suivants et passe trois ans et demi en séances de physiothérapie quotidiennes afin de recouvrer l'usage de son bras. Entre-temps, son tireur court toujours.

Ce n'est que six ans après l'incident que Greg, en vacances avec sa famille, apprend que le suspect a été arrêté à la suite d'une opération d'infiltration. L'homme, qu'on ne pouvait pas nommer car il avait 15 ans à l'époque, a prétendu qu'il voulait faire peur à Greg et l'empêcher d'enquêter sur lui pour un crime présumé.

« Il importe de rappeler aux gens que le travail policier est dangereux et, bien qu'une situation comme celle que j'ai vécue soit rare, c'est possible », affirme Greg, soulignant que la GRC les a grandement aidés, lui et sa famille, à traverser cette épreuve qui a changé leur vie. Il voit aussi un conseiller en santé mentale qui est « son sauveur ».

Passer du temps avec sa famille et faire des activités de plein air, comme la chasse, aide Greg à se rétablir. Il continue de servir en soutenant les cadets nouvellement diplômés.

Matthew Tucker, Cpl. / cap.

WINDSOR, NS / N.-É.

The Members of the Musical Ride who participated in Her Majesty Queen Elizabeth II's Diamond Jubilee Ceremonies in 2012 grew an inch or two in their saddles when they heard the master of ceremonies share that the late Queen affectionately referred to them as "Her Mounties." Having the privilege of representing the RCMP and Canada on that stage for Her Majesty was a feeling Matthew Tucker will never forget. Matthew spent 10 days of the pageant performing with his colleagues and was selected to be one of 10 Members who made RCMP history by taking over the Queen's Life Guard for the first time, on May 23, 2012.

The Household Cavalry Mounted Regiment have guarded the reigning monarch for over 300 years. The RCMP's Musical Ride Members' takeover of the Queen's Life Guard was the first time that a non-British and non-military unit took this assignment. For 24 hours, mounted Members stood on guard at Buckingham Palace beginning at 11:00 a.m. local time.

"I was truly honoured and humbled to work with the Household Cavalry, ensuring we properly fulfilled their long-standing tradition for Her Majesty the Queen," Matthew says. "It is the proudest time in my career representing not only the RCMP but also Canada."

Les membres du Carrousel qui ont participé aux cérémonies du jubilé de diamant de Sa Majesté la reine Elizabeth II en 2012 ont été pris d'un sentiment de fierté renouvelé lorsqu'ils ont entendu le maître de cérémonie affirmer que feue la reine les surnommait affectueusement « ses *Mounties* ». Matthew Tucker n'oubliera jamais à quel point il s'est senti privilégié de représenter la GRC et le Canada sur cette scène en l'honneur de Sa Majesté. Après avoir passé 10 jours à défiler en compagnie de ses collègues, Matthew a été choisi pour faire partie des dix membres de la GRC qui ont pris part à la relève historique de la Garde du souverain le 23 mai 2012.

Depuis plus de 300 ans, c'est le Household Cavalry Mounted Regiment qui est responsable d'assurer la garde du souverain. Le fait que des membres du Carrousel de la GRC prennent la relève constituait une première historique. C'était en effet la première fois que cette tâche incombait à une unité étrangère et non militaire. Dès 11 h, heure locale, des membres de la GRC ont tenu la garde pendant 24 heures au palais de Buckingham.

« C'était un grand honneur et un moment d'humilité de travailler avec la Household Cavalry pour veiller à respecter la longue tradition de protection de Sa Majesté la reine, a affirmé Matthew. De toute ma carrière, je n'ai jamais été aussi fier, car je représentais à la fois la GRC et le Canada. »

Jason Twiss, Cst. / gend.

HEADINGLEY, MB / MAN.

Being handy has served Jason Twiss well in his many postings over the past 15 years with the RCMP—especially the remote ones. When he arrived in Oxford House in northern Manitoba in 2007, Jason discovered there was no high-speed Internet. He contacted a telecom company, which ended up training him as an installer. He was soon training the local people to install their own connections—and then taught several of them to become installers themselves, so the whole community could get online.

"It felt good to help people out," Jason says, "because it would have cost two or three thousand dollars to send an installer up there. That's what it's like in remote postings; everyone helps each other out."

Being able to install windows or repair small engines helps create a bond with the people you serve. "I would fix everybody's snowmobiles or lawn mowers," Jason says. "Something would break in the detachment, and I was the guy to get it running again."

When he was posted to Poplar River, another fly-in First Nation community in Manitoba, Jason got regular calls from an old hunter and trapper whose house kept getting broken into because he didn't have working doorknobs. Jason and his partner went to the local hardware store and bought some materials to fix his door for him, so he could keep unwanted neighbours out.

"That's the way it is in the North, everyone helps everybody else, no matter what your role is. You'll be throwing someone in jail one day, and the next day you'll be helping them fix their car or install high-speed Internet at their house."

Le fait d'être habile de ses mains a bien servi à Jason Twiss dans ses affectations au cours des 15 dernières années à la GRC. En arrivant à Oxford House, dans le nord du Manitoba, en 2007, Jason a découvert qu'il n'y avait pas d'Internet haute vitesse. Il a communiqué avec une entreprise de télécommunications, qui l'a formé comme installateur. Il a ensuite formé les gens de la région pour qu'ils installent leurs propres connexions.

« Ça faisait du bien d'aider les gens, dit Jason, parce que ça aurait coûté deux ou trois mille dollars pour envoyer un installateur là-bas. C'est comme ça dans les affectations à distance; tout le monde s'entraide. »

La capacité d'installer des fenêtres ou de réparer de petits moteurs aide à créer un lien avec les personnes. « Je réparais les motoneiges ou les tondeuses de tout le monde, dit Jason. Dans le détachement, c'est moi qui réparais tout. »

Lorsqu'il a été affecté à Poplar River, Jason recevait régulièrement des appels d'un vieux chasseur dont la maison était constamment cambriolée parce qu'elle n'avait pas de poignée de porte fonctionnelle. Jason et son partenaire se sont rendus à la quincaillerie et ont acheté du matériel pour réparer sa porte.

« C'est comme ça dans le Nord. Tout le monde aide tout le monde, quel que soit son rôle. On jette quelqu'un en prison un jour et, le lendemain, on l'aide à réparer sa voiture ou à installer Internet haute vitesse. »

Kimball Vardy, Sgt. / serg.

CLARINVILLE, NL / T.-N.-L.

A career in the RCMP offers something for everyone, and there are more than 150 different specializations to explore. Kimball Vardy spent 18 of the 32 years of his career in isolated postings, and he has been able to seize many of the opportunities available within the RCMP. Among those, he spent 11 years as a diver, was on the Tactical Troop, worked as a boat operator, was posted to areas where snowmobiles were the everyday mode of transportation, and has travelled by police aircraft, among many other modes. He encourages his fellow Members to enjoy what the organization has to offer, because the RCMP is unlike any other police service in the world.

Kimball does not want to retire regretting the opportunities he did not take. Instead, he knows that he will be able to look back and tell himself that he did the things he wanted to do and put in the effort to make it happen. Any Member can spend their entire career in general duty, but one who is seeking adventure can find it in the RCMP. "It's there for the taking if you want it, and there are so many things that we can do," Kimball says, "but you have to look for those opportunities, put in the work, and seize them."

Chacun trouve son compte dans une carrière à la GRC, et il y a plus de 150 spécialités à explorer. Kimball Vardy a passé 18 de ses 32 années de carrière dans des postes isolés, et il a été en mesure de saisir bon nombre des possibilités offertes au sein de la GRC. Il a été plongeur pendant 11 ans, a fait partie de la troupe tactique, a travaillé comme conducteur de bateau, a été affecté à des endroits où les motoneiges étaient le moyen de transport quotidien et a voyagé dans des aéronefs militaires, entre autres. Il encourage ses collègues membres à profiter de ce que l'organisation a à offrir, car la GRC ne ressemble à aucun autre service de police au monde.

Kimball ne veut pas prendre sa retraite en regrettant les occasions qu'il n'a pas saisies. Au lieu de cela, il sait qu'il pourra regarder en arrière et se dire qu'il a fait ce qu'il voulait faire et qu'il a fait l'effort de le faire. N'importe quel membre peut passer toute sa carrière en service général, mais celui qui cherche l'aventure peut la trouver à la GRC. « Ça s'offre à vous, si c'est ce que vous souhaitez. Il y a beaucoup de choses que nous pouvons faire, affirme Kimball, mais il faut être à l'affût des occasions, les exploiter et les saisir. »

Chris Voller, MOM, Sgt. / MOM, serg.

CAMPBELL RIVER, BC / C.-B.

Being invited to a potlach by the late Nakwaxda'xw hereditary Chief Thomas Henderson was a great honour for Chris Voller. During the festivities, Chris danced wearing some of the Chief's stunning black-and-red regalia, while Chief Henderson wore pieces of Chris's uniform. "It was a privilege to be welcomed, especially knowing the RCMP once helped ban such events," Chris says. "Chief Henderson was an amazing leader, mentor, and friend. We worked a lot in building a relationship, talking about the impact colonialism had on his life and people."

Chris has dedicated his 15-year RCMP career to many admirable causes, including use of force instruction, championing wellness for Members, and reconciliation. His motivation goes back to his 14th birthday, when his father, an RCMP officer, was forced to shoot and kill an Indigenous woman who was shooting at him. Tragically, a child standing behind was also killed. This shocking event shaped Chris's life.

"As I became an adult and educated myself, I learned a lot about why some people act the way they do," Chris says. "I feel sorry for her [the deceased woman]. I don't condone her shooting at my father, but I do understand how we as a society are, in part, responsible for bringing people to these circumstances. It was on a reserve, she was a victim of multi-generational trauma, and social workers were taking her children away."

Chris was the first police officer to receive the British Columbia Reconciliation Award, in 2020. He was nominated by three of the Nations he served at the time, which gave the award extra meaning. He is also a recipient Member of the Order of Merit of Police Forces (MOM), recognizing exceptional service, bestowed by the Governor General of Canada.

Être invité à un potlatch par le regretté chef héréditaire Thomas Henderson de Nakwaxda'xw a été un honneur pour Chris Voller. Lors des festivités, Chris a dansé en arborant certains des magnifiques costumes du chef, celui-ci portant des pièces de l'uniforme de Chris. « C'était un privilège d'être accueilli, sachant que la GRC a déjà contribué à interdire de tels événements, dit-il. Le chef Henderson était un leader, un mentor et un ami extraordinaire. Nous avons resserré nos liens en parlant de l'incidence du colonialisme sur sa vie et son peuple. »

Chris a consacré ses quinze années de carrière à diverses causes, dont l'instruction sur le recours à la force, la promotion du bien-être des membres et la réconciliation. Sa motivation remonte à son quatorzième anniversaire, lorsque son père, un agent de la GRC, a dû tuer une Autochtone qui tirait sur lui. Tragiquement, un enfant derrière elle a également été tué. Cet événement bouleversant a façonné la vie de Chris.

« Devenu adulte, j'ai beaucoup appris sur les raisons des agissements des gens, explique Chris. Je suis désolé pour [la femme décédée]. Sans lui pardonner d'avoir tiré sur mon père, je comprends que, en tant que société, nous sommes en partie responsables de ces comportements. Elle avait subi des traumatismes multigénérationnels dans sa réserve et des travailleurs sociaux lui prenaient ses enfants. »

Chris a été le premier policier à recevoir le prix de réconciliation de la Colombie-Britannique en 2020. Sa nomination par trois des nations qu'il servait alors ajoute une signification au prix. Chris a reçu des mains de la gouverneure générale du Canada l'Ordre du mérite des corps policiers (MOM) pour services rendus exceptionnels.

Dave Wagner, Cst. / gend.

PEGGY'S COVE, NS / N.-É.

RCMP co-workers can be more than your professional peers; they can become a second family and a trusted support network. Dave Wagner, a Constable who now serves near Peggy's Cove, Nova Scotia, experienced this first-hand early in his career when he was deployed to an isolated post in Iqaluit.

Dave found that the sense of family was ever-present while he was working in the North. Members worked together, but they also spent time with each other outside of work alongside their spouses, partners, and children. These relationships grew to create a true community that supported each other in the remote environment of Nunavut. And even though the posting was isolated, the experience has helped build his connections with other Members.

"To go up North—it's an icebreaker with your co-workers. They say, 'I hear you were in the North,' and they want to know more about it. Members really treasure it," says Dave. "I'm very proud of my time there."

Esprit de corps is important not only in remote postings but also throughout the policing profession, which by its very nature can often be isolating, as the work is so unique and challenging.

"Things change when you become a police officer. People begin to act differently around you," explains Dave. "But you can always rely on your fellow officers to talk about the stuff others won't understand. It's important to be there for each other."

Vos collègues à la GRC peuvent être plus que des homologues; ils peuvent former votre deuxième famille et un réseau de soutien fiable. Dave Wagner, gendarme travaillant près de Peggy's Cove, en Nouvelle-Écosse, en a été témoin au début de sa carrière lorsqu'il a été déployé dans un poste isolé à Iqaluit.

Dave a constaté que l'esprit de famille était toujours présent. Les membres travaillent ensemble, mais partagent aussi du temps hors du travail, avec leur conjoint, leur partenaire et leurs enfants. Ces liens ont grandi pour former une véritable collectivité d'entraide dans ce lointain Nunavut. Même en région éloignée, Dave a pu établir des liens avec d'autres membres.

« Notre travail dans le Nord suscite l'intérêt des collègues : "J'ai entendu dire que tu as travaillé dans le Nord", disent-ils, car ils veulent en savoir plus. Les membres en pensent du bien, poursuit Dave. Je suis fier du temps que j'y ai passé. »

L'esprit d'équipe des policiers est important non seulement en affectation éloignée, mais aussi dans leur quotidien qui, par sa nature même, peut souvent les isoler du reste du monde. C'est un travail si unique et difficile.

« Les choses changent quand on devient policier. Les gens commencent à agir différemment autour de vous, explique Dave. Mais on peut toujours compter sur ses collègues pour parler de ce que les autres ne comprendront pas. C'est important d'être là les uns pour les autres. »

Cameron Wallis, Cst. / gend.

CAMPBELL RIVER, BC / C.-B.

Shortly after receiving his taser training in 2019, Cameron Wallis was forced to draw the weapon in a violent roadside altercation with a suspect.

It was a rainy night in November, and Cameron was asked to respond to a call about a car pulled over on the wrong side of the road near his home detachment in Campbell River, British Columbia. Long story short, Cameron was attacked by the suspect, who jabbed a finger in his left eye, tearing his conjunctiva, the thin mucous membrane lining the inner surface of the eyelid. It could have been worse, the doctors later told Cameron, but to this day, he needs to regularly apply eye drops and wear sunglasses because of the incident.

The attacker was convicted of assaulting a peace officer causing bodily harm and served jail time but since his release has allegedly repeated a similar attack on other officers in Alberta.

The incident and fallout have been devastating for Cameron, but instead of bottling up his feelings, he has chosen to share his story, including the impact on his mental health, to try to help others. "It's allowed me to connect with a lot of other police officers and first responders with similar experiences," he says.

The connections also inspired him to design a cross-taser challenge coin, the proceeds of which have been donated to Ned's Wish, a charity that provides medical support for retired police dogs.

Peu de temps après avoir suivi une formation sur les pistolets Taser, en 2019, Cameron Wallis a dû utiliser son arme au cours d'une violente altercation avec un suspect.

Une nuit pluvieuse de novembre, Cameron a répondu à un appel concernant une voiture arrêtée du mauvais côté de la route, près de son détachement à Campbell River, en Colombie-Britannique. Le suspect a attaqué Cameron et lui a enfoncé un doigt dans l'œil gauche, déchirant sa conjonctive, la fine membrane muqueuse qui tapisse la surface interne de la paupière. Les médecins ont dit à Cameron que la situation aurait pu être pire, mais celui-ci vit maintenant avec les séquelles de l'attaque. Il doit, entre autres, appliquer fréquemment des gouttes ophtalmiques et porter des lunettes de soleil en raison de l'incident.

Le suspect a été reconnu coupable d'avoir agressé un agent de la paix causant des lésions corporelles et il a purgé une peine d'emprisonnement. Mais, depuis sa libération, il aurait attaqué d'autres agents en Alberta.

L'incident a eu des conséquences dévastatrices pour Cameron. Cependant, au lieu de se refermer, il a choisi de parler de son histoire et des répercussions sur sa santé mentale afin d'aider les autres. « Ça m'a permis d'entrer en contact avec beaucoup d'agents de police et de premiers intervenants qui ont vécu des expériences semblables. »

Ces liens l'ont également incité à concevoir un jeton de collection lié au pistolet Taser. Les profits ont été versés à Ned's Wish, un organisme caritatif qui offre un soutien médical aux chiens de police à la retraite.

Steven Watkins, Cst. / gend.

WARMAN, SK / SASK.

Steven Watkins grew up in Toronto but has served all his seven years in the RCMP in Saskatchewan. He enjoys the fact that RCMP Members are generalists. In Toronto, where he first trained as a city police officer, the city police call on specialists for many tasks, like photographing crime scenes. Outside the big cities, RCMP Members do everything.

"It's satisfying being able to take the lead and manage your file from the 911 call all the way through to sentencing," Steven says. "As a lead investigator, that's what I'm trained to do. We get to know what's important for Court proceedings, so from the moment we respond to a call, we know how to dot our i's and cross our t's. When it's just you, you only have one kick at the can."

Steven's first experience of this came just two months into his first posting, when he fielded a 911 call about a stolen truck. When he and his partners got to the suspect's residence, they learned that the man had gone to purchase a firearm. When the suspect returned, Steven led the team as they performed a high-risk takedown, arresting the man and taking him into custody. It turned out he had stolen the vehicle and did have a firearm; Steven took the case to trial, where the man was found guilty and sentenced to jail time.

"I was very proud to be able to take it all the way through and utilize all my training for a good cause."

Steven Watkins a grandi à Toronto et, depuis qu'il est à l'emploi de la GRC, il a passé sept ans en Saskatchewan. Il aime le fait que les membres de la GRC soient des généralistes. À Toronto, où il a été formé comme policier municipal, on fait appel à des spécialistes pour diverses tâches, comme photographier des scènes de crime. Alors que, hors des grandes villes, les membres de la GRC font tout.

« C'est satisfaisant de pouvoir prendre les devants et gérer les dossiers, de l'appel au 911 jusqu'à la sentence, explique Steven. Comme enquêteur principal, j'ai été formé pour ça. On apprend ce qui est important pour les procédures judiciaires. Dès qu'on répond à un appel, on sait mettre les points sur les i. Quand on est seul pour répondre, on n'a qu'une seule chance. »

Deux mois après le début de sa première affectation, Steven a vécu sa première expérience à cet égard quand il a reçu un appel au 911 au sujet d'un camion volé. Lorsque lui et ses partenaires sont arrivés à la résidence du suspect, celui-ci était parti acheter une arme. Au retour de l'homme, Steven a dirigé l'équipe qui effectua une mise au sol très risquée et procéda à l'arrestation. Le suspect avait bien volé le véhicule et possédait une arme à feu. Steven a intenté un procès. L'homme a été reconnu coupable et condamné à une peine d'emprisonnement.

« J'étais très fier de pouvoir aller jusqu'au bout et d'utiliser ma formation pour une bonne cause. »

Oliver Whiffen, Sgt. / serg.

CLARENVILLE, NL / T.-N.-L.

A collision reconstructionist, Oliver Whiffen describes his work as both heart-wrenching and very fulfilling. In more than 20 years with the RCMP, he's "seen and dealt with things that nobody should have to see," he says. "A lot of what I see, I try to forget."

Oliver gets some comfort from knowing that his work investigating life-altering or life-ending collisions helps bring closure to families who have lost loved ones. He recalls one collision where a man was killed after his vehicle crossed the centre line of the highway and was struck head-on by a transport truck. There was suspicion he may have died by suicide. However, data from the airbag control module—which Oliver describes as the "black box for vehicles"—was consistent with the driver falling asleep at the wheel. "It's not a good ending either way, but at least the family knows what really happened."

Oliver is also a collision reconstruction Program Manager with traffic services in Newfoundland and Labrador and has helped the program advance in both expertise and technology. When he joined in 2006, the team relied on tape measures to investigate collision scenes. Today, they use advanced digital equipment as well as drones. "I'm proud of how the program has developed over the years," Oliver says. "It was a lot of work, but it has paid off for us and for the people we support."

Oliver Whiffen est expert en reconstruction. Il décrit son travail comme étant très enrichissant, mais aussi déchirant. En plus de vingt ans de carrière à la GRC, il a vu et traité des choses que personne ne devrait voir. « J'essaie d'oublier une grande partie de ce que je vois. »

Oliver trouve du réconfort en sachant que son travail d'enquête sur les collisions mortelles ou très graves peut aider ceux qui ont perdu un proche à faire leur deuil. Il se souvient d'une collision mortelle où le véhicule d'un homme avait traversé l'axe routier et heurté de plein fouet un camion. On soupçonnait un suicide. Cependant, les données du module des coussins gonflables, qu'Oliver qualifie de « boîte noire des véhicules », ont indiqué que le conducteur s'était plutôt endormi au volant. « Ce n'est pas une meilleure fin, mais au moins la famille sait ce qui s'est vraiment passé. »

Oliver gère également le programme de reconstitution de la Section de la sécurité routière de Terre-Neuve-et-Labrador et il a contribué au rehaussement de l'expertise et de la technologie. Lorsqu'il s'est joint à l'équipe en 2006, des rubans à mesurer étaient utilisés pour enquêter sur les lieux d'une collision; aujourd'hui, on a recours à de l'équipement numérique de pointe et à des drones. « Je suis fier de l'évolution du programme au fil des ans. C'était beaucoup de travail, mais ça a été payant pour nous et pour les gens qu'on aide. »

Eyrin Wiita, Cpl. / cap.

PRINCE RUPERT, BC / C.-B.

Being part of a community—both on and off the job—is one of Eyrin Wiita's favourite things about being an RCMP officer. "I believe in getting involved as much as you can," says Eyrin, who has worked in a handful of communities in Manitoba and British Columbia in her 16-plus-year career.

Establishing Girl Guides of Canada units in the places she has been posted is one meaningful contribution. Eyrin began with Pukatawagan, Manitoba, early in her career, where she helped secure funding for the unit from the RCMP Foundation.

Eyrin has also held various roles with Girl Guides of Canada over the years, including as a Girl Protection specialist for its national office and as a leader for her local Spark and Brownie units in Prince Rupert, British Columbia. Having been a Brownie in her youth, and with a daughter now in Girl Guides, Eyrin believes the organization is a great way to connect with people—while also doing good in the community.

"Watching the girls develop different skills and build up their confidence is very fulfilling," she says.

Eyrin has held other volunteer positions at various organizations and is grateful for how they enhance both her personal and professional life. "I love the opportunities they have given me to serve my community and be a role model to youth."

Faire partie d'une collectivité – tant au travail qu'à l'extérieur – est un des aspects qu'Eyrin Wiita préfère de son poste à la GRC. « Je crois qu'il faut s'impliquer le plus possible », affirme Eyrin, qui a travaillé dans quelques collectivités du Manitoba et de la Colombie-Britannique en plus de seize ans de carrière.

La création d'unités des Guides du Canada dans les endroits où elle était affectée est une contribution importante. Eyrin a commencé sa carrière à Pukatawagan, au Manitoba, où elle a aidé à obtenir de la Fondation de la GRC un financement pour l'unité.

Au fil des ans, Eyrin a occupé divers postes au sein des Guides du Canada, notamment comme spécialiste de la protection des filles pour le bureau national et cheftaine des unités locales Sparks et Brownies à Prince Rupert, en Colombie-Britannique. Eyrin, qui a fait partie des Brownies dans sa jeunesse et dont la fille est membre des Guides, croit que l'organisme est un excellent moyen d'établir des liens et de faire le bien dans la collectivité.

« Il est très gratifiant de voir les filles acquérir diverses compétences et renforcer leur confiance en soi », dit-elle.

Eyrin a occupé d'autres postes de bénévole dans divers organismes et elle est reconnaissante de tout ce que ça lui a apporté dans sa vie personnelle et professionnelle. « Je suis ravie des occasions qui m'ont été données de servir ma collectivité et d'être un modèle pour les jeunes. »

Greg Willcocks, Sgt. / serg.

DAAJING GIIDS, BC / C.-B.

Decades of strong community relations between the RCMP and the Haida Gwaii Indigenous people led to Greg Willcocks's proudest moment in his 15-year RCMP career. Long before Greg's arrival, Members of the RCMP and the Haida Gwaii community began planning for a totem pole to be raised at the detachment, encountering several roadblocks along the way. Greg was able to pick this project back up and get it over the finish line as the Detachment Commander.

On the day of the pole raising, hundreds gathered around the detachment for this historical moment. Greg opened the ceremony with a speech, acknowledging the history between the RCMP and Indigenous peoples, and apologizing for injustices on behalf of the organization. The totem pole was raised alongside the Canadian flag and the Council of Haida Nation flag, symbolizing the detachment being on Haida territory. Those who witnessed the pole being raised will have the duty of passing on the story through generations.

In traditional Haida culture, watchmen are placed on top of totem poles and represent guardians who keep watch over the Haida people. Greg says that "the RCMP is the modern-day watchman. People can come to the RCMP if they are in trouble, and we will do everything we can to help."

For Greg, the road to reconciliation does not end with the raising of the totem. The next step was officially changing the name of the detachment to Daajing Giids, the ancestral Haida name where the detachment, and the totem, stand.

Des décennies de solides relations communautaires entre la GRC et les Autochtones de Haïda Gwaïi ont mené à l'événement dont Greg Willcocks est le plus fier de sa carrière de 15 années à la GRC. Bien avant son arrivée à titre de commandant du détachement, des membres de la GRC et des résidents avaient commencé à planifier l'installation d'un totem. Le projet avait rencontré plusieurs problèmes, mais Greg a réussi à le mener à bien.

Le jour où le totem a été installé au détachement, des centaines de personnes se sont rassemblées pour ce moment historique. Greg a ouvert la cérémonie en prononçant un discours reconnaissant l'histoire entre la GRC et les peuples autochtones et il a présenté des excuses pour les injustices commises au nom de l'organisation. Le totem a été érigé aux côtés des drapeaux du Canada et du Conseil de la nation Haïda, indiquant symboliquement que le détachement se situe sur le territoire haïda. Les témoins de l'événement auront le devoir de transmettre l'histoire aux prochaines générations.

Dans la culture haïda, des gardiens protégeant le peuple sont placés au haut des totems. Selon Greg, « la GRC est un gardien moderne. Les gens s'adressent à nous s'ils sont en difficulté et on les aide ».

Pour Greg, la réconciliation ne se terminait pas avec l'érection d'un totem. L'étape suivante consistait à changer officiellement le nom du détachement pour Daajing Giids, le nom ancestral de l'endroit où se trouvent le détachement et le totem.